# 国家治理现代化视野下的行政审判方式改革研究

肖克 著

法律出版社
LAW PRESS · CHINA
北京

**图书在版编目(CIP)数据**

国家治理现代化视野下的行政审判方式改革研究/肖克著. -- 北京:法律出版社, 2022
ISBN 978-7-5197-6741-9

Ⅰ. ①国… Ⅱ. ①肖… Ⅲ. ①行政诉讼—审判—研究—中国 Ⅳ. ①D925.318.4

中国版本图书馆CIP数据核字(2022)第081630号

**国家治理现代化视野下的行政审判方式改革研究**
**GUOJIA ZHILI XIANDAIHUA SHIYEXIA DE XINGZHENG SHENPAN FANGSHI GAIGE YANJIU**

肖 克 著

**策划编辑** 蒋 橙
**责任编辑** 蒋 橙
**装帧设计** 李 瞻

**出版发行** 法律出版社
**编辑统筹** 法律应用出版分社
**责任校对** 朱海波
**责任印制** 刘晓伟
**经　　销** 新华书店

**开本** 710毫米×1000毫米 1/16
**印张** 18.25　**字数** 278千
**版本** 2022年8月第1版
**印次** 2022年8月第1次印刷
**印刷** 北京建宏印刷有限公司

地址:北京市丰台区莲花池西里7号(100073)
网址:www.lawpress.com.cn
投稿邮箱:info@lawpress.com.cn
举报盗版邮箱:jbwq@lawpress.com.cn
销售电话:010-83938349
客服电话:010-83938350
咨询电话:010-63939796


**书号**:ISBN 978-7-5197-6741-9　**定价**:68.00元

# 序

看到肖克博士催促作序的短信之后，回顾写作过程的指导意见，温习博士论文的内容提要，感触很多。既然尊敬的读者们一打开著作就会看到论文里四处散落的精彩论述，这里就不重复阐述了。从论文指导的角度回味一下论文写作过程中的互动感受，有助于尊敬的读者们加深对著作的理解。

回味论文写作与互动的过程，感受很深刻的一点是如何努力贯彻理论联系实践的基本路线。法学本质上是一门有关实践理性的思辨科学，实践性是法学学科的第一位属性，理论性是第二位的属性。这就要求法学博士论文的写作应当紧紧围绕我国全面深化改革开放的实践，从法律的角度积极回应国家法治建设中重大的或者急迫的需求。对在职攻读博士的法律人而言，立足本职工作，利用攻读博士学位的难得机会，将自己在多年的本职工作中逐渐积累起来的分散的、点滴的实践经验，以博士论文的方式进行一次深入系统的总结提升，将分散点滴的实践经验上升为系统深入的法学理论，从实践经验的点滴中探寻我国法治建设的原理和规律内核，使博士论文既有理论方面的深刻性与系统性，又有实践方面的针对性与回应性，从而在攻读博士与本职工作的“两难”之间形成一种良性互动的关系，是理论与实践相结合的一种途径。按照这种朴素的想法，在本文写作过程中，师生从选题到思路、从核心理念到结构设计、从核心观点到论证材料等进行反复交流。现在回过头来看当时整理的书面指导意见，与论文稿进行对比，发现肖克博士不仅很好地吸收了指导意见，而且结合本职工作作了很好的理论提升，这是一种莫大的鼓励。

基本理论范畴的提炼是成功地实现从经验向理论飞跃的桥梁，是博士论文写作中的一个难点。从国家治理现代化的理论角度考察我国行政审判方式改革实践的历程,探寻其中具有中国特色的行政审判规律和原理的内核,是本文理论研究视角的独到之处。在初步选定研究视角之后,接下来更难的是作为力学支撑点的基本理论范畴的发现与提炼。这里既涉及行政审判方式现代化的标准设定,又涉及具体改革措施层面的着力点选择。行政审判实践的经验智慧点滴犹如汪洋大海般广阔无边,如何在其中选择几个关键点,以便构筑展开理论思辨的"岛屿"呢?如果长期在实践经验的汪洋大海中"泡着",没有布局合理、空间适当的理论范畴作为"岛屿"以供储备、休整、反思与定位等不时之需,可能会造成实务工作的劳累与忙乱。实践理性的第一位毕竟离不开理论理性的第二位支撑作用。按照这种想法,在论文写作过程中经常与肖克博士交流的一点是:工作在单位,读博在大学。要走出实践经验的藩篱,进入理论思辨的园地,可以尝试一种语境切换的想象,设想一下走出了单位的办公室,进入大学的图书馆之中,在大学的环境氛围中进行理论的思辨与论文的写作。这样的一种理论语境想象也许会有助于实现从实践理性到理论理性的飞跃。经过反反复复的折腾,肖克博士选择了行政审判职能配置的科学化、行政庭审过程的实质化、行政裁判说理的充分化、行政审判程序主体结构的均衡化以及行政审判业务流程的智能化等范畴作为力学支撑点,形成一种行政审判方式现代化改革的理论分析框架,虽然其中的可商榷之处尚多,但独具匠心的色彩也是明显的。

现在回味起来,另一点很深刻的感受是及时交流的重要性。论文写作过程中的交流方式多种多样,面谈固然难得,但微信、电话、读书会等也是很好的交流方式,关键是有所准备、畅所欲言、开诚布公、及时总结。师生之间的交流固然有必要,但同学之间就各自感兴趣的专业话题时不时地进行交谈,相互启发,也许更有必要。很多灵感的火花是在交流过程中产生的,很多思路的打开是在交流过程中发生的。如果只是一味地坐在办公桌前自己闷头写作,很容易走入"死胡同",僵持在某个地方,打不开思路。与其如此,不如索性放下笔触,出去走走,换一下空气,不时相约着交流一下,研究的心境会有很大的改善,而思路也随之开阔起来,至于不时迸射出来的灵感火花自然会在论文的字里行间中流光溢彩。凭着勤奋好学的劲头,肖克博士的著作中灵感火花想必会不少。

第三点比较深刻的感受是对多方协调、配合与支持的一份感恩之心。个人的努力在成长历程中固然很重要,但相关方面的支持也很重要。相对于导师的指导与督促而言，单位同行和领导的理解与鼓励，学院工作人员的日常琐碎工作，尤其是家庭成员的理解与支持，是更为重要的因素；而赶上了全面深化改革开放的好时代，则是根本性的决定因素。如果说这本著作中有不少好的观点与好的见解的话，应当是我国行政法学术共同体的一种集体成果，由大家一起来分享。用好的观点和见解来回馈同行、同学与家人的倾心支持，应当是提升博士论文质量的一大动力。

青出于蓝而胜于蓝，长江后浪推前浪，推动每一位同学在学识、能力、事业等方面都超过自己，这是教师出于职业的本能所喜闻乐见的。

是为序。

高家伟

2022 年 8 月 1 日于北京

# 目录

Contents

# 绪　论

改革开放以来行政诉讼领域的司法改革过程中,行政审判方式的改革始终是一个重要的方面,因为行政审判方式一方面有别于民事审判方式,只有通过不断的改革试验,才能逐步地明确行政审判方式区别于民事审判方式的特点,使行政诉讼制度逐步脱掉民事诉讼的“胎记”,成为共和国诉讼制度体系之中鼎足而立的三大诉讼类型之一;另一方面,行政审判方式是一个具有贯穿性的实践课题,诸如行政审判职能、行政审判依据、行政审判程序、行政裁判方式以及近年来如火如荼的智能化建设,都从不同的角度涉及行政审判方式的改革问题。借助行政审判方式这一核心范畴,可以将司法改革的有关措施贯穿起来,面向未来进行一次整体性的梳理。更为重要的是,行政审判方式的现代化是在行政诉讼领域之中贯彻落实党的十九届四中全会所确立的国家治理现代化国策的突破口所在。通过行政审判方式的现代化改革,带动整个行政诉讼制度的现代化,从而使国家治理现代化的国策实实在在地贯彻落实在行政审判实践之中。因此本书将国家治理现代化国策作为研究的逻辑起点。

## 一、国家治理现代化的国策背景

### (一)国家治理现代化的国策要旨

《中共中央关于全面深化改革若干重大问题的决定》提出,“全面深化改革的总目标是完善和发展中国特色社会主义制度,推进国家治理体系和治理能力现代化”[1]，首次以中央文件的形式提出“国家治理体系和治理能力现代化”的命题。之后，习近平总书记撰文明确了国家治理现代化的科学内涵。[2]《中共中央关于全面推进依法治国若干重大问题的决定》明确，“依法治国是实现国家治理体系和治理能力现代化的必然要求”。[3] 党的十九大报告为国家治理现代化制定了时间表，“从2020年到2035年，基本实现国家治理体系和治理能力现代化；到本世纪中叶，实现国家治理体系和治理能力现代化”。[4]《中共中央关于坚持和完善中国特色社会主义制度　推进国家治理体系和治理能力现代化若干重大问题的决定》系统总结了包括根本制度、基本制度、重要制度在内的中国特色社会主义制度体系，阐述了我国国家治理现代化与中国特色社会主义制度之间的关系，指出了我国国家制度和国家治理体系具有多方面的显著优势，更加强调国家治理体系的完善、成熟、定型。[5]

从中央文件中可以发现我国国家治理现代化的国策要旨主要包含以下几个方面：

---

〔1〕《中共中央关于全面深化改革若干重大问题的决定》，载《人民日报》2013年11月16日，第1版。

〔2〕 习近平：《切实把思想统一到党的十八届三中全会精神上来》，载《人民日报》2014年1月1日，第2版。文章指出：“国家治理体系和治理能力是一个国家制度和制度执行能力的集中体现。国家治理体系是在党领导下管理国家的制度体系，包括经济、政治、文化、社会、生态文明和党的建设等各领域体制机制、法律法规安排，也就是一整套紧密相连、相互协调的国家制度；国家治理能力则是运用国家制度管理社会各方面事务的能力，包括改革发展稳定、内政外交国防、治党治国治军等各个方面。国家治理体系和治理能力是一个有机整体，相辅相成，有了好的国家治理体系才能提高治理能力，提高国家治理能力才能充分发挥国家治理体系的效能”，“推进国家治理体系和治理能力现代化，就是要适应时代变化，既改革不适应实践发展要求的体制机制、法律法规，又不断构建新的体制机制、法律法规，使各方面制度更加科学、更加完善，实现党、国家、社会各项事务治理制度化、规范化、程序化。要更加注重治理能力建设，增强按制度办事、依法办事意识，善于运用制度和法律治理国家，把各方面制度优势转化为管理国家的效能，提高党科学执政、民主执政、依法执政水平”。

〔3〕《中共中央关于全面推进依法治国若干重大问题的决定》，载《人民日报》2014年10月29日，第1版。

〔4〕 习近平：《决胜全面建成小康社会　夺取新时代中国特色社会主义伟大胜利——在中国共产党第十九次全国代表大会上的报告》，载《人民日报》2017年10月28日，第1版。

〔5〕《中共中央关于坚持和完善中国特色社会主义制度　推进国家治理体系和治理能力现代化若干重大问题的决定》，载《人民日报》2019年11月6日，第1版。

1. 坚持党的领导是政治保证

中国共产党作为我国的执政党肩负实现国家现代化和民族复兴的历史使命,党的领导不仅具有历史的政治正当性,而且具有宪法规范基础。我国国家治理现代化是在党的领导下逐步实现治理体系和治理能力现代化的过程,“是我们党为不断提高运用中国特色社会主义制度有效治理国家能力作出的重要战略安排”[1]。正如习近平总书记指出的“党政军民学,东西南北中,党是领导一切的,是最高的政治领导力量”。[2]

2. 以人民为中心是根本立场

“人民对美好生活的向往,就是我们的奋斗目标”[3],国家治理现代化的终极目的在于人的自由与幸福。党的十九大报告强调“以人民为中心”的发展思想,从治理角度讲,“以人民为中心”就是“形成有效的社会治理、良好的社会秩序,使人民获得感、幸福感、安全感更加充实、更有保障、更可持续”[4]。人民群众是国家治理现代化的力量之源。历史唯物主义认为,人民是历史的创造者。波澜壮阔的中华民族发展史表明,人民创造了绚丽多姿的中华文明,人民培育了经久不衰的民族精神,人民奋斗出中华民族的伟大飞跃。

3. 厉行法治是制度保障

“法律是治国之重器,法治是国家治理体系和治理能力的重要依托。”“全面推进依法治国是一个系统工程,是国家治理领域一场广泛而深刻的革命。”[5]法治具有固根本、稳预期、利长远的作用,“完备的法律规范体系、高效的法治实

---

[1] 中共中央宣传部:《习近平新时代中国特色社会主义思想三十讲》,学习出版社2018年版,第98页。

[2] 中共中央宣传部:《习近平新时代中国特色社会主义思想学习纲要》,学习出版社、人民出版社2019年版,第68页。

[3] 中共中央宣传部:《习近平新时代中国特色社会主义思想学习纲要》,学习出版社、人民出版社2019年版,第40页。

[4] 习近平:《决胜全面建成小康社会　夺取新时代中国特色社会主义伟大胜利——在中国共产党第十九次全国代表大会上的报告》,载《人民日报》2017年10月28日,第1版。

[5] 习近平:《关于〈中共中央关于全面推进依法治国若干重大问题的决定〉的说明》,载《人民日报》2014年10月29日,第2版。

施体系、严密的法治监督体系、有力的法治保障体系”[1]对于实现国家治理现代化意义重大，在一定程度上，国家治理现代化就是国家治理法治化，“推进国家治理现代化本体上和路径上就是推进国家治理法治化”[2]。法治视角下的国家治理现代化意指实现良法善治，即构建体现秩序、公正、人权、效率与和谐等良好价值的制度体系，实现以人为本、依法治理与合作治理为内容的善治局面。

4. 核心价值观是价值保障

社会主义核心价值观是“全国各族人民共同认同的价值观‘最大公约数’，把涉及国家、社会、公民三个层面的价值要求融为一体”[3]，是国家治理现代化过程中的文化要素。“国家治理的目标是建立和谐社会秩序，社会主义核心价值观建设的目标是构建和谐价值秩序，因此，和谐秩序就是这两者之间的内在契合点。”[4]社会主义核心价值观是在国家治理的过程中不断提炼总结完善而形成的，也为国家治理现代化提供了重要的文化引领和价值保障，“是创新国家治理的人文精神内核，它在推进国家治理现代化中的功能主要集中在导向功能、凝聚功能和激励功能三个方面。”[5]

5. 符合国情是方向保障

“中国特色社会主义制度是党和人民在长期实践探索中形成的科学制度体系。”[6]强调中国特色就意味着，国家治理现代化“不是简单延续我国历史文化的母版，不是简单套用马克思主义经典作家设想的模板，不是其他国家社会主义实践的再版，也不是国外现代化发展的翻版”[7]，而是根据我国国情和时代

[1] 《中共中央关于坚持和完善中国特色社会主义制度 推进国家治理体系和治理能力现代化若干重大问题的决定》，载《人民日报》2019年11月6日，第1版。

[2] 张文显：《法治与国家治理现代化》，载《中国法学》2014年第4期。

[3] 中共中央宣传部：《习近平新时代中国特色社会主义思想三十讲》，学习出版社2018年版，第196~197页。

[4] 陈顺伟：《国家治理视阈中的社会主义核心价值观建设研究》，人民出版社2019年版，第61页。

[5] 刘九万：《社会主义核心价值观在国家治理现代化中的功能》，载《延边大学学报（社会科学版）》2018年第5期。

[6] 《中共中央关于坚持和完善中国特色社会主义制度 推进国家治理体系和治理能力现代化若干重大问题的决定》，载《人民日报》2019年11月6日，第1版。

[7] 中共中央宣传部：《习近平新时代中国特色社会主义思想学习纲要》，学习出版社、人民出版社2019年版，第31~32页。

发展需要吸收中国传统"治理"智慧和西方治理理论中的合理部分的改革发展过程，是马克思主义中国化的过程，体现出强烈的问题意识和实践导向。这就要求国家治理现代化过程中的各项改革创新必须符合国情，解决中国问题。正如学者所言，"'讨论中国的国家治理体系与治理能力现代化'问题，不凸显'中国的'特色，不强调'中国的'治理渊源，不重视'中国的'现代进程，不设计'中国的'治理措施，不呈现'中国的'治理成就，那反而不能清楚论述现代化治理的实践性需求与现实性品格了"[1]。同时，现代化不是拒绝传统，而是充分考虑本国的历史经验，对传统文化的传承与发展。符合国情也并非拒绝现代化国家的成功经验，而是对先进国家经验的引进吸收，也是将我国的治理经验推向国际化的过程。换言之，国家治理现代化既不是与历史的疏离，也不是与世界的隔绝，而是对我们悠久的历史文化传统和人类共同价值理念的承认，如此才能在建构人类命运共同体的过程中输出特有价值与吸收共同价值，形成双向互动。

### （二）国家治理现代化的一般概念

要全面把握国家治理现代化的内涵，首先应该明确"治理""国家治理""现代化"等子概念的含义。之后，从整体上把握国家治理现代化中治理体系现代化与治理能力现代化两个方面的含义及相互关系。

#### 1. 治理的含义：从统治走向治理

"'治理'一词在英语国家作为日常用语出现已有数百年，指的是在特定范围内行使权威。"[2]全球治理理论的主要创始人之一詹姆斯·罗西瑙认为，治理是一系列活动领域里的管理机制，它们虽未得到正式授权，却能有效地发挥作用。治理包含政府机制与非政府机制。[3] 治理理论的代表人物罗茨认为，治理意味着由于有序统治的条件的变化，一种新的统治过程，用新的方法来统

---

〔1〕 任剑涛：《论国家治理现代化的"两个大局"》，载《西华师范大学学报（哲学社会科学版）》2021年第2期。

〔2〕 王东生：《国家治理体系现代化：文献回顾与研究进路》，载《社会主义研究》2018年第4期。

〔3〕 James N. Rosenau, Ernst-Otto Czempiel (eds.), Governance without Government: Order and Change in World Politics, Cambridge University Press, 1992, p. 5; Rosenau, "Governance in the Twenty-first Century", Global Governance, Vol. 1, No. 1, 1995. 转引自俞可平：《论国家治理现代化（修订版）》，社会科学文献出版社2015年版，第20～21页。

治社会。他认为,治理涉及六个方面:国家的管理活动、公司管理、新公共管理、善治、社会控制体系及自组织网络。[1] 研究治理理论的权威格里·斯托克梳理出关于治理的五种主要观点,包括:(1)治理的主体包括政府、社会公共机构和行为者;(2)治理意味着在为社会和经济问题寻求解决方案的过程中,国家与社会之间、公共部门与私人部门之间的界限和责任方面的模糊性;(3)治理明确肯定了在涉及集体行为的各社会公共机构之间存在权力依赖;(4)治理意味着参与者最终将形成一个自主的网络,在特定领域内与政府进行合作,分担政府的行政管理责任;(5)治理意味着在公共事务的管理中,不仅存在政府的发号施令或运用权威,还存在其他的管理方法和技术,政府有责任使用这些新技术和方法。[2]

全球治理委员会定义治理是“各种公共的或私人的个人和机构管理其共同事务的诸多方式的总和。它是使相互冲突的或不同的利益得以调和并且采取联合行动的持续的过程。它既包括有权迫使人们服从的正式制度和规则,也包括各种人们同意或以为符合其利益的非正式的制度安排。它有四个特征,即治理不是一整套规则,也不是一种活动,而是一个过程;治理过程的基础不是控制,而是协调;治理既涉及公共部门,也包括私人部门;治理不是一种正式的制度,而是持续的互动。”[3]

长期以来,“治理”(governance)与“统治”(government)一词被不加区分地交叉使用,1989 年世界银行报告指出建立“良好治理”制度,“治理”一词才被赋予了不同于“统治”与“管理”的时代意义。[4] 有学者将两者主要的区别概括为五个方面:即权威主体方面的单一与多元、权威性质方面的单一强制性与更多

---

〔1〕 R. Rhodes,“The New Governance: Governing without Government”,Political Studies,44,1996. 转引自俞可平:《论国家治理现代化(修订版)》,社会科学文献出版社 2015 年版,第 21 页。

〔2〕 [英]格里·斯托克:《作为理论的治理:五个论点》,载《国际社会科学(中文版)》1999 年第 2 期。转引自俞可平:《论国家治理现代化(修订版)》,社会科学文献出版社 2015 年版,第 21~22 页。

〔3〕 The Commission on Global Governance, Our Global Neighborhood: The Report of the Commission on Global Governance, Oxford University Press, 1995, pp. 2–3. 转引自俞可平:《论国家治理现代化(修订版)》,社会科学文献出版社 2015 年版,第 23 页。

〔4〕 李尧远、张嘉雯、任宗哲:《国家治理现代化:共识、分歧与误区》,载《宁夏社会科学》2018 年第 3 期。

协商性、权威来源方面的单一国家法律与包含非强制契约、权力运行向度方面的自上而下与更多的平行、作用范围方面的以公共领域为边界与更宽广的范围。[1]

从法律语言学的角度看,统治和管理强调的是以统治者、管理者为单一权力中心,以直接命令的方式进行,严格区分统治者、管理者与被统治者、被管理者。与之不同,治理强调的是多元化主体之间通过沟通、协商、合作、互动的方式共同参与公共生活。从内涵角度看,两者之间区别明显,但在实际应用的过程中并非割裂的,从统治到治理是国家干预与社会自主强弱变化的连续过程。

2. 国家治理的含义:政府、市场与社会的关系

国家治理是"国家政权的所有者、管理者和利益相关者等多元行动者在一个国家的范围内对社会公共事务的合作管理,其目的是增进公共利益维护公共秩序"。[2] 国家治理本质上是如何处理政府、市场与社会的关系,可以再分为政府治理、市场治理和社会治理。从以往的治理理论发展及治理实践验证的进程中,了解不同治理模式中政府、市场与社会主体的角色定位、相互关系,非常有利于我们深刻理解国家治理的含义。

治理理论是在政府、市场与社会组织关系的调整过程中产生、发展的。对于政府与市场两者的关系问题,不同理论派别争论不休。历史经验表明,自由主义经济理论强调单靠充分发挥市场的作用来实现社会管理和进行资源配置在实践中遭遇了危机,产生了所谓市场失灵问题。同样,只靠宏观经济政策来调控市场的政府干预理论也在实践中遭遇了危机,产生了政府失灵的问题。西方资本主义国家在抉择政府与市场关系,反思政府失灵与市场失灵问题的过程中,治理理论应运而生。"从20世纪90年代开始,治理理论家们提倡多元主体治理,强调回应、互动、协作、公开、法治等精神,在'政府'和'市场'二元观点中,加入了'社会'这一新的单元,突破传统二维世界,开启了一个新的管理模式。"[3]

---

[1] 俞可平:《论国家治理现代化(修订版)》,社会科学文献出版社2015年版,第2页。

[2] 何增科:《理解国家治理及其现代化》,载《马克思主义与现实》2014年第1期。

[3] 施雪华、张琴:《国外治理理论对中国国家治理体系和治理能力现代化的启示》,载《学术研究》2014年第6期。

在治理理论的发展进程中,先后出现了"科层治理""市场治理""网络治理"三种模式。科层治理强调,政府管控市场和社会,政府采取命令与监督的方式规划调节经济发展和社会生活。市场治理强调,市场主体通过价格和契约的方式独立竞争以提高效率,依靠市场促进资源的配置,调节经济与社会的运行,政府为市场提供公共服务。网络治理强调,多元主体通过协商、互动、平等、合作的方式运行,政府仅是多元社会主体合作中的伙伴之一。三种治理模式都有自身弱点,"层级(科层)治理导致权力滥用,市场治理导致资金滥用(如贪污),网络治理则容易导致信用滥用(操纵)"。[1]

面对当今社会复杂的治理需求,"科层治理""市场治理""网络治理"等治理机制单独运行均告失灵的情况下,为协调三种治理模式,避免治理僵局,产生了治理理论升级版——"元治理理论",又称"治理中的治理"。"元治理"的概念最早由英国学者鲍勃·杰索普在1997年提出,他认为,"元治理"是"治理条件的组织,以及涉及市场、层级、网络的明智混合以得出可能的最好结果"。[2]"元治理旨在对市场、国家、公民社会等治理形式、力量或机制进行一种宏观安排,修正各种治理机制之间的相对平衡,并且重新调整它们的相对分量,重新组织和重新整合治理机制之间的复杂合作。"[3]"其中政府担负元治理角色,发挥元治理角色的领导作用,进行制度设计,协调治理主体的行动,督促不同主体进行协商,以平衡政府和社会力量,甚至开展全球范围内的治理。非政府机构、非营利组织、社区自治团体等社会力量在政府领导下解决社会经济问题,实现公共利益。"[4]

笔者认为,"元治理"对于政府地位的强调并非单纯是权力属性的,更重要的是责任属性的,是一种"权责统一"的有为政府。"元治理"中需要一个强大而负责任的政府,但并不要求包办一切的万能政府。

---

[1] 李澄:《元治理理论综述》,载《前沿》2013年第21期。

[2] Jessop Bob, Governance and Meta governance: On Reflexivity, Requisite Variety, and Requisite Irony Governance, as Social and Political Communication. Manchester University Press, Manchester, 2003, 142-172. 转引自江必新、鞠成伟:《国家治理现代化比较研究》,中国法制出版社2016年版,第125页。

[3] 郁建兴:《治理与国家建构的张力》,载《马克思主义与现实》2008年第1期。

[4] 赵光勇:《治理转型、政府创新与参与式治理》,浙江大学2010年博士学位论文,第42页。

3.现代化的含义:升级的过程

现代化是指,“全社会范围,一系列现代要素以及组合方式连续发生的由低级到高级的突破性的变化或变革的过程。”〔1〕“当代发展理论家一般把现代化理解为从传统社会向现代社会(工业文明)转变的过程。”〔2〕美国哈佛大学教授塞缪尔·P.亨廷顿概括了现代化过程的九个基本特点:“现代化是革命的过程(生活方式根本和整体的变化),是复杂的过程(包含人类思想和行为一切领域),是系统的过程,是全球的过程,是长期的过程,是有阶段的过程(分为不同的水平或阶段),是同质化的过程,是不可逆的过程,是进步的过程。”〔3〕美国密歇根大学的罗纳德·英格尔哈特教授对早期现代化理论进行了修正,他认为,现代化并非线性的,并不只存在固定的一个方向;社会—文化变迁具有路径依赖,传统社会文化会得到传承;现代化也并非西方化,西方所经历的工业化并非现代化的唯一标准;现代化并不一定产生民主,是社会进步和文化发展为民主的发生提供了可能的环境。〔4〕

有学者将17世纪以来现代化给世界带来的新变化总结为五个方面,即世俗化和理性化、流动性、统一性、均等化、专业化。〔5〕 也有学者总结现代性〔6〕,“包含着相互关联的多重维度,在最广义的尺度上可划分为精神性维度和制度性维度,具体表现为:个体的主体性与自我意识、理性化和契约化的公共文化精神、意识形态化的社会历史叙事的现代性,以及表现为经济运行的理性化、行政管理的科层化、公共领域的自律化、公共权力的民主化和契约化,等等”。〔7〕

现代化理论给笔者最大的启发在于,现代化是一个渐进的过程。从认识论和实践论的角度看,任何目标的实现都不能一蹴而就,都是从实践到认识,再到

---

〔1〕 胡鞍钢等:《中国国家治理现代化》,中国人民大学出版社2014年版,第82页。

〔2〕 燕继荣:《国家治理及其改革》,北京大学出版社2015年版,第10页。

〔3〕 [美]塞缪尔·P.亨廷顿:《导致变化的变化:现代化,发展和政治》,载[美]布莱克:《比较现代化》,杨豫、陈祖洲译,上海译文出版社1996年版,第44~48页。

〔4〕 [美]罗纳德·英格尔哈特:《现代化与民主》,载[俄罗斯]弗拉季斯拉夫·伊诺泽姆采夫主编:《民主与现代化:有关21世纪挑战的争论》,徐向梅等译,中央编译出版社2011年版,第133~134页。

〔5〕 燕继荣:《国家治理及其改革》,北京大学出版社2015年版,第12页。

〔6〕 某种特定的“现代”时期或者这个时期的人与事物所具有的性质或状态。谢立中:《“现代性”及其相关概念词义辨析》,载《北京大学学报(哲学社会科学版)》2001年第5期。

〔7〕 衣俊卿:《现代性的维度及其当代命运》,载《中国社会科学》2004年第4期。

实践的一个螺旋形上升的过程。现代化同样存在渐进性，是一个不断发展进步的过程。现代化涉及政治、经济、文化、社会等多个方面，是一个内容丰富、关系复杂的系统化提升的过程，动力来源于人的现代化，最终也落脚到人的现代化。如果把现代化理解为一个过程，那么现代化必然与改革联系在一起，通过改革不符合现代性特征的旧有制度、理念及行为方式。与此相适应，国家治理方式也随之变化，“以至于依法而治（法治主义）、协同治理（合作主义）、民主协商（民主参与和平等协商）成为国家事务管理的基本方式”。〔1〕

4. 国家治理现代化的含义：一体两面的改革优化

国家治理现代化包含国家治理体系现代化与国家治理能力的现代化两个方面，三者之间是一体两面的关系。“国家治理体系就是规范社会权力运行和维护公共秩序的一系列制度和程序。”〔2〕国家治理体系现代化是一个由传统向现代转型的历史进程，是对国家现有的制度设计向民主化、科学化、规范化、法治化方向进行优化的过程。“国家治理能力，既指各主体对国家治理体系的执行力，又指国家治理体系的运行力，还包括国家治理的方式方法。”〔3〕国家治理能力现代化是一个系统性工程，包含治理主体的多元协调、治理观念的科学理性、治理机制的合法高效、治理过程的公开透明、治理方法的科学有效、治理对象的参与认同等内容。国家治理体系与国家治理能力作为“骨骼”与“血肉”共同构成国家治理的有机整体，国家治理体系现代化和国家治理能力现代化的融合互动，共同组成了国家治理现代化的进程。

综上所述，我们可以把握国家治理现代化的全貌，即在国家治理体系现代化与国家治理能力现代化的融合推进中，构建民主化、科学化、规范化、法治化的制度体系，在此基础上，多元治理主体协同共治，树立科学理性的治理观念，运行合法高效的治理机制，运用科学有效的治理方法，通过治理对象的参与及治理过程的公开促进治理对象的认同，进而实现最佳的治理效果的过程。

国家治理现代化是一个不断推进的动态演进过程，不是“毕其功于一役”，国家治理体系成型后，仍然需要根据社会的变化和需求不断发现新问题、解决

---

〔1〕 燕继荣：《国家治理及其改革》，北京大学出版社2015年版，第7页。

〔2〕 俞可平：《推进国家治理体系和治理能力现代化》，载《前线》2014年第1期。

〔3〕 张文显：《法治与国家治理现代化》，载《中国法学》2014年第4期。

新问题，这就要求治理体系与治理能力适应时代变化。从这个角度看，改革是国家治理现代化的必然要求。在国家治理体系和治理能力现代化进程中，必须对国家的立法制度、行政制度、司法制度等国家制度进行符合国情、大刀阔斧、卓有实效的体制性改革创新，同时更新观念、顺畅机制、创新方法，持续改善治理现状，提升治理效能。

## 二、行政审判方式的改革实践

### （一）行政审判方式的概念

以往理论界和实务界关于审判方式概念的研究论述中，行政审判方式主要分为“具体工作方法说”“机制制度说”“诉讼模式说”“司法政策说”“审理方式说”“混合说”六种。

1. 具体工作方法说

该说认为审判方式是审判过程中的具体操作步骤和裁判标准。“关于行政审判方式的含义比较广泛，其最基本的含义是法院适用《行政诉讼法》审理行政案件的工作方式”。[1] 1998 年，最高人民法院发布《关于民事经济审判方式改革问题的若干规定》，在官方文件中首次使用审判方式的概念，但是未对概念进行解释。从规定内容来看，涉及当事人举证和法院调查收集证据、庭前必要准备及开庭审理、庭审方式、对证据的审核和认定、合议庭和独任审判员职责、第二审程序等[2]，主要是对具体操作方法的要求。该规定中所指的审判方式可以理解为人民法院在审判过程中所应当采取的具体工作方法。

2. 机制制度说

该说认为审判方式改革是对于司法运行机制、制度的改革。1999 年，最高人民法院发布《人民法院五年改革纲要》提出，“以落实公开审判原则为主要内容，进一步深化审判方式改革”，包括建立科学的案件审理流程管理制度、完善

---

〔1〕 于春光：《对我国行政审判方式改革涉及的几个关键问题的分析与研究》，延边大学 2005 年硕士学位论文。

〔2〕 最高人民法院《关于民事经济审判方式改革问题的若干规定》（法释〔1998〕14 号，已失效）。

质证和认证制度、全面落实公开审判制度、裁判文书的改革、典型案例参考等内容。[1] 有学者认为,第一个五年改革纲要实施的五年时期内"审判方式改革在前一阶段改革的基础上,重在完善运行机制,加强制度建设"。[2]

3. 诉讼模式说

该说认为审判方式是审判中采取的诉讼模式。有论者认为,审判方式是指,"因法官和当事人在诉讼活动中所处的地位和发挥的作用不同而形成的审理案件的方法和形式。当今世界存在当事人主义审判方式和职权主义审判方式"。[3] "我国当前破产衍生诉讼中当事人主义审判方式面临一些问题,应当适度强化职权主义审判方式。"[4] 多数学者将刑事审判方式理解为诉讼模式:"我国的刑事审判方式应当向英美当事人主义方向发展。"[5] "我国的刑事审判方式将会朝当事人主义方向继续发展,但职权主义的底色仍然浓厚:它不会是当事人主义和职权主义的简单相加,而是受到文化传统、司法体制、刑事政策、资源状况等多重因素限制,体现出明显的混合性、过渡性和变动性。"[6] "我国的审判方式改革应当走混合式的道路,其中又有以当事人主义为基调兼采职权主义或者以职权主义为基调兼采当事人主义之别。"[7]

4. 司法政策说

该说认为审判方式是依据司法政策进行的司法改革探索。2006 年,广东省高级人民法院下发《关于在我省部分基层人民法院开展知识产权刑事、民事、行政"三审合一"审判方式改革试点的实施方案(试行)》,在广东省部分法院开展知识产权刑事、民事、行政三审合一审判方式改革试点。"开展知识产权三审合一审判方式改革,就是要在三大诉讼法的基本框架内,通过优化人员结构和审

---

〔1〕 最高人民法院《关于印发〈人民法院五年改革纲要〉的通知》(法发〔1999〕28 号)。

〔2〕 公丕祥:《中国特色社会主义司法改革道路概览》,载《法律科学(西北政法大学学报)》2008 年第 5 期。

〔3〕 景汉朝等:《审判方式改革实论》,人民法院出版社 1997 年版,第 5 页。

〔4〕 梁闽海、陈长灿:《论破产衍生诉讼的审判方式——以适度强化的职权主义审判方式为视角》,载《法学》2011 年第 2 期。

〔5〕 陈光中、熊秋红:《刑事诉讼法修改刍议》(下),载《中国法学》1995 年第 5 期。

〔6〕 熊秋红:《刑事庭审实质化与审判方式改革》,载《比较法研究》2016 年第 5 期。

〔7〕 汪海燕:《刑事诉讼模式的演进》,中国人民公安大学出版社 2004 年版,第 513 页。

判职能的合理分工,成立专门的知识产权庭,负责统一审理刑事、民事和行政知识产权案件,实现知识产权立体司法保护。"[1]

5. 审理方式说

该说把审判方式视为法院审理案件的途径或者外在表现形式。"审判方式实际上是审判的外在表现,是审判得以展示的具体途径,是审判活动区别于非审判活动的明显标志。我国的审判方式,总体上可将其分为三类,即开庭方式、闭庭方式(书面审理、径行裁判)和特殊方式(如马锡五审判方式)。"[2]

6. 混合说

该说将上述几种对于审判方式的理解进行部分或全部整合。例如,1996年,最高人民法院专门召开了全国法院审判方式改革工作会议,进一步提出了改革审判方式的要求。"这一时期审判方式改革的主要内容包括:逐步改变职权主义的庭审模式,强调当事人的举证,加强对证据的质证和开庭辩论,充分发挥开庭审理的功能;强化依法适用简易程序,及时处理一般经济纠纷;简化诉讼程序,减少诉讼消耗,以取得最佳的审判效果;加强调解工作,凡是能够调解的,当事人也愿意调解的,开庭前可以调解,庭上庭下也可以进行调解,等等。"[3]再如,有学者认为,审判方式改革的目标包括公开、公正、高效、有序,对此要实现八个方面的转变:诉讼构造从重实体轻程序到实体程序并重的转变;程序设计从一般原则到具体规则的转变;审判重点从庭外为主到庭审为主的转变;庭审方法从讯问制到对抗制的转变;调解方式从职权调解型到自愿调解型的转变;审判组织从集体负责到法官、合议庭负责为主的转变;管理模式从行政管理模式到审判管理模式的转变;管理手段从传统方式到现代化方式的转变。[4]有学者认为,"行政审判方式应当是指审判机关对行政案件进行审理和裁判的具体方式或模式,是为实现行政审判目的而设置的诉、辩、审三方相互制约或制

---

〔1〕 陶凯元:《三审合一:对知识产权审判方式的探索》,载《人民司法》2006年第12期。

〔2〕 魏胜强:《司法公正何以看得见——关于我国审判方式的思考》,载《法律科学(西北政法大学学报)》2013年第6期。

〔3〕 最高人民法院研究室编:《司法文件选》(1993年卷),人民法院出版社1995年版,第433～434页。

〔4〕 陈旭:《审判方式改革的目标和内容》,载《政治与法律》1998年第1期。

衡的一种动态的职能化的机制”〔1〕。

受上述观点启发,笔者认为,行政审判方式是包括行政审判职能定位、行政审判理念、行政审判模式与结构、审理程序类型、庭审程序、裁判方式、审判组织内部职责分工、具体工作方法等在内的一系列问题的总称。

从体系论的视角观察,可将司法改革分为三个层面,即宏观层面的司法体制改革、中观层面的各项司法制度的完善、微观层面的审判权运行机制及具体审判方法的改革,行政审判方式的改革属于司法改革的中微观层面。就行政审判方式改革本身而言,既包括理念、模式、结构、类型等宏观层面的问题,也包括制度、机制等中观层面的问题,还包括方式、方法等微观层面的问题,是有系统的、分层次的同步完善创新。行政审判方式改革就是坚持问题导向,革除既有行政审判方式中与现代司法理念(司法公正、司法高效、司法权威、司法为民、司法专业化)相左的成分,吸收和借鉴世界各国、各地区成功的立法经验和实践经验,以自主型法治进路构建符合我国国情的现代化的行政审判方式。

(二)我国行政审判方式改革的历程

行政法官在行政审判过程中,法律与政策都发挥着重要的积极作用。行政法官徘徊在法律与行政诉讼司法政策、规范与事实、政府与公众、公益与私益之间。《行政诉讼法》及其司法解释与行政诉讼司法政策成为行政审判方式选择和完善的两个重要方面的依据。从行政审判方式的改革历程看,党的政策文件、综合性司法改革文件、法律和司法解释、行政诉讼司法政策文件等均对行政审判方式改革发挥重要的推动作用。

1. 适用民事审判方式阶段(1982～1989年)

这一阶段的主要特点是不存在独立的行政审判方式,而是在适用民事审判方式基础上的细微调整。

1982年3月8日,第五届全国人大常委会第二十二次会议通过的《中华人民共和国民事诉讼法(试行)》,其中关于行政审判适用民事诉讼法的规定〔2〕,实现了我国行政诉讼制度“从无到有”的历史性进步。根据当时的法律规定,人

〔1〕 胡肖华、江国华:《行政审判方式的特点研究》,载《法律科学》2000年第5期。

〔2〕《中华人民共和国民事诉讼法(试行)》第3条规定:“法律规定由人民法院审理的行政案件,适用本法规定。”

民法院审理的行政案件包括相对人不服食品卫生机构行政处罚的案件、相对人不服土地管理机关经济制裁决定的案件、相对人不服林业主管部门处罚决定的案件、相对人不服工商机关罚款决定的案件、发明专利申请人不服专利复审委员会驳回复议申请决定的案件、纳税人或扣缴义务人不服税务机关税务复议决定的案件、相对人不服卫生行政部门行政处罚决定的案件，以及相对人不服海洋环境主管机关行政处罚决定的案件八类〔1〕。最高人民法院针对行政审判实践中出现的特殊问题，对人民法院审理行政案件进行了两个方面的调整：一是明确经济行政案件不适用调解，应在查明情况的基础上作出驳回原告的起诉或撤销、变更行政决定的判决。〔2〕二是对治安行政案件的管辖、审判组织、审限、裁判方式、诉费等作出了特别规定。〔3〕

2. 行政审判方式的初步建立阶段（1989～1999 年）

此阶段的主要特点是行政审判方式有了独立的法律规范依托，并有司法解释进行细化操作，但仍未摆脱民事审判方式的烙印。

1989 年 4 月 4 日，第七届全国人大第二次会议审议通过《中华人民共和国行政诉讼法》，对行政审判的各项原则和具体制度作了详细的规定，标志着行政审判方式与民事审判方式相分离，有了独立的程序法依托。最高人民法院《关于贯彻执行〈中华人民共和国行政诉讼法〉若干问题的意见（试行）》对受案范围、管辖、诉讼参加人、证据、起诉和受理、审理和判决、执行、期间、诉讼费用、侵权赔偿责任（可适用调解）、涉外诉讼等十类行政诉讼法具体适用问题进行了解释。〔4〕“由于当时审判经验不足，行政诉讼法对审判程序规定得很简单，司法解释又明确规定，行政诉讼法没有规定的，参照民事诉讼法的有关规定。因此，

---

〔1〕 姜明安：《行政诉讼法》，法律出版社 2007 年版，第 44～45 页。

〔2〕 最高人民法院《关于人民法院审理经济行政案件不应进行调解的通知》[法（经）发〔1985〕25 号]（已失效）。

〔3〕 《人民法院审理治安行政案件具体应用法律的若干问题的暂行规定》[法（研）发〔1986〕31 号]（已失效）、最高人民法院《关于〈人民法院审理治安行政案件具体应用法律的若干问题的暂行规定〉是否适用于审理其他行政案件的批复》（法[研]复〔1988〕9 号）（已失效）。

〔4〕 《最高人民法院印发关于贯彻执行〈中华人民共和国行政诉讼法〉若干问题的意见（试行）的通知》（法〔1991〕19 号）（已失效）。

在审判实践中，我国大多数法院自然而然沿袭民事审判方式来审理行政案件。"[1]针对实践中的问题，最高人民法院于1996年召开了全国法院审判方式改革工作会议，针对行政审判方式改革提出要求："一是整个审判活动必须紧紧围绕审查被诉具体行政行为的合法性进行；二是强化被告的举证责任；三是进一步健全行政审判的裁判形式。"[2]

3. 行政审判方式改革的初级阶段(1999～2004年)

这一阶段的行政审判方式改革以一五改革纲要为起点，通过系统性的司法解释对行政诉讼法实施后实践中出现的新问题提供了解决方案，通过专门的司法解释和政策文件对行政审判理念、证据、适用法律、案由等问题进行规定，使得行政审判方式更加符合行政审判的特点。

《人民法院五年改革纲要》(法发〔1999〕28号)提出，"紧紧围绕被诉具体行政行为的合法性进行审查，彻底改变既审查具体行政行为又审查原告行为，甚至只审原告行为的做法；完善行政诉讼的举证、质证、认证规则，建立符合行政诉讼特点的证据制度；根据行政审判实践的发展，进一步完善裁判形式"。[3]最高人民法院《关于执行〈中华人民共和国行政诉讼法〉若干问题的解释》(法释〔2000〕8号)根据行政诉讼法的立法宗旨和原意，对行政诉讼法实施后实践中出现的新情况、新问题提供了解决方案，扩大受案范围，增加管辖、证据提交与审查、起诉期限的计算等规定的科学性与可操作性，明确驳回起诉裁定的适用范围，增加裁判方式，增设一并审理民事案件的规定。最高人民法院《关于行政诉讼证据若干问题的规定》第一次全面系统地规定行政诉讼的证据规则，在举证责任和期限、证据要求、调取和保全证据、质证、认证等方面对行政诉讼证据制度进行了诸多符合行政审判特点的改革创新[4]。最高人民法院《关于规范行政案件案由的通知》(法发〔2004〕2号)(已失效)明确了行政案件案由的

〔1〕 陈阜东、上官丕亮：《关于行政审判方式改革的几点思考》，载《法学》1996年第11期。

〔2〕 王卫：《全国法院审判方式改革工作会议》，载《中国法律年鉴》1997年第1期。

〔3〕 《人民法院五年改革纲要》(法发〔1999〕28号)。

〔4〕 增设了有关延期举证的规定、履行法定职责案件中原告举证责任的除外规定(被告应主动履责及被告登记制度不完备)、赔偿案件中原告对因果关系的举证责任免除、区分当事人的举证期限、法院对举证的释明责任、增加依申请调取证据、细化各类证据的要求、增加专家辅助人出庭作证、完善证人出庭制度、增加证庭前证据交换制度、细化证据的质证程序和认证规则体系。

构成要素和确定方法,涉及42类行政管理领域和27种行为类型,为行政审判类型化和裁判文书撰写等提供了指引。《关于审理行政案件适用法律规范问题的座谈会纪要》对“行政案件的审判依据范围”“规范冲突的解决规则”“新旧法律规范的适用规则”“法律规范解释的方法”等进行了系统的规定,对于规范行政审判法律适用及行政裁判文书撰写具有指导意义。最高人民法院《关于印发〈关于落实23项司法为民具体措施的指导意见〉的通知》(法发〔2003〕20号)与《关于进一步加强行政审判工作的通知》(法发〔2004〕33号)将司法为民的审判理念落实到行政审判领域,细化行政审判的亲民便民措施,为营造良好的行政审判司法环境,提出应准确定位与党委领导、人大监督、政府支持的关系。

4. 行政审判方式改革的深化推进阶段(2005~2014年)

这一阶段的行政审判方式改革横跨人民法院第二、第三个五年改革纲要期间,改革倾向性明显。在这一阶段司法政策层面出现了“促进行政纠纷实质性化解、健全司法与行政良性互动机制、优化行政审判司法环境、拓展行政审判服务功能等新兴话语”[1]。经梳理此阶段行政审判方式改革的政策文件,可以发现三个方面的改革趋势:一是在“和谐社会”建设的背景下,突出司法为民、司法能动,强调善于利用现有体制资源,通过协调、调解、和解等方式解决行政争议的功能。二是体现为以探索繁简分流、建立指导性案例制度、完善类案审判方式为要素的行政审判方式类型化趋势。三是以行政诉讼管辖制度改革和审判权运行机制改革为主线,从外部司法环境优化及内部审判运行独立两个方面,拉开了行政审判“去行政化”的大幕。

(1)关于第一个方面趋势的司法解释、政策文件主要包括:最高人民法院《关于为构建社会主义和谐社会提供司法保障的若干意见》(法发〔2007〕2号)提出,“充分发挥行政诉讼在化解行政争议中的重要作用”,“探索行政诉讼和解制度”。《关于进一步发挥诉讼调解在构建社会主义和谐社会中积极作用的若干意见》(法发〔2007〕9号)提出,“不断探索结案方式、创新诉讼和解的方法,完

〔1〕 江必新:《中国行政审判:十年的创新、前进和发展》,载《人民法院报》2012年9月5日,第5版。

善行政诉讼案件和解工作机制"。《关于加强和改进行政审判工作的意见》(法发〔2007〕19号)将"化解行政争议"作为这一时期行政审判工作的主要任务。《关于行政诉讼撤诉若干问题的规定》(法释〔2008〕2号)、《关于认真贯彻执行〈关于行政诉讼撤诉若干问题的规定〉的通知》(法发〔2008〕9号)认为,"(协调撤诉)处理机制是在法律允许范围内的制度创新",并对协调撤诉方式进行了操作性细化。《关于充分发挥行政审判职能作用为保障和改善民生提供有力司法保障的通知》(法〔2008〕125号)提出,"善于通过协调增加共识,求同存异","善于寻找解决公权力纠纷的替代性方案"。《关于进一步加强司法便民工作的若干意见》(法发〔2009〕6号)提出,"着重以调解方式解决纠纷,快速化解矛盾,提高诉讼效率"。《关于当前形势下做好行政审判工作的若干意见》(法发〔2009〕38号)提出,"在不违反法律规定的前提下,将协调、和解机制贯穿行政审判的庭前、庭中和庭后全过程"。《关于建立健全诉讼与非诉讼相衔接的矛盾纠纷解决机制的若干意见》(法发〔2009〕45号)强调,诉讼与非诉讼纠纷解决方式的衔接。《关于进一步贯彻"调解优先、调判结合"工作原则的若干意见》(法发〔2010〕16号)提出,"针对不同案件特点,通过积极有效的协调、和解,妥善化解行政争议"。

《关于为加快经济发展方式转变提供司法保障和服务的若干意见》(法发〔2010〕18号)、《最高人民法院印发〈关于加强司法建议工作的意见〉的通知》(法〔2012〕74号)等文件提出,坚持能动司法的审判理念。

《关于进一步加强民意沟通工作的意见》(法发〔2009〕20号)、《关于依法保护行政诉讼当事人诉权的意见》(法发〔2009〕54号)、《关于人民法院在互联网公布裁判文书的规定》、《关于人民法院直播录播庭审活动的规定》(法发〔2010〕48号)、《关于进一步做好司法便民利民工作的意见》(法〔2014〕293号)等文件从不同角度强调了司法为民的审判理念。

(2)体现第二个方面趋势的司法解释、政策文件包括最高人民法院《关于妥善处理群体性行政案件的通知》(法〔2006〕316号)[1]、《关于审理行政许可案

〔1〕 针对群体性行政争议,提出了具有实践智慧的解决方案:探索和解方式、注意裁判的导向作用、提供诉讼指导、增强裁判文书说理、依靠党委的领导和政府的支持、司法行政良性互动、司法建议助力源头预防、正确引导舆论、坚持大要案报告制度等。

件若干问题的规定》(法释〔2009〕20号)、《关于审理房屋登记案件若干问题的规定》(法释〔2010〕15号)、《关于审理证券行政处罚案件证据若干问题的座谈会纪要》(法〔2011〕225号)、《关于审理政府信息公开行政案件若干问题的规定》(法释〔2011〕17号)、《关于审理涉及农村集体土地行政案件若干问题的规定》(法释〔2011〕20号)、《关于办理申请人民法院强制执行国有土地上房屋征收补偿决定案件若干问题的规定》(法释〔2012〕4号)、《关于严格执行法律法规和司法解释依法妥善办理征收拆迁案件的通知》(法〔2012〕148号)、《关于在征收拆迁案件中进一步严格规范司法行为积极推进"裁执分离"的通知》(法〔2014〕191号)、《关于审理工伤保险行政案件若干问题的规定》(法释〔2014〕9号)等司法解释和文件均采取审判类型化的思路,对特定类型的行政案件审理提供了具体的操作程序和方法。

《人民法院第三个五年改革纲要(2009—2013)》(法发〔2009〕14号)、最高人民法院《关于开展行政诉讼简易程序试点工作的通知》(法〔2010〕446号)等文件提出,明确适用范围、制定程序规则等完善行政诉讼简易程序的改革方向,并在部分地区启动试点工作,在繁简分流的角度探索行政诉讼审理程序类型化。

最高人民法院《关于深入贯彻落实全国政法工作电视电话会议精神的意见》(法发〔2009〕59号)、最高人民法院办公厅《关于印发〈行政审判办案指南(一)〉的通知》(法办〔2014〕17号)等文件,从指导性案例的角度,强化对类案的指导,对统一类案的司法裁判尺度,明确法律适用标准起到积极作用。

(3)体现第三个方面趋势的司法解释、政策文件包括《人民法院第二个五年改革纲要(2004—2008)》(法发〔2005〕18号)、最高人民法院《关于行政案件管辖若干问题的规定》(法释〔2008〕1号)、最高人民法院《关于认真贯彻执行〈关于行政案件管辖若干问题的规定〉的通知》(法发〔2008〕7号)、最高人民法院《关于开展行政案件相对集中管辖试点工作的通知》(法〔2013〕3号)等文件均体现了以改革和完善行政案件管辖制度为着力点,进而优化行政审判外部司法环境的改革思路。

2013年10月15日,最高人民法院制定《审判权运行机制改革试点方案》,确定在上海市第二中级人民法院等十三家法院进行为期两年的审判权运行机制改革试点工作,拉开了审判权运行机制改革的大幕。[1] 这标志着在坚持优化行政审判外部司法环境的改革思路的同时,开始从法院内部审判权运行机制的角度着手,开启消除行政化、促进内部审判权独立行使的改革思路。

5. 行政审判方式改革成果的总结定型阶段(2015~2018年)

这一阶段的行政审判方式改革贯穿于人民法院第四个五年改革纲要期间。此阶段的行政审判方式改革更加注重符合行政诉讼的司法规律,针对行政审判实践中出现的问题,提供创新性的解决方案。在行政审判制度完善与创新、诉讼理念、诉权保障、诉讼模式、审理程序、裁判方式、内部职责分工等方面表现出全覆盖、系统化的特点。在这一阶段的改革中,行政审判方式基本定型。

(1)制度完善与创新方面。集中体现为通过修订法律的方式对行政诉讼制度体系进行了完善,增设多项新制度,而后通过司法解释予以完善。2014年修正的《行政诉讼法》,从调整立法目的、完善管辖制度、扩展受案范围及权利保护范围、畅通诉权保护渠道、扩大原告主体资格、明确合法性审查的内涵、增设简易程序、完备判决方式等诸多方面完善了行政诉讼制度,并以法律形式确立了一系列具有中国特色的新制度,如负责人出庭应诉制度、复议维持双被告制度、一并审理民事争议制度、规范性文件的附带审查制度。最高人民法院《关于适用〈中华人民共和国行政诉讼法〉若干问题的解释》(法释〔2015〕9号)对法律修改涉及的十个方面[2]的新规定细化了可操作性规程。

(2)诉讼理念方面。具体体现为增加了感受正义的标准,使司法正义观念逐步走向个案化。最高人民法院《关于全面深化人民法院改革的意见——人民法院第四个五年改革纲要(2014—2018)》(法发〔2015〕3号)提出,“紧紧围绕让人民群众在每一个司法案件中感受到公平正义的目标,始终坚持司法为民、公正司法工作主线”。四五改革纲要强调,“始终坚持司法为民”是中央关于“以人民为中心”的发展思想在审判领域中的具体落实,在“公正司法工作主线”中进一步明确了“感受正义”的维度,亦体现了对中央司法改革文件中改革司法理念方面的坚决落实。

---

〔1〕 蒋惠岭:《论审判权运行机制改革》,载《北京行政学院学报》2015年第2期。

〔2〕 立案登记制、起诉期限、负责人出庭应诉、复议维持双被告、行政协议、一并审理民事争议、规范性文件的附带性审查、判决方式、有限再审以及新旧法衔接十个方面的问题。

(3)诉权保障规范方面。具体体现为实施立案登记制、规制滥用诉权行为,拓展行政诉讼受案范围。最高人民法院《关于人民法院登记立案若干问题的规定》(法释〔2015〕8号)将党的十八届四中全会提出的立案登记制通过司法解释具体化,实现从立案审核制到立案登记制的转变。《关于进一步保护和规范当事人依法行使行政诉权的若干意见》(法发〔2017〕25号)针对司法实践中影响当事人依法行使诉权及部分当事人滥用诉权的现象,提出保障依法合理行使诉权、正确引导诉权行使、规制滥诉行为的具体方式。2014年修正的《行政诉讼法》关于扩展受案范围及权利保护范围、畅通诉权保护渠道、扩大原告主体资格的规定亦体现了对当事人诉权的充分保障。

(4)诉讼模式方面。集中体现为建立检察机关提起公益诉讼制度。《人民法院审理人民检察院提起公益诉讼案件试点工作实施办法》(法发〔2016〕6号)为贯彻实施《全国人民代表大会常务委员会关于授权最高人民检察院在部分地区开展公益诉讼试点工作的决定》,就人民检察院提起行政公益诉讼案件的受理、审理、裁判方式等作出了规定。全国人大常委会于2017年再次修正《行政诉讼法》,对检察机关提起行政公益诉讼制度[1]进行了立法确认。

(5)审理程序方面。主要体现为突出庭审的中心作用,推进行政诉讼繁简分流。四五改革纲要提出建立以审判为中心的诉讼制度,开启了庭审实质化改革。[2] 最高人民法院《关于人民法院进一步深化多元化纠纷解决机制改革的意见》(法发〔2016〕14号)、《关于行政诉讼应诉若干问题的通知》(法〔2016〕260号)、最高人民法院《关于进一步推进案件繁简分流优化司法资源配置的若干意见》(法发〔2016〕21号)均提出行政审判程序繁简分流的要求,主要措施包括:简化审理程序、行政速裁机制、示范性诉讼、庭前会议、当庭宣判、裁判文书繁简分流(令状式、要素式、表格式等简式裁判文书)等。

---

〔1〕《行政诉讼法》第25条第4款规定:"人民检察院在履行职责中发现生态环境和资源保护、食品药品安全、国有财产保护、国有土地使用权出让等领域负有监督管理职责的行政机关违法行使职权或者不作为,致使国家利益或者社会公共利益受到侵害的,应当向行政机关提出检察建议,督促其依法履行职责。行政机关不依法履行职责的,人民检察院依法向人民法院提起诉讼。"

〔2〕《人民法院第四个五年改革纲要(2014—2018)》:"确保庭审在保护诉权、认定证据、查明事实、公正裁判中发挥决定性作用,实现诉讼证据质证在法庭、案件事实查明在法庭、诉辩意见发表在法庭、裁判理由形成在法庭"。

(6)裁判方式方面。主要体现为拓展行政诉讼裁判方式,完善行政裁判文书样式,指导裁判文书说理,推进裁判文书公开。2014年修正的《行政诉讼法》增加了给付判决的方式,对确认判决进行了完善。最高人民法院《行政诉讼文书样式(试行)》新编、修订了132种行政诉讼文书样式。新的行政诉讼文书样式“更加重视以审判为中心,突出庭审中心作用;更加重视对争议焦点的辨法析理,倡导繁简得当;更加重视文书规范化和个性化的统一;更加重视对法律规范的阐释和理解;更加重视回应实践新需求;更加重视对庭审和案件审理发挥引导作用”。[1] 最高人民法院《关于加强和规范裁判文书释法说理的指导意见》(法发〔2018〕10号)对于裁判文书说理的目的、价值、内容、方法等进行了系统的规定,对于行政裁判文书说理有非常重要的指导意义。《关于人民法院在互联网公布裁判文书的规定》(法释〔2016〕19号)进一步完善文书公开的范围和程序等事项,由之前的公开审核制转变为不公开审核制。

(7)内部职责分工方面。主要表现为落实司法责任制、健全法官会议制度。最高人民法院《关于健全完善人民法院主审法官会议工作机制的指导意见(试行)》(法发〔2018〕21号)提出,“健全完善主审法官会议工作机制,为法官审理案件准确适用法律提供指导和参考,促进裁判规则及标准统一,总结审判经验,完善审判管理”。《关于进一步全面落实司法责任制的实施意见》(法发〔2018〕23号)提出,“全面落实司法责任制应当坚持目标导向和问题导向相统一,严格遵照法律规定、遵循司法规律,坚持司法为民、公正司法,坚持‘让审理者裁判,由裁判者负责’。要着力破解司法责任制改革中存在的职能分工不明、审判责任不实、监督管理不力、裁判尺度不一、保障激励不足、配套机制不完善等突出问题,健全完善权责明晰、权责统一、监管有力、运转有序的审判权力运行体系,不断提升司法责任制改革的系统性、整体性、协同性,确保改革落到实处、见到实效”。

6. 行政审判方式改革再出发(自2019年起)

如果把行政审判方式改革视为一个持续的发展、创新、完善的过程,那么行

---

〔1〕 行政诉讼文书样式编写组:《以统一规范的法律文书,促进司法公正,提升司法公信——写在行政诉讼文书样式上网发布之际》,载最高人民法院官方网站2015年6月29日,http://www.court.gov.cn/shenpan-xiangqing-14826.html。

政审判方式改革不能止步。行政审判方式的改革需要在上一阶段改革成果的基础上,因应理论与实践的变化,不间断改革完善。

2019 年 2 月 28 日,最高人民法院发布《关于深化人民法院司法体制综合配套改革的意见——人民法院第五个五年改革纲要(2019—2023)》(法发〔2019〕8 号)。五五改革纲要在行政诉讼制度改革方面提出,“改革法律文书送达机制,推动实现审判资源优化配置、司法效能全面提升,构建顺应时代进步和科技发展的诉讼制度体系”,“围绕推进法治政府建设,改革完善行政审判工作机制,依法保护行政相对人合法权益,推动行政争议实质性化解,监督和支持行政机关依法行政。促进行政执法规范化、法治化,服务和保障‘放管服’改革”,“规范行政案件管辖机制,完善案件管辖标准及类型,优化行政审判资源配置”。

以五五年改革纲要的发布为起点,标志着行政审判方式改革在以往改革的基础上再次起航,也可以发现现阶段行政审判方式的主要改革方向为体系化、类型化、精准化与智能化。

(三)行政审判方式改革的特点与趋势

1. 行政审判方式改革的特点

纵观行政审判方式改革的历史进程,可以发现行政审判方式改革的特点主要有:改革与国家大政方针政策存在明显的一致性,改革文件包含大量的政治性话语;以司法政策为主要依据,以法律的修改对实践经验予以固定;改革设计的宏观性规定较多,可操作性的具体措施相对较少;改革的系统性欠缺,体现出明显的阶段性和零散性。

2019 年以后的行政审判方式改革最大的特点是国策背景明确。2020 年 4 月,最高人民法院发布《关于人民法院贯彻落实党的十九届四中全会精神推进审判体系和审判能力现代化的意见》,围绕着“推动中国特色社会主义司法制度优势转化为治理效能”的主题,从“彰显党的集中统一领导制度优势、诠释人民当家作主制度效能、完善服务和保障大局制度配套、推动完善公正高效权威的社会主义司法制度体系、强化司法廉洁保障制度执行”[1]等方面明确了改革的

〔1〕 高司平:《加快推进审判体系和审判能力现代化 推动中国特色社会主义司法制度更加成熟更加定型》,载《人民法院报》2020 年 4 月 2 日,第 1 版。

要求,集中体现了国家治理现代化国策背景的要求。顺应人民法院审判体系和审判能力现代化的发展方向,行政审判方式在体系化、类型化、精准化与智能化等方面进行了改革创新。

(1)体系化方面。体现为坚持系统法治观,将行政审判方式改革融入推进法治国家、法治政府、法治社会一体建设过程中,发挥行政审判对法治政府和法治社会的积极作用。例如,坚持行政争议诉源治理,2020 年最高人民法院发布《关于建设一站式多元纠纷解决机制、一站式诉讼服务中心的意见》提出,"主动融入党委和政府领导的诉源治理机制建设"。通过司法建议、府院互动等方式扩展法院与行政机关的信息交流,优化行政调解与行政复议、行政诉讼之间的衔接机制。最高人民法院通过发布典型案例(行政机关负责人出庭应诉典型案例、行政争议实质性解决典型案例、行政协议典型案例、耕地保护典型行政案例等)、各级法院积极发布行政审判白皮书,通过上述方式向政府和社会传导行政审判的理念和标准。

(2)类型化方面。体现为出台司法解释进一步推进行政案件类型化工作。2019 年年底,最高人民法院发布《关于审理行政协议案件若干问题的规定》,进一步明确了行政协议案件的审理、裁判、执行规则。目前正在就土地征收征用案件、涉教育类行政案件等调研,为制定相关案件司法解释准备条件。值得一提的是,2020 年,最高人民法院发布《关于行政诉讼案由的暂行规定》,明确了行政案件案由的基本结构、适用范围、确定规则、几种特殊行政案件案由确定规则及应注意的问题等。一级案由确定为"行政行为",二级案由确定为种类化的行政行为,三级案由依照现行有效的法律、法规、规章及司法解释等列举的行政行为名称,以及行政行为涉及的权利内容等,对二级案由进一步细化。[1] 2021 年,最高人民法院发布《关于推进行政诉讼程序繁简分流改革的意见》,进一步推进繁案精审和简案快审。统一行政诉讼案由及繁简分流改革对于促进行政审判方式类型化和精细化方面均作用明显。

(3)精准化方面。体现为最高人民法院通过一系列的司法解释、司法文件

---

〔1〕 黄永维、郭修江、仝蕾:《〈关于行政案件案由的暂行规定〉及印发通知的理解与适用》,载《人民司法》2021 年第 4 期。

推进行政审判方式在精细化上不断走深、走实。2020年,最高人民法院发布《关于行政机关负责人出庭应诉若干问题的规定》对2014年修改的《行政诉讼法》确立的行政机关负责人出庭应诉制度进行规则细化〔1〕。2021年,最高人民法院发布《关于正确确定县级以上地方人民政府行政诉讼被告资格若干问题的规定》,明确几类情形〔2〕中被告的资格确定规则及法院的释明义务。最高人民法院《关于办理行政申请再审案件若干问题的规定》,明确了最高人民法院裁定再审案件的类型、决定省高级人民法院审查的具体案件类型、径行裁定驳回再审申请的情形等。上述两个司法解释对于行政诉讼程序问题作出了更加细化的规定。《关于行政诉讼证据若干问题的规定》的修改也正在酝酿之中,相信对于行政诉讼证据规则精细化发展将起到重要作用。

(4)智能化方面。行政审判方式智能化是智慧法院建设的一部分,随着法院整体的智能化水平的提升而不断得到发展。2020年发布的《关于统一法律适用加强类案检索的指导意见》和2021年发布的《人民法院在线诉讼规则》是匹配审判方式智能化发展的要求,在规则层面推进智能化的具体举措,对于推进和规范类案检索、在线诉讼等智能化审判方式有重要作用。

2. 行政审判方式改革的趋势

通过梳理改革文件也能发现行政审判方式改革的主要趋势表现为:"从强调维护稳定到注重司法公平与效率等司法规律,从形式法治转向实质法治,在维护与监督并举、支持与制约并重"〔3〕的基础上,逐步强化监督功能,重点强调实质解决行政争议;由司法消极主义向司法能动主义转变;从封闭型的司法中心主义争议解决方式到开放协同的多元化争议解决方式;从争议解决程序的一体化到争议解决程序的类型化与精细化。

(1)所谓体系化,是指行政审判方式改革的整体化推进过程。主要表现在

〔1〕 最高人民法院《关于行政机关负责人出庭应诉若干问题的规定》(法释〔2020〕3号)中对负责人出庭应诉的定义和范围、通知负责人出庭案件,负责人出庭应诉程序、不出庭理由、出庭效果保障、不出庭处理措施等作出了规定。

〔2〕 最高人民法院《关于正确确定县级以上地方人民政府行政诉讼被告资格若干问题的规定》(法释〔2021〕5号)涉及当事人起诉政府指导行为、强制拆除行为、履行法定职责或者给付义务、不动产登记行为、政府信息公开行为等情形。

〔3〕 李大勇:《最高法院行政诉讼司法政策之演变》,载《国家检察官学院学报》2015年第5期。

两个方面：

一是行政审判方式内部的协调统一推进。前文已述，行政审判方式包含多个维度的问题，那么系统化的表现形式之一就是多个维度上的改革共同推进、多点开花。集中表现在行政审判方式改革成果的总结定型阶段，在行政诉讼制度完善与创新、诉讼理念革新、诉权保障规范、主客观诉讼模式并重、审理程序完备、裁判方式多元化、内部职责分工合理化等方面改革措施频现、改革成果丰硕。

二是行政审判制度与其他外部制度的融合兼容推进。行政审判制度与党的领导和人民代表大会制度的协调，例如，主动自觉地接受党委领导和人大监督。行政审判制度与法治政府建设协同推进，例如，通过府院联动等方式畅通与政府的信息沟通机制，营造良好的行政审判司法环境。行政审判制度与法治社会建设协同推进，例如，通过普法宣传、新闻发布会、行政审判白皮书等方式向社会传导行政法治理念和行政裁判标准。行政审判法律效果与国家社会秩序稳定、优质营商环境塑造、社会主义核心价值观培树等效果的综合实现。

(2)所谓类型化，是指行政审判方式格式化、模式化的过程，旨在提升行政审判方式的适应性和包容性。主要表现为两个方面：

一是行政审判程序的类型化。例如，简易程序与普通程序、特别程序的同步建构，行政公益诉讼程序的建立和完善等。

二是类案审查规则化。通过制定针对不同种类的行政行为的类案审理规则推进类型化。例如，出台最高人民法院《关于审理政府信息公开案件若干问题的规定》《关于审理行政协议案件若干问题的规定》等司法解释，进一步明确政府信息公开案件、行政协议案件的审理规则。通过行政案例制度推进类案审查标准的一致性等。

(3)所谓精准化，是指行政审判方式改革的问题导向和细节关注。主要表现在两个方面：

一是行政审判方式改革应有问题意识。改革是发现问题、分析问题，进而解决问题的过程，行政审判方式存在的问题得以解决意味着改革实效性强，不解决审判实践问题的改革措施类似于空谈，浪费改革资源。例如，针对行政审判长期以来存在的“程序空转”“案结事不了”的问题，提出了协调化解的改革措施,2014 年修正的《行政诉讼法》将“解决行政争议”确立为立法目的。例如,《行政诉讼法》规定了负责人出庭制度,但是实际效果并不理想,针对这个问题制定了《关于行政机关负责人出庭应诉若干问题的规定》,在规则层面进一步细化制度的执行。

二是行政审判方式改革需要关注细节。行政审判方式本身也分为宏观、中观和微观,在微观领域中周到地考虑细节,更能够反映出改革措施的科学性、周至性、可接受性。比如,2014 年最高人民法院《行政诉讼文书样式(试行)》中详细涵盖了 132 种行政诉讼文书样式,对于撰写行政裁判文书很实用。

(4)所谓智能化,是指行政审判方式从传统的仅靠人力到人机合作的推进过程。主要表现在从人民法院计算机信息网络建设到人民法院信息网络系统建设,再到智慧法院建设,审判方式智能化改造始终是行政审判方式改革的重要方面。

## 三、国家治理现代化国策背景下的行政审判方式改革

### (一)国策背景下研究行政审判方式改革的必要性

在国家治理现代化国策背景下研究行政审判方式改革的必要性主要有三个方面:

1. 行政审判方式内嵌于国家治理体系之中

行政审判是公民权、行政权与司法权的交汇点,行政审判功能的发挥对于国家治理体系有重要的影响。从司法权与行政权的关系角度,行政审判特有的监督规范行政权运行的功能可促进政府行政服从良善规则,推进法治政府建设,因此,行政审判是政府治理的“免疫系统”。从司法权与公民权的关系角度,行政审判将保护公民合法的诉讼权利和实体权利作为核心功能是司法民主的必然要求,权益保障功能的充分实现是树立司法权威和获得司法认同的必备条件,因此,行政审判是合法权益的“保障系统”。同时,行政审判还担负着规范引导公民合法理性行使诉权的责任,塑造公民社会的功能,使之成为社会治理的“规范系统”。从行政权与公民权的关系角度,行政审判又是“官民”互动的平台,肩负着塑造良性公私合作伙伴关系的功能,是“官民关系”的“调节系统”。

2. 国家治理现代化为行政审判方式改革廓定了活动场域

行政审判方式改革存在于“法治国家、法治政府、法治社会一体化建设”之中,国家治理现代化的国策为行政审判方式改革划定了活动范围,也提供了方向性指引。超出国策范围、背离国策方向的改革必将因为与整个体制的不适应,轻则荆棘曲折,重则宣告失败。行政审判方式改革也只有在全面深化改革的综合系统中推进,与其他方面的改革协同推进,才能形成改革的合力,减少有的改革步子快、有的改革扯后腿等影响改革进程的因素。

3. 国家治理现代化的研究需要从宏观构想走向微观设计

理论研究层面,“目前国内学者对国家治理现代化的基本内容、逻辑理路、制度完善、法治建设等宏观问题的研究已相当成熟”[1]。国家治理现代化进程不仅是宏观构想,还有微观领域的设计实施,行政审判方式现代化的研究就是将国家治理现代化的宏观构想引入微观设计,使之具体化、精细化,更具可操作性。司法制度能够为国家治理现代化输送秩序价值、规范价值、程序价值、信用价值。[2] 行政审判制度作为司法制度的重要组成部分,研究行政审判方式现代化也必将为国家治理现代化整体推进和其他部分的细化完善提供动力和借鉴。

(二)主要命题

国家治理现代化视角下的行政审判方式改革涉及内容和问题繁多。本书主要选取其中的五个主要问题予以论述,试图抓住主要矛盾和矛盾的主要方面。

1. 第一个问题(第一章)是如何实现行政审判职能配置科学化

涉及行政诉讼目的论及审判理念现代化等。首先,界定行政审判职能的含义,发现行政审判职能与其他审判类型相较的特殊性,搭建符合行政审判特点的职能结构。其次,从法院在国家机构中的角色定位、审判职能的结构及行政法官的职权职责角度,分析司法实践中行政审判职权配置科学化存在的障碍。再次,追寻行政审判职能的本质,着重回答四个问题:行政审判是“民告官”的对

〔1〕 元晓晓:《十八届三中全会以来国家治理现代化研究的知识图谱——基于 Citespace 软件的可视化分析》,载《实事求是》2019 年第 5 期。

〔2〕 江国华:《中国特色社会主义司法制度研究(理论篇)》,科学出版社 2019 年版,第 92 ~ 93 页。

簿公堂程序还是“民见官”的民主诉求程序？是面向过去的行政法律关系矫正，还是面向未来的新型官民关系建构？是消极静态的规范合法性监督，还是积极动态的（持续进行的）公共政策协商？是强调事后解决争议，还是关注预防争议的产生？最后，提出审判职能配置科学化的方案。立足于合法性审查职能，逐步向合理性审查、合目的性审查扩展，塑造法治政府（责任、有限、开放、理性、公正、诚信、廉洁、效能等）；着眼于实质化解行政争议职能，有限度地走向前端预防争议的产生；积极参与政府立法和政策制定，实现司法行政良性互动；引领社会现代化转型进程，助力社会治理现代化；发挥民主政治促进功能，规范公民合法理性诉求；维护法律位阶秩序，维护中央权威以及全国的政令统一；实现司法的公正与效率，引导推动现代救济制度的协调整合。

2. 第二个问题（第二章）是如何实现行政审判庭审实质化

涉及诉讼模式理论、行政诉讼类型化理论、诉讼结构理论、诉讼程序构造理论和证据理论等。首先，从行政诉讼庭审实质化的概念入手，庭审实质化主要是针对进入实体审理的案件，如何通过庭审程序的功能发挥，解决实质问题。分析行政诉讼庭审实质化与刑事诉讼、民事诉讼庭审中心主义的区别。阐述行政诉讼庭审实质化的意义。其次，发现审判实践中阻碍庭审实质化的因素。包括庭前准备程序的作用发挥不足、庭审中法官释明权行使不充分、庭审程序僵化、和解制度不完备、举证质证程序不完善、庭审规范与司法礼仪未得到充分重视等方面。最后，针对上述问题，从核心与配套两个层面，提出庭审实质化改革的具体措施。

3. 第三个问题（第三章）如何实现行政裁判文书说理充分化

涉及法律语言学、社会主义核心价值观的塑造、行政诉讼专业化与大众化的关系等。首先，阐述裁判文书说理的含义及价值。其次，从内容层面、方式层面、方法层面发现行政裁判文书说理中存在的实践问题。最后，提出行政裁判文书说理的改革措施，涉及思路的转变、方式的转变、内容的转变、语言的转变等问题。

4. 第四个问题（第四章）如何实现行政审判主体关系均衡化

涉及行政诉讼结构理论、参与主体角色定位等。首先，梳理目前关于行政诉讼结构的理论观点并进行评析。其次，提出均衡化的行政审判结构具体表现为同心圆结构的观点。最后,阐述行政法官应然角色定位、行政法官的角色保障制度等,并基于行政审判当事人的特点分别阐述了当事人的应然角色定位。

5. 第五个问题(第五章)如何实现行政审判方式智能化

涉及司法人工智能、职业法官与司法人工智能的关系等。首先,阐释了审判方式智能化改造的时代必然性及意义,梳理了审判方式智能化改造的历程。其次,从审判方式智能化改造的内涵与外延、核心问题两个方面,阐述了审判方式智能化改造的应循之"道"。最后,以网络庭审、类案检索为突破口,阐述了审判方式智能化改造之应循之"术",具体从两者的应用现状、与行政审判的适应性、应用于行政审判的弊端、规范化建构四个方面展开。

(三)研究思路与研究方法

1. 研究思路

本书定位于法政策命题研究,属于诉讼法领域内司法改革政策研究。本书集中于中国行政审判方式的实践选择上,侧重于法律政策的理论抽象,将实践中的问题进行阐述和分析、对经验做法进行总结提炼,进而得出司法政策层面的改革措施。因此,本书整体上采取提出问题—分析问题—解决问题的思路。首先,从国家治理现代化的国策背景切入,梳理行政审判方式改革的历程,从整体上把握住行政审判方式改革的大方向。其次,具体分析了行政审判职能配置科学化、行政审判庭审实质化、行政裁判文书说理充分化、行政审判主体关系均衡化、行政审判方式智能化五个关键性问题。

本书不着重涉及体制改革,原因有两个:一是体制改革问题涉及国家层面宏观设计,需要决策层从国家治理体系的角度予以明确。而且对于体制改革的研究,诸如建立行政法院体系以改变目前行政诉讼面临的地方化与行政化的问题,学界和实务界多有论及。二是体制改革属于本书的研究志趣的上一层面的问题。无论体制改革如何推进,是由人民法院行政审判庭审理行政案件还是由行政法院审理行政案件,都需要通过中微观层面的司法改革,即优化行政审判职权配置、树立正确的行政审判理念、完备审理程序类型、完善庭审程序、提升行政审判的专业化程度、培育成熟的行政裁判文书风格、优化行政诉讼主体结构、提升审判方式智能化水平,以实现行政审判公正高效权威地解决行政争议、充分保障私权利、有效监督公权力的诉讼目标及功能。

2. 研究方法

系统论方法。系统论方法是把研究对象置于其所处的整体系统中进行研究的方法。从系统整体、系统要素之间的关系、各要素的组合结构等方面，把握研究对象与其他要素的关联性与研究对象的一般规律性，在此基础上，对研究对象进行有效规制和合理优化。本书将行政审判方式改革纳入国家治理现代化改革的整体中进行研究，避免局部改革背离整体改革的方向。

过程论方法。改革不是一蹴而就的，需要漫长求索的过程。本书采用了过程论方法对行政审判方式的演变的过程进行了详细梳理。

实证分析法。立足于行政审判实践，通过参与观察与访谈法、案例分析法、司法数据统计等方法，分析行政审判方式的现状和存在的问题，突出文章的实践指导意义。

规范分析法。本书采取规范分析的方法，对行政审判方式的运行现状进行主观的价值判断，并试图从行政审判方式的具体实践中抽象出理论命题和专业术语，提出行政审判方式的应然图景。

文献分析法。对于国家治理现代化和审判方式改革有关的著作、学术论文等进行广泛收集、精细阅读的基础上，清楚上述问题的学术研究现状和主要观点。

比较分析法。虽然国家治理现代化的过程具有很强的民族性、历史性和文化性，但是西方治理理论中的经验仍值得我国借鉴。由于我国行政诉讼的发展历程较短，系统性有待加强，因此对于行政审判方式的改革研究，更需要借鉴西方国家的成熟制度，在不照搬照抄的基础上，取其精华。

# 第一章　行政审判职能配置科学化

司法改革的目标在于建立符合国情的现代司法制度，充分发挥司法制度在国家治理中的功能作用，实现国家治理现代化。“在中央关于司法改革综合配套的部署中，优化司法职权配置、规范权力运行是一个重要的组成部分。优化司法职权配置类似于建筑物内部的功能分区。如果各个分区界限清晰、大小适当、分布合理、功能齐全、互相协调，便能更好地实现建筑物的终极功能”[1]。

就行政审判制度而言，改革行政审判体制和优化行政审判职能配置是行政审判制度完善的两个主要方面。就两者的比较而言，前者集中于外在结构性变化，以消除外部干预为主要方式，通过增加独立性进而增进行政审判制度的功用。后者集中于内部结构性变化，以整合现有的行政审判资源、优化诉讼结构为着眼点，通过扩展行政审判权的作用范围进而增进行政审判制度的功用。两者对于行政审判制度现代化均有重要的积极意义，正如前文所言，体制改革掣肘因素较多，且外部体制改革推进后仍需要内部运行层面的制度完善予以配合，正如王名扬先生所言，“至于争议解决的机关是行政法院或普通法院，或法律所创设的其他机构，不是问题的关键所在”[2]。笔者认为，从行政审判职能的扩展与结构完善的角度出发，反作用于外部体制改革的路径更加现实稳妥，且更具时效性。

---

〔1〕 蒋惠岭：《司法改革的知与行》，法律出版社 2018 年版，第 228 页。

〔2〕 王名扬：《外国行政诉讼制度》，人民法院出版社 1991 年版，第 1 ~ 2 页。

## 一、行政审判职能配置科学化概述

(一)行政审判职能的含义

行政审判职能,是指为了实现司法制度的总体目标,落实行政审判的制度目的,法院在行政法的制定、解释和适用方面应当发挥的作用。这种作用在宪法层面表现为,为了维护和发展合乎宪法的社会公共秩序,司法权在与立法权、行政权、统治权之间的互动关系中所应扮演的角色和为此可以采取的活动方式(手段);在诉讼法层面表现为,法院为了实现行政审判的目的,在诉讼活动的进行过程中所应扮演的角色和为此可以采取的活动方式。〔1〕

(二)行政审判职能的特点

所谓特点,就是行政审判职能不同于其他审判职能的特殊性,能够将行政审判职能与其他审判职能相区别的基本属性。考察行政审判职能的特点需要从行政审判的本质入手,"行政诉讼的性质决定行政诉讼的功能,行政诉讼的功能同时受制于其他条件如立法目的、法治环境、法律意识等因素的影响"〔2〕。因此,把握行政审判职能的多元性、层次性、地域性、时代性等特点,才能保障行政审判职能结构的完整、开放,达到符合国情、符合时代要求的优化配置效果。

1. 多元性

从横向观察行政审判职能的样态,行政审判职能并不是唯一的,体现为争议裁判职能、司法解释职能、立法咨询职能、关系协调职能、诉前保护职能、法官保护职能等〔3〕为内容的多样化职能样态。从行政诉讼的立法目的角度也可以发现行政审判职能的多样性,"各国行政诉讼的立法目的极为一致,不外乎保障人民权益、维护行政权依法行使(维护法律)和增进司法功能这三种"〔4〕。我国《行政诉讼法》第1条规定:"为保证人民法院公正、及时审理行政案件,解决行

〔1〕 高家伟:《公正高效权威视野下的行政司法制度研究》,中国人民公安大学出版社2013年版,第183页。

〔2〕 林莉红等:《行政诉讼法问题专论》,武汉大学出版社2010年版,第62页。

〔3〕 高家伟:《公正高效权威视野下的行政司法制度研究》,中国人民公安大学出版社2013年版,第225页。

〔4〕 胡建淼:《中外行政法规分析与比较》,法律出版社2004年版,第1692页。

政争议，保护公民、法人和其他组织的合法权益，监督行政机关依法行使职权，根据宪法，制定本法”。从上述立法目的的规定上看，我国行政审判职能至少包括解决行政争议、保障公民权益、监督公权力行使三大主要职能。

2. 层次性

行政审判职能的层次性可以从两个层面考虑：一是从纵向结构的角度可区分为宪政职能与诉讼职能。宪政职能涉及司法权在国家权力体系中的定位及司法权与公民权、社会权的互动过程中，主要表现为司法权与立法权、司法权与行政权、司法权与公民权、司法权与社会权四组权力和权利的关系。诉讼职能是行政审判权在诉讼过程中的作用，主要表现为行政审判权、行政权与公民权在诉讼中的互动关系。二是从重要性角度可以区分为核心职能和辅助职能。核心职能主要是行政审判作为一种诉讼制度的功能发挥，“行政诉讼的核心是以审判方式的诉讼程序解决行政争议，监督行政活动”。〔1〕从行政审判核心职能延伸出来的其他职能就是辅助职能。例如，为立法机关的立法活动提供司法智慧、为行政机关制定政策提供法律意见、为普法宣传贡献力量等职能。

3. 地域性

行政审判职能的地域性意味着，不同国家的行政诉讼制度均立足于本国的制度运作实践和社会环境。不同国家受政治制度、经济制度、文化观念和民族传统的影响，行政诉讼职能是存在差别的。比如，法国的行政审判机关具有行政立法咨询职能，“一个机关（行政法院），既有作为政府顾问的咨询职能，也有司法职能”〔2〕，“法国行政法院之所有具有行政立法咨询职能，一个重要的便利条件是行政法院与行政机关同属公共行政系统，本质上保持了公共行政的性质”〔3〕。美国的司法审查就包含违宪审查权，审查立法、行政行为“是否与宪法规定的权利、权力、特许权或豁免权相抵触”〔4〕。美国最高法院最重要的职责就是裁决涉及宪法解释的案件，判定某项法律是否违宪，在过去的200年里，最

---

〔1〕 王名扬：《外国行政诉讼制度》，人民法院出版社1991年版，第1～2页。

〔2〕 [法]莫里斯·拉朗热：《法国最高行政法院》，载《国莱法学杂志》1968年第1期。转引自姜明安：《行政诉讼法》，北京大学出版社2016年版，第36页。

〔3〕 高家伟：《公正高效权威视野下的行政司法制度研究》，中国人民公安大学出版社2013年版，第195页。

〔4〕 姜明安：《行政诉讼法》，北京大学出版社2016年版，第41页。

高法院一共判决135项国会立法违宪。[1]

4. 时代性

行政审判职能的时代性表现为,行政审判职能的内容随着社会发展进步呈现出的变化性。“考察各国行政诉讼发展史可以发现,在行政诉讼发展初期,各国都把行政诉讼当作一种行政监督制度,后来才逐渐将其作为一种行政救济制度来看待。”[2]如果行政审判定位为行政监督制度,则行政审判职能偏向于维护客观的公法秩序,如果以行政救济制度定位,则主要侧重于保障公民权利。以欧陆国家为例,“二战”之前欧陆国家的行政审判主要以公共法律秩序维护为本位,兼顾个人合法权益保护。而战后则明显出现向以保障公民个人合法权益为本位而考虑公共法律秩序维护的方向变化。随着经济社会的不断发展,社会需求不断变化,要求政府不能仅维护社会秩序稳定,还要积极地对经济、社会进行干预和管理,促进经济的发展,保障社会公平,因此,政府行为也日趋多样化,诸如行政协议、行政指导、行政允诺、行政奖励等行为方式广泛应用。与此相适应,行政审判职能也应不断拓展范围,保持足够的开放性与能动性,以适应时代的发展和需求。

(三)行政审判职能的结构

结构,从语言学的角度看,“是指事物内部各个组成部分的搭配和排列”[3]。结构具有整体性、有序性和稳定性的特征,整体性意味着事物内部各要素、部分间的贯通性,有序性是指内部要素之间的秩序和规则,稳定性是相对的、动态的稳定。[4] 行政审判职能的结构就是在行政审判职能体系中,各项审判职能之间按照轻重缓急进行排序,区分核心职能和辅助职能,各项职能之间相互配合,共同服务于行政审判制度的整体功能发挥。需要指出的是,各项行政审判职能在体系中是相对稳定的,其中的稳定性因素能够使我们认识行政审判职能的本质,不至于在变动不居中让人难以琢磨。而稳定的相对性又能够让

---

[1] 任东来等:《美国宪政历程:影响美国的25个司法大案》,中国法制出版社2013年版,第6页。

[2] 谭宗泽:《行政诉讼结构研究——以相对人权益保障为中心》,法律出版社2009年版,第172页。

[3] 《辞海》,光明日报出版社2002年版,第571页。

[4] 谭宗泽:《行政诉讼结构研究——以相对人权益保障为中心》,法律出版社2009年版,第33~34页。

行政审判职能保持开放性,能够根据时代背景和社会需要增减范围,调整权重。行政审判职能完善的着力点主要集中在查漏补缺与合理排序两个方面。正如有学者所言,“行政诉讼本质是一种国家权力结构的设计,行政诉讼的存在及其运作无时不涉及权利的配置、冲突及协调,因此谋求运作良好的行政诉讼,既必须把行政诉讼置于宏观的权利结构图景中加以考察,又必须仔细入微地观察行政诉讼具体运作中的权力关系,否则难以实现对公民权利进行救济和行政权力予以制约的目的”[1]。受上述分析模式的影响,笔者试图将行政审判职能分为宏观和微观两个层次,放入相应的权力(权利)结构中去思考。

1. 从国家权力结构的角度看

行政审判职能的载体是立法权、司法权与行政权三者的关系,具体表现为公正高效权威司法制度构建职能、维护法治统一职能(立法咨询职能与司法解释职能)、法治政府塑造职能(政策立法咨询职能)等。其中公正高效权威司法制度构建职能体现了行政审判权属于司法权的本质属性,属于核心职能,其他职能则属于辅助职能。

2. 从国家权与公民权、社会权的关系角度看

行政审判职能包括民主政治促进职能、社会转型进步引领职能、核心价值观塑造职能、救济制度协调整合职能等。

3. 从诉讼结构角度看

行政审判职能的载体是行政审判权与公民权、行政权的关系,具体表现为合法性审查职能、行政争议解决职能、实体合法权益保障职能、程序引导职能、诉权保护与规范职能、司法执行职能等。其中合法性审查职能、行政争议解决职能、实体合法权益保障职能是核心职能,其他职能则属于辅助职能。

### (四)行政审判职能配置科学化的内涵

根据以上对于行政审判职能的含义、特点和结构的论述,可以得出行政审判职能配置科学化的基本标准。行政审判职能配置科学化就是,以实现行政审判制度目的为导向,在符合行政审判职能多元性、层次性、地域性、时代性特点

---

〔1〕 杨伟东:《权力结构中的行政诉讼》,北京大学出版社2008年版,第201~202页。

的基础上，给予行政审判配置应有的职能，且各项职能按照核心职能和辅助职能进行区分排序而形成完整科学的结构，进而实现行政审判本质所决定的各项行政审判职能的优化配置。因此，行政审判职能配置科学化应当理解为行政审判职能的角色定位清晰、职能要素齐备、职能结构完整、职能均衡实现。

## 二、行政审判职能配置科学化的障碍

### （一）法院的角色定位

所谓法院的角色定位，是指在国家与社会互动以及在整体的国家机构沟通协调的双重框架之下，法院应当具备的基本功能，以及法院与社会主体、法院与其他国家机构的关系。主要涉及以下方面的问题：

1. 行政干预削减行政审判权运行的独立性

我国《宪法》第 126 条规定："人民法院依照法律规定独立行使审判权，不受行政机关、社会团体和个人的干预。"上述规定体现出法院独立行使审判权的宪法制度安排。尤其是对负有监督行政权合法行使职能的行政审判权而言，独立性起到至关重要的作用，缺乏独立性将严重限制行政审判职能的实现。反观现实，从体制性因素角度看，法院在人、财、物方面对地方政府有依附性，加之司法管辖区与行政区划高度重合，形成了司法地方化的局面。在这种情况下又要求法院审查以地方政府为被告的行政案件，造成了法律要求法院担任行政机关监督者的角色，但实际的身份，行政机关又是其事实上的"上级"[1]的局面，法院承担的法律角色与实际身份之间存在难以调和的矛盾，因此，要让法院做到独立公正地行使审判权就显得底气不足。加之，行政权本身具有范围广泛、能量巨大等特点，且具有扩张的本质，而司法权的中立性、事后性、被动性的特点，更使得作为行政审判权的司法权在强大的行政权面前"望而却步"。

2. 形式法治思维阻碍行政审判的能动性

形式法治思维关注的是政府行为的外在表现形式的合法性，要求行政审判

---

〔1〕 王振宇：《行政审判体制改革应以建立专门行政审判机构为目标》，载《法律适用》2015 年第 2 期。

在法律规定的范围内,严格按照三段论的法律适用方法,机械地适用法律,在个案中审查行政行为的形式合法性。"我国法律对行政行为合法性的要求存在某种形式主义的偏向,法院在审查行政行为时,也只能就法律要求进行合规则式的审理,而无法保证行政行为符合实质意义上的公正和合理。"[1]我国实行人民代表大会制度,"行政机关和司法机关都由人民代表大会产生,向它负责并报告工作,并在法律规定的各自权限范围内活动,是互相配合、互相协助的平列机关。在行政诉讼中,人民法院之所以能够对行政机关的行政活动进行审查、监督,是来源于法律的授权"[2],从制度设计角度看,行政审判权的来源是全国人民代表大会通过《行政诉讼法》等法律的授权。同样,行政机关是法律的实施机关,行政权同样来自人民代表大会的授权,在法律范围内行使,因此认为行政权的行使受人民代表大会的监督制约,而不是法院。受形式法治思维的影响,行政诉讼法等法律的授权的范围相当有限,行政审判局限于行政行为的形式合法性审查,对行政行为的合理性审查、合目的性审查范围非常有限。因此,法律规定的司法裁量空间狭窄,限制了行政审判能动性的发挥。

(二)审判职能的结构

职能齐全与结构优化是行政审判职能配置科学化的"硬币两面",行政审判职能结构优化表现为结构完整、结构均衡。从结构角度看,目前存在以下问题:

1. 完整性方面

从结构的完整性角度看,行政审判职能应该是分层次的,既包括宪法层面的职能,也包括诉讼法层面的职能。反观我国目前行政审判职能的构造,行政审判强调在个案中的诉讼功能的发挥,宪法层面的功能基本上是缺失的,表现为宪法秩序维护职能、民主政治促进职能、维护法治统一职能(立法咨询职能)、法治政府塑造职能(政策立法咨询职能)、社会转型进步引领职能等司法职能在法律上的系统性缺失,只是在实践中间接或者局部地发挥着有限作用。虽然强调个案诉讼功能,但是就诉讼功能而言,也存在部分功能的缺漏,主要表现为两个方面:一是受案范围狭窄。我国行政诉讼采取的是权利与救济相分离的思

〔1〕 杨伟东:《权力结构中的行政诉讼》,北京大学出版社2008年版,第29页。
〔2〕 应松年主编:《行政诉讼法学》,中国政法大学出版社2002年修订版,第43页。

路,只有行政诉讼法规定[1]的行政行为才能进行审查,还不能针对公法权利提供无漏洞的保护[2]。二是将行政行为的合法性审查理解为形式合法性审查,忽视对行政行为合理性方面的审查,将大量的行政裁量行为排除在行政诉讼审查的范围之外。

2. 均衡性方面

行政审判职能的均衡意味着各种审判职能分清主次、有序排列。我国行政审判职能失衡表现在某些辅助性职能的比重过高,比如,带有浓厚行政职能属性的司法执行职能应该处于附带性、辅助性地位,但在行政审判之中却占据了主要的比重。[3] 据统计,2013 年全国法院受理一审行政诉讼案件 12.3 万件,2014 年 14.2 万件,2015 年 22 万件,2016 年 22.5 万件,2017 年 23.9 万件,而受理非诉执行案件自 2013 年以来年均 19 万件,2017 年受理达 25.4 万件。[4] 2018 年至 2020 年,全国法院分别受理一审行政诉讼案件 25.7 万件、28 万件、26 万件,非诉执行案件 24.6 万件、23.2 万件、21.6 万件。[5] 我国《行政诉讼法》规定的强制执行制度是"维护"行政机关依法行使职权的重要方面,[6] 显然与《行政诉讼法》的立法目的不相符合,使法院成为行政机关的"执行大队"。

(三)法官的职权职责

充分发挥行政审判职能作用,离不开行政法官依法、独立地行使职权,能动的履行法定职责。就法官职权职责而言,目前存在以下问题:

---

[1] 《行政诉讼法》第 12 条规定了十二种属于行政诉讼受案范围的情形及"法律、法规规定可以提起诉讼的其他行政案件"的兜底条款,第 13 条规定了四种排除情形。

[2] 无漏洞保护原则在很多法治国家的法律中均有体现。比如《德国行政法院法》第 41 条规定:"公法上之争议,非属宪法性质者,皆得向行政法院提起诉讼";《美国联邦行政程序法》第 701 条规定,除非法律予以明确排除,或法律赋予行政机关自由裁量的行为外,其他全部的机关行为均属于司法审查的范围。

[3] 高家伟:《公正高效权威视野下的行政司法制度研究》,中国人民公安大学出版社 2013 年版,第 188 页。

[4] 江必新:《行政审判的理念、政策与机制》,人民法院出版社 2019 年版,第 69 页。

[5] 数据来源于 2018 年、2019 年、2020 年《全国法院司法统计公报》,载最高人民法院官方网站 http://gongbao.court.gov.cn。

[6] 江必新:《行政审判的理念、政策与机制》,人民法院出版社 2019 年版,第 207 页。

1. 法官独立判断受限

司法权的本质是判断权，“司法部门既无强制、又无意志，而只有判断”[1]，判断权行使的基础是判断者的独立性和中立性。缺乏独立性的判断只是以自己署名为形式，填充了他人的判断结论，而缺乏中立性的判断极有可能在判断的过程中考虑不相关因素，得出偏袒一方的结论。对此，决策者推动进行“让审理者裁判、由裁判者负责”为要旨的司法责任制改革，改革的立足点就是保障法官独立公正地行使判断权。审判实践中，影响法官判断独立性与中立性的主要因素体现在两个方面：一是司法运行的行政化。主要表现在，“在法院内部，法官身为公务员，受到行政科层制体系的束缚，领导意志往往优于自主裁判；上下级法院之间存在超越审判监督的‘指导关系’，经常通过请示、汇报与指示、命令等方式，就具体案件进行沟通，使得上诉审程序虚置”。[2] 另外，法官会议制度的作用发挥不足。二是法官保障制度改革推进缓慢。主要表现为法官职业尊严及人身保护不够周全和细致；法官职级晋升与经济待遇有待进一步提高；缺乏系统性与经常性的法官专业业务培训。

2. 法官的专业性欠缺

美国学者丹尼斯·朗将权威分为“强制性权威”、“诱导性权威”、“合法权威”、“合格权威”及“个人权威”几种形式，其中“合格权威是一种权威关系，其中对象服从权威的指令是出于信任权威有卓越的才能或专门知识去决定何种行动能最好地服务于对象的利益与目标”。[3] 笔者认为，司法权威中的合格权威就是指司法的专业性，即包含当事人在内的大众，尤其是法律职业共同体的成员服从司法权威是出于对法官拥有卓越的才能或专业知识的信任，专业性的裁判是司法公信力的基础。反观现实，我国行政法官的专业化水平还亟待提升，主要表现在：一是法律没有规定行政法官遴选的专业知识构成；二是法院内部不同审判领域的法官互相流动非常容易，缺乏专业性条件限制；三是行政裁判文书说理存在简单化的现象，除了部分问题敏感“不敢说”的原因外，多数是

---

[1] [美]汉密尔顿、杰伊、麦迪逊：《联邦党人文集》，程逢如、在汉、舒逊译，商务印书馆2009年版，第391页。

[2] 解志勇：《行政法院：行政诉讼困境的破局之策》，载《政法论坛》2014年第1期。

[3] [美]丹尼斯·朗：《权力论》，陆震纶、郑明哲译，中国社会科学出版社2001年版，第60页。

因为行政审判法官的专业化水平较差而导致的“不会说”。

3. 法官释明权行使不足

法官释明权是弥合法律规定与社会生活间隙、保障审理秩序高效流畅、平衡诉讼双方认知能力的不对等、尊重当事人主体地位的重要方式，具体可以分为法律解释层面的释明权与程序指导层面的释明权。就第一个层面而言，正如以色列最高法院法官巴拉克所言，“法律的生命并不仅是逻辑或经验。法律的生命是根据经验和逻辑重生，使法律适应新的社会现实”。[1] 解释法律规范是赋予法律文本含义的理性活动，旨在实现法律的目的。就第二个层面而言，程序指导释明权是法官诉讼程序指挥权的表现，是法官与当事人在诉讼程序中的主要交流方式，旨在保障庭审程序高效实质推进。审判实践中，两种释明权行使都不充分。一方面，根据我国《立法法》的规定[2]，法律解释权属于立法机关，最高人民法院仅能就审判工作中具体应用法律作出司法解释。这就意味着法官主要任务是严格适用法律，不允许在个案中“法官造法”，加之运用法律解释方法的能力不足及法官能动性发挥不足等因素，严重压缩了法律解释层面的释明权的行使空间，产生机械司法的现象。另一方面，行政审判程序中当事人对抗情绪浓烈，原告往往持“官官相护”的惯性思维，释明权行使不被理解，“言多语失”的自我保护意识致使法官缺乏行使释明权的动力。

## 三、行政审判的本质追问

哲学层面，本质是与现象相对称的哲学范畴，是指隐含在现象之中并且通过现象表现出来的，决定事物未来必然发展趋势的稳定属性、关系、主要矛盾或

---

〔1〕［以］巴拉克：《民主国家的法官》，毕洪海译，法律出版社 2011 年版，第 16 页。

〔2〕《立法法》第 45 条规定：“法律解释权属于全国人民代表大会常务委员会。法律有以下情况之一的，由全国人民代表大会常务委员会解释：（一）法律的规定需要进一步明确具体含义的；（二）法律制定后出现新的情况，需要明确适用法律依据的”。第 104 条第 1 款规定：“最高人民法院、最高人民检察院作出的属于审判、检察工作中具体应用法律的解释，应当主要针对具体的法律条文，并符合立法的目的、原则和原意。遇有本法第四十五条第二款规定情况的，应当向全国人民代表大会常务委员会提出法律解释的要求或者提出制定、修改有关法律的议案”。

者矛盾的主要方面，是与必然、规律等同的范畴。[1] 按照辩证唯物主义的认识论逻辑，本质决定目的，目的决定手段，手段决定功能。[2] 准确定位行政审判的职能，需要追根溯源，追问行政审判制度的本质。

学界关注研究行政诉讼本质由来日久，形成了多种学说观点。学界从不同的视角发现行政诉讼的本质，“民告官说”认为，行政诉讼本质是个人与政府的对峙，包括公共利益与个人利益、社会秩序与个人自由、行政效率与个案公正在内的价值冲突。[3] “权利斗争说”认为，行政诉讼的本质在于“权利对权力说不的游戏，是为权利而奋斗的机制”。[4] “人民主权说”认为，“我国行政诉讼本质就是人民当家作主，就是人民主权”[5]。“民主监督说”认为，行政诉讼制度的核心功能是“社会主义民主政治建设”，是我国《宪法》第41条规定的公民的申诉、控告、检举权及行政侵权赔偿请求权的具体体现。[6] “合法性审查说”认为，“合法性审查原则忠实地反映了行政诉讼活动的性质、价值取向和与刑事诉讼、民事诉讼的区别”[7]。“行政权力监督说”认为，“行政诉讼应是防止行政机关滥用权力的监督措施，这是行政诉讼的根本性质所在”[8]。“秩序维护说”认为，“解决纠纷、维护社会秩序才是行政诉讼程序唯一的目的”[9]。“分权制衡说”认为，“行政诉讼制度的实质是通过法院司法权来控制行政权力从而保护公

---

[1] 《中国大百科全书》光盘1.1版，“本质与现象”词条。

[2] 高家伟：《公正高效权威视野下的行政司法制度研究》，中国人民公安大学出版社2013年版，第308页。

[3] 陈端洪：《对峙——从行政诉讼看中国的宪政出路》，载《中外法学》1995年第4期。

[4] 胡肖华：《行政诉讼目的论》，载《中国法学》2001年第6期。

[5] 刘善春：《行政诉讼价值论》，法律出版社1998年版，第26页。

[6] 王汉斌：《〈关于中华人民共和国行政诉讼法（草案）〉的说明》，载《人民日报》1989年4月10日，第2版。该说明认为：“制定行政诉讼法，是我国社会主义法制建设的一件大事，也是我国社会主义民主政治建设的一个重要步骤”，“宪法规定，公民‘对于任何国家机关和国家工作人员的违法失职行为，有向有关国家机关提出申诉、控告或者检举的权利’，‘由于国家机关和国家工作人员侵犯公民权利而受到损失的人，有依照法律规定取得赔偿的权利’”。

[7] 姜明安主编：《行政法与行政诉讼法》，法律出版社2003年版，第312页。

[8] 柴发邦主编：《当代行政诉讼基本问题》，中国人民公安大学出版社1990年版，第9～11页。

[9] 宋炉安：《行政诉讼程序目的论》，载刘莘主编：《中国行政法学新理念》，中国方正出版社1997年版，第358～371页。

民权利”“没有权利的分配与制衡，就不会产生行政法及其行政诉讼制度”[1]。“监督与救济混合说”认为，“从行政机关的角度看，它是对行政行为进行司法审查的一种法律监督制度；从相对人角度看，它是一种法律救济制度”[2]。“三元本质论”认为，“行政诉讼被认为应该是一身兼具三重身份的制度：解决行政争议的诉讼制度、对行政行为进行司法审查的行政法制监督制度、对合法权益受到侵犯的行政相对人进行救济的行政法律救济制度”[3]。“四元本质说”认为，“行政诉讼的本质应该是效益、秩序、公正和自由”[4]。“协商对话机制说”认为，“行政诉讼本质上是一种由法院主持下的有关公共行政合法性的协商对话机制”[5]。

上述观点从不同的角度对行政诉讼的本质进行了独到的论述，从整体上看也基本涵盖了行政诉讼的本质。受上述观点的启示，笔者尝试从两个层面将行政审判的本质进行整合，即作为司法活动的行政审判和作为诉讼活动的行政审判。

司法和诉讼是两个层面的问题。如果将行政审判理解为司法活动，那么就涉及司法权与立法权、行政权、社会权和公民权的互动关系，应从国家治理现代化的宏观视角考察行政审判的职能，为行政审判职能定位、功能发挥提供更广阔的舞台，此时行政审判的本质表现为朝着实现国家治理现代化的目标，各种权力和权利以行政审判为平台展开协商合作。如果将行政审判仅理解为一种诉讼活动，那么行政审判就是在诉讼程序中平衡诉辩双方利益的过程，行政审判的职能更多地体现为微观个案层面的解决行政争议、审查行政行为、保护公民合法的诉讼权利和实体权利，此时行政审判的本质表现为权利与权力在行政审判的平台上展开平等对抗。

---

〔1〕 孙笑侠：《法律对行政的控制——现代行政法的法理解释》，山东人民出版社1999年版，第20、21页。

〔2〕 方世荣主编：《行政法与行政诉讼法学》，人民法院出版社、中国人民公安大学出版社2003年版，第288页。

〔3〕 姜明安：《行政诉讼法》，北京大学出版社2016年版，第79页。

〔4〕 王学辉主编：《行政诉讼制度比较研究》，中国检察出版社2004年版，第98~99页。

〔5〕 高家伟：《公正高效权威视野下的行政司法制度研究》，中国人民公安大学出版社2013年版，第315页。

要全面准确地把握两个层面行政审判的本质，回答行政审判到底是什么，应该充分回答以下几个问题：

(一)是“民告官”的对簿公堂程序，还是“民见官”的民主诉求程序

1987年7月，农民包某起诉浙江省温州市苍南县人民政府强制拆除其家在河道上建设的房屋，该案被称为中国行政审判“第一案”。有学者评价，该案虽不是中国第一起行政诉讼案件，却是当代中国法制进程中一个标志性的时刻。该案系全国首例“农民告县长”案件，虽然原告最终败诉，但它激发了“民可以告官”的意识，公民与行政机关平等对簿公堂、共同接受法院裁判，构成了官民关系的新图景。[1] 从该案起，民众开始对于行政诉讼制度形成了“民告官”对簿公堂的印象。据统计，1990年至2017年，全国法院共受理一审行政案件2868224件，[2]2018年至2020年，全国法院共受理一审行政诉讼案件796450件。[3] 人民法院通过依法审理每一起“民告官”案件，化解官民矛盾，将行政审判制度一步步推向进步完善。

1. 从诉讼程序上看，行政审判是“民告官”的对簿公堂程序

行政机关的执法活动涉及社会生活的方方面面，行政机关在行政管理活动中为实现行政管理目标，必然涉及国家利益、公共利益与个人利益之间的权衡和取舍，甚至出现行政机关违法或不当行使公权力侵犯公民权益的情形，由此产生了行政争议。行政程序中的行政争议在未进入诉讼程序中就表现出行政主体和公民、法人或其他组织双方之间利益的冲突。随着原告进入法院提起行政诉讼，意味着行政争议通过其他的救济程序并未得到有效的化解，愈演愈烈的对抗性增加了解决的难度，需要通过行政审判程序解决行政争议时，两造的对抗已十分尖锐。从这个角度看，在诉讼起点上就显示出“官”民两造的尖锐对抗性。之后随着诉讼程序的推进，诉讼双方进入庭审程序中，真正进入法官主持的公堂(法庭)，原告陈其诉请，被告述其答辩，双方举质证，而后进入针对行政行为合法性与否的辩论中。之后或再经二审程序，法院作出了终审判决。且

---

〔1〕 何海波：《行政诉讼法》，法律出版社2016年版，第2页。

〔2〕 最高人民法院编：《中国法院的行政审判》，人民法院出版社2018年版，第9页。

〔3〕 数据来源于2018年、2019年、2020年《全国法院司法统计公报》，载最高人民法院官方网站http://gongbao.court.gov.cn。

不说对于判决的接受程度或还可能有再审等程序，从生效判决的内容看，也是必将产生一方败诉、一方胜诉的结论。因此，统观一般意义上的诉讼程序，虽有一定的妥协与让步，但大多数案件的审理程序中的每一步都体现出双方对抗、争论的属性。行政审判正是在这种“民告官”对簿公堂的程序中解决行政争议。

2. 从司法过程上看，行政审判是“民见官”的民主诉求程序

从公民诉权的来源看，行政诉讼法规定的公民提起行政诉讼的权利源于宪法规定的公民的申诉、控告、检举权及行政侵权赔偿请求权。这就从诉权的角度，将行政审判拉升到了保护公民宪法性权利的高度，行政审判需要对公民的主动性监督权利给予回应。为什么要法院给予回应呢？一是“在中国，民众表达自己意愿的民主机制或是完全没有，或是处于初级阶段。法院作为一个公共的机构，其表现出来的公民抗争的合法性进一步激发了基层民众充分利用它的意愿”[1]。二是“相比较作为基本政治制度载体的人民代表机关，法院可以应人民的起诉，经常性地审查被争议的行政行为是否符合代议机关制定的法律；相比较行政系统内部上对下的层级指挥和监督，法院在行政审判中的监督，被认为具有相对的独立性和可靠性”[2]。三是宪法秩序下行政权与司法权的关系是监督和配合。“我国国家权力属于人民，由人民的代表机关即权力机关行使。国家权力机关依照宪法选举产生行政机关和司法机关，并赋予其相应的行政权和司法权。在我国的国家权力格局中，行政权与司法权的宪法地位是平等的，在宪法框架下行政权和司法权中各自承担不同的职能，具有不同的权力特征和运行规律。”[3]从宪法秩序看，行政权与司法权之间的关系不仅表现为监督关系，即通过司法权对行政权的监督促进依法行政。而且还表现出相互支持与配合，共同维护人民当家作主的实践，实现人民的福祉。

公民个体或者个体背后的利益相关群体通过行政审判，甚至在明知是败诉的情况下，仍反复大量地提起行政诉讼，试图通过司法的过程，将民意诉求上传

---

〔1〕 汪庆华：《政治中的司法：中国行政诉讼的法社会学考察》，清华大学出版社 2011 年版，第 35 页。

〔2〕 沈岿：《行政法变迁与政府重塑、治理转型——以四十年改革开放为背景》，载《中国法律评论》2018 年第 5 期。

〔3〕 邓刚宏：《论我国行政诉讼功能模式及其理论价值》，载《中国法学》2009 年第 5 期。

给立法机关、上级法院或者传导给行政机关。民主诉求是什么？笔者认为可以体现在三个方面：一是面向法治政府〔1〕。比如，原告提起履责之诉反映出的是对履责政府、效率政府、责任政府的诉求；原告提起政府信息公开诉讼指向透明政府的内涵；原告提起行政协议、政府采购诉讼，面向诚信政府、公平政府等内涵。概言之，公民对法治政府各方面的要求直接反映到其个案诉求之中。二是面向法制体系的完整。主要体现在法律、法规、规章、规范性文件等对保障公民权益的规定存在空白、不清晰、不合理与互相矛盾之处，公民试图通过行政审判的平台，在个案中向立法机关和行政机关提出质疑。三是面向公正司法。审判机关是行政审判程序的主持者，公民的民主诉求是通过行政审判程序表达的，但这并不意味着公民对行政审判没有要求。笔者认为，公民对于公正司法的诉求主要表现在实质公正、程序公正和感受公正三个层面。

综上，行政审判不是简单的“民告官”，还在司法机关与立法机关、行政机关之间传达民意诉求的司法过程中成为“民见官”的民主诉求程序。

（二）是面向过去的行政法律关系矫正，还是面向未来的新型官民关系建构

1. 从诉讼效果上看，行政审判是面向过去的行政法律关系矫正

行政诉讼调整的是行政法律关系〔2〕，行政审判依托行政行为的合法性审查对行政法律关系的产生、变更和消灭等问题进行审查。从行政主体角度看，行政审判审查行政主体作出的行政行为的合法性，表现为司法权对行政权的监督与制约机制。从行政相对方角度看，由于公民、法人和其他组织的权利与行

---

〔1〕 法治政府是民意政府、维权政府、有限政府、履责政府、规则政府、透明政府、公平政府、诚信政府、廉洁政府、瘦身政府、效率政府、责任政府。参见江必新：《法治政府的制度逻辑与理性构建》，中国法制出版社2014年版，第8～17页。

〔2〕 学界对行政法律关系的含义存在多种观点和学说。一般认为，行政法律关系是由行政法规范、承认、确立和调整的行政主体按照法定的程序行使行政职权过程中形成的各种社会关系。杨小君：《内外行政法律关系的理论与实践》，载《法学研究》1993年第1期；杨解君、温晋锋：《行政法律关系新论》，载《南京大学法律评论》1998年春季号；杨海坤、章志远：《行政法律关系基本理论问题探析》，载《河南省政法管理干部学院学报》2004年第1期；郑春燕：《现代行政过程中的行政法律关系》，载《法学研究》2008年第1期；鲁鹏宇：《论行政法学的阿基米德支点——以德国行政法律关系论为核心的考察》，载《当代法学》2009年第5期；赵宏：《法律关系取代行政行为的可能与困局》，载《法学家》2015年第3期；毕洪海：《行政法律关系性质的反思——基于公私法关系区分的考察》，载《北京社会科学》2017年第6期；李福林：《论行政法律关系的秉性与特质》，载《深圳社会科学》2019年第1期。

政主体的权力相比处于弱势地位，行政审判表现为对于受到侵害或忽视的权利进行救济的权利救济制度。从权力与权利的互动角度看，由于行政法律关系主体实施了违反行政法律义务的行为或不当行权行为，产生行政争议，行政审判表现为解决行政争议的纠纷解决制度。把行政审判理解为行政法律关系矫正制度有助于行政审判对行政过程的关注，将过程性行为、内部行政行为等纳入审查范围，而不仅局限在作为结果的行政行为；有助于拓宽行政主体与相对人的互动关系角度，例如，行政协议、行政允诺、行政指导、行政给付等关系，而不仅仅包含行政行为引发的关系；有助于明确行政法律关系中的其他参与主体的诉讼地位，关照诉讼第三人的保护；有助于找准行政争议的"硍节"，为通过利益协调方式解决争议提供了渠道，而不仅仅判决撤销行政行为或确认行为违法。虽然法律关系的视角能够给行政审判功能提供开放性的视角，但是我们仍可以从行政审判矫正法律关系的个案性与事后性的特点中发现其预防争议之不足。

2. 从司法效果上看，行政审判是面向未来的新型官民关系建构

目前，我国已进入行政争议、群体性争议高发阶段，处于社会转型时期的关键点。在这样一个复杂的转型时期，"官民关系定而天下定，官民关系乱而天下乱"〔1〕。以往的官民关系以传统的行政管理理念为基础构建，一方面强调政府与公众的关系是管理者与被管理者，是命令与服从的关系，"官本位"的思想严重，服务行政理念欠缺；另一方面政府事无巨细地管理国家事务和社会公共事务，社会自治的空间严重受限。如今，协商民主和治理主义日渐成为时代的主题，公共管理向公共治理转变意味着高权行政、秩序行政向协作行政、参与行政的方向转变，官民关系也从传统的"命令服从关系"向"公私合作伙伴关系"转变。

随着公私合作型的公共行政模式取代命令型、规训式的传统公共行政范式，未来的公共行政过程必然是围绕如何构建法治化的公私合作伙伴关系为核心展开。〔2〕公私合作伙伴意义上的公共治理主要通过协作的方式完成，协作

〔1〕 江必新：《中国行政审判体制改革研究——兼论我国行政法院体系构建的基础、依据及构想》，载《行政法学研究》2013 年第 4 期。

〔2〕 高家伟：《公正高效权威视野下的行政司法制度研究》，中国人民公安大学出版社 2013 年版，第 387 页。

主要表现在两个方面："一是公共治理主体在各自行动范围内发生作用，并在效果上形成共同的合力；二是公共治理主体通过合意契约完成对特定公共事务目标的共同作用"[1]。与此相适应，行政法也必然要作出相应的调整。"现代行政法所倡导的服务与合作关系，意味着公共利益与个人利益的一致，意味着政府与公众之间的相互信任、支持与尊重"[2]。行政法从注重事后的权利救济，向行政过程的程序控制与公众参与方面寻求合法性与正当性的基础。同时由于大量授权立法的出现，行政法也将延伸到对于行政立法和政策的正当性的探寻。

按照一般的行政法划分标准，可将行政法分为行政组织法、行政行为法和行政救济法，行政诉讼法就属于行政救济法的范畴，因此，行政审判也将随着公共行政范式的变迁而不断演进。由通过诉讼程序矫正过去的行政法律关系，转变为以司法过程为平台，助力建构面向未来的新型官民关系，由事后解决行政争议到预防行政争议产生。

主要表现为：第一，担当立法合作者的角色。通过立法咨询过程中提供司法智慧、司法解释强化法律适用、个案裁判等方式，将个案中公众对法律完善的诉求传达给立法机关，促进立法的民主化。第二，担当法治政府推动者的角色。以对行政行为的合法性与合理性的审查、加强对行政过程的正当程序审查为平台，促进公众与政府之间针对公共政策进行沟通协商。通过司法行政良性互动、司法建议与行政审判白皮书的方式将个案中公众表达的对公共政策参与的意见及对法治政府的需求传达给行政机关，在司法过程中形成司法机关、行政机关与社会公众的良性互动。第三，担当公民社会的教育者。通过判决弘扬社会主义核心价值观，通过规范公开的庭审程序及法官释明权的充分行使引导公民权利救济、意见表达的理性化，转变"中央是亲人，省里是好人，市里是坏人，县里是敌人，乡镇不是人；大闹大解决，小闹小解决，不闹不解决"[3]的畸形维

〔1〕 沈岿：《行政法变迁与政府重塑、治理转型——以四十年改革开放为背景》，载《中国法律评论》2018年第5期。

〔2〕 叶必丰：《行政法的人文精神》，北京大学出版社2005年版，第134页。

〔3〕 章志远：《亮点与遗憾：行政诉讼法修改评述——基于国家治理能力现代化视角的观察》，载《法治研究》2015年第1期。

权方式。行政审判应该具有面向未来的主动性，以往的行政法律关系矫正是诉讼程序的终点，却是启动司法程序构建良性的官民关系的起点。

### （三）是消极静态的规范合法性监督，还是积极动态的（持续进行的）公共政策协商

理解行政审判的本质，可从诉讼空间中的形式内容和司法空间中的实质内容两个方面分析。形式内容表现为对行政行为的规范合法性审查，即将行政行为是否拥有法律的授权作为合法性审查的基础。实质内容则表现为不仅包括形式合法性审查，还包括对于行政行为及行政行为背后所反映的公共政策是否具有正当性进行评价，即"不仅仅关注'一元鼎力'的'合乎法律'，而更强调'多元并行'的'合理正当'"〔1〕。

#### 1. 从诉讼空间中看，行政审判表现为对行政行为进行的消极静态规范合法性监督

在以司法中心主义理念构建的行政审判的诉讼空间中，法院主要审查行政行为是否符合法律的规定，即是否违反了法律优位和法律保留〔2〕。这就意味着法院无法监督与立法机关制定的法律不相冲突的政府立法与政策的正当性，也意味着行政行为在法律保留的范围外，有着广阔的能动作用空间，司法难以介入。而在《行政诉讼法》为行政审判构建的诉讼法内空间中，人民法院对诉讼程序的进程享有主导权，并可作出权威的裁判结论，实质上是一种诉讼空间，而且这个空间仅限于对行政行为的合法性审查。

---

〔1〕 石珍：《从"行政管理"到"国家治理"：执法理念的法治化回应》，载《行政与法》2014年第9期。

〔2〕 "以法律形式出现的国家意志依法优先于所有以其他形式表达的国家意志；法律只能以法律形式才能废止，而法律却能废止所有与之相冲突的意志表达，或使之根本不起作用。这就是我们所说的法律优先"。"合乎宪法的法律只是对一些特别重要的国家事务而言是必要基础。在其他所有方面对执行权则无此限制，行政以自有的力量作用，而不是依据法律。我们把这个在特定范围内对行政自行作用的排除称之为法律保留。经典的形式是确定所谓基本权利或自由权利，这是对公民个人自由的规定。通过对基本权利的明示或默示保留，保证公民个人自由、财产不可侵犯及其他权力不受侵犯，除非有法律对此作出规定或者基于法定理由才可以对上述权利进行干涉"。［德］奥托·迈耶：《德国行政法》，刘飞译，［德］何意志校，商务印书馆2016年版，第71、73～74页。

2. 从司法空间中看，行政审判表现为积极动态的（持续进行的）公共政策协商

前文已经论述到传统行政管理关系向现代公共行政关系转变的过程，现代行政除了以提供稳定的社会秩序为己任外，还强调行政法律关系主体之间的良性互动关系，在公共政策的形成过程中，在正当程序原则的指引下，反复博弈、交流协商，通过公众参与和认同，进而为政府制定公共政策提供正当性基础。与此相适应，行政诉讼制度也不仅具有审查行政行为规范合法性的静态功能，而且可以作为公共政策合法性判断机制，正如日本学者棚濑孝雄所言，“应该把诉讼、审判看作在背后直接或间接地拥有利益集团作为后盾的当事者对行政就其权力行使的恰当与否挑起积极论证的场所，双方进行的对话和争论同时也是面向一般国民的支持要求和呼吁。通过这样的论争而达到的判断才能够尽可能反映国民的意思并在一般国民之间获得更大的影响，促进新的合意的形成”。〔1〕

行政审判需要坚持以往终端审查的思维，但又不限于此，因为“仅强调监控行政的角色，无视政府直面的管理和改革任务，势必会造成视野的局限，无法为法治政府的完整塑造提供必要的智力支持”〔2〕，也会限制行政诉讼制度自身的发展空间。因此，行政审判还需要将参与范围延展到包括行政立法与政策制定、行政行为的作为过程在内的整个行政过程中，化身为民意对公共决策有效参与的官民互动平台，在这个平台上参与方充分陈述意见，剔除原告诉讼意见中的非理性部分，使剩下的理性部分成为公共政策决策的重要参考因素，甚至是组成部分，进而“从个体性和个案性向集体性和公益性扩展，使公民有权利更多地参与公共事项的行政决策和获得更多机会与行政机关合作实施公益行政项目。”〔3〕需要指出的是，司法空间中的公共政策协商机制并非强制性机制，不意味着司法权代替行政权作出公共行政决策。正如哈贝马斯所言，“一方面，只

〔1〕［日］棚濑孝雄：《纠纷的解决与审判制度》，王亚新译，中国政法大学出版社2004年版，第253页。

〔2〕沈岿：《监控者与管理者可否合一：行政法学体系转型的基础问题》，载《中国法学》2016年第1期。

〔3〕于安：《我国行政法体系改革的基本问题》，载《国家检察官学院学报》2012年第4期。

有外围边缘的公共舆论输入和支持,建制中心的公共决策才能获得足够的合法性;另一方面,外围边缘的舆论力量本身并不能成为权力,它只能为公权力提供方向和导引"[1]。

## 四、行政审判职能配置科学化的措施

经前文所述,行政审判职能配置科学化离不开行政审判职能的精准定位及职能结构的优化,下面将重点论述行政审判现有和应有职能,并提出功能充分发挥的具体措施、结构优化的方案。

(一)合法性审查职能

所谓合法性审查职能,是指人民法院依托行政诉讼制度,围绕行政行为的主体、职权、事实、依据、程序等要素,对被诉行政行为作出法律效力评价的职能。以下将从必要性、可行性和具体措施三个层面展开论述:

1. 必要性

1989年《行政诉讼法》第5条规定:"人民法院审理行政案件,对具体行政行为是否合法进行审查",确立了合法性审查在行政审判中的原则性地位。2014年修正的《行政诉讼法》第6条规定:"人民法院审理行政案件,对行政行为是否合法进行审查"。从法律规范的角度,新法延续合法性审查原则,只是在合法性审查范围上将具体行政行为扩展为行政行为。一般认为,合法性审查原则是行政审判区别于刑事审判、民事审判的特有原则,"行政诉讼的所有程序和基本制度就是围绕这个核心原则建立起来的"[2]。合法性审查原则指"对行政行为的合法性作出有法律效力的评价、确认,从而决定是否确认相应行政行为违法或撤销相应行政行为,使该行政行为继续或停止存在,继续或停止对社会、对相对人发生拘束力"[3]。合法性审查原则要求行政审判围绕包括职权、事实、依据和程序在内的行政行为合法性的四大要素展开,判断职权来源是否合

---

[1] [德]哈贝马斯:《在事实与规范之间——关于法律和民主法治国的商谈理论》,童世骏译,上海三联书店2003年版,第373页。

[2] 江必新主编:《新行政诉讼法专题讲座》,中国法制出版社2015年版,第9页。

[3] 姜明安:《行政诉讼法》,北京大学出版社2016年版,第101页。

法、行政行为是否越权、行政行为是否具有事实依据、是否符合规范依据、程序是否符合法定程序与正当程序。[1]

之所以将合法性审查原则确立为行政审判的基本原则，主要是行政审判的本质、审判权与行政权的关系决定的，也是世界先进国家的通例。首先，行政审判作为司法监督制度的目的定位，要求行政审判立足于合法性审查职能，"行政诉讼监督行政的直接功能首先体现在对被诉行政行为的合法性审查，并作出相应的判决"[2]，以此遏制行政机关违法行为的冲动，纠正违法的行政行为，推进以法治思维和方式为底色的法治政府建设，实现国家治理层面的公法秩序的维护目标。其次，根据我国《宪法》的规定，法院是国家的审判机关，行使审判权，行政机关是权力机关的执行机关，行使行政权，"两者都是在法律规定的限度内行使职权，互相配合，互相协助，而不存在谁高谁低的问题"[3]。行政审判权立足于审判权适用法律的属性和优点，而行政权则倾向于更适当、更合理地作出执行法律的行为，两者不能僭越。最后，合法性审查原则是世界各国行政审判的基本原则。"无论一个国家（地区）如何设计行政争议的解决机制，行政行为的合法性审查都是法院绝对保留的专属管辖权……行政行为合法性审查的主管权限归属法院，这是世界各国（地区）行政审判制度的共同做法。这就意味着，行政行为的合法性审查是世界各国（地区）行政审判制度进行沟通合作的一座桥梁，是世界各国（地区）的行政诉讼迈向全球一体化整合的全球行政诉讼制度体系的基石所在"[4]。

2. 可行性

行政诉讼立足合法性审查原则，并在理论和实践两个层面不断完善合法性审查原则不仅必要，而且可行。第一，立法供给提供了合法性审查原则的合法性保障。2014 年修正的《行政诉讼法》仍然延续了旧法确立的合法性审查原则，不仅体现了行政审判中坚持该原则的必要性，也从立法角度为坚持合法性

---

〔1〕 胡建淼：《行政诉讼法》，法律出版社 2019 年版，第 46 页。

〔2〕 何海波：《行政诉讼法》，法律出版社 2016 年版，第 48 页。

〔3〕 马怀德主编：《行政诉讼法学》，北京大学出版社 2019 年版，第 32 页。

〔4〕 高家伟主编：《行政行为合法性审查类型化研究》，中国政法大学出版社 2019 年版，第 2～3 页。

审查原则的可行性提供了法律规范依据。第二,多年的行政审判实践为行政审判坚持合法性审查提供了经验支持。对于行政法官而言,将行政行为的合法性审查确立为行政审判的中心任务,是行政法官职业共同体在30多年的行政审判实践中逐步形成的一条成熟经验,已经成为行政法官职业共同体的一个业务常识。[1] 从行政诉讼制度实践中可以发现,长期以来,行政审判在监督行政机关依法行政,保障当事人权益方面发挥了重要作用,上述功能的发挥得益于合法性审查原则对于司法权与行政权关系的确立,现阶段仍然是行政审判不能割舍的中心任务。第三,理论研究为合法性审查原则赋予了新的活力。主要表现为行政行为理论中将传统行政行为的内涵予以扩展,赋予了合法性审查原则更广泛的适用范围。行政行为合法性审查类型化理论总结了合法性审查类型化的制度实践并为进一步深度应用合法性审查原则提供了理论指引。行政争议实质性解决的理论命题为合法性审查原则提出了新的要求。

综上,合法性审查原则不应该是可以扔向故纸堆的可有可无的老物件,而是应该在审判实践中仍需坚持并应不断赋予新时代内涵的必需品。

3.措施

合法性审查原则是行政审判的基本原则,行政审判应该牵住被诉行政行为合法性审查的"牛鼻子",将有限的行政审判资源集中在这个"刀刃"上。对此,应在准确理解行政审判合法性审查职能的基础上,向深度挖掘合法性审查职能这座富矿,拓展与丰富行政审判的审查范围和审查标准。

(1)通过行政行为的概念拓展,拓宽行政审判的审查范围。"行政行为是一个传统又具有未来意义的基本法律制度。它是最常见的公共行政活动方式,是传统的行政法基本概念,是行政活动方式类型化的基石,也是行政主体完成其广泛任务的手段。"[2]我国行政诉讼制度的构建采取的是行政行为中心主义,即通过行政诉讼全面审查被诉行为的合法性,不受原告诉讼请求的限制。"行政行为是行政诉讼制度安排的基石和运转的基点,即行政诉讼制度围绕行政行为建立,以行政行为为中心运转;行政行为是贯穿行政诉讼制度的主线,即行政

---

[1] 高家伟主编:《行政行为合法性审查类型化研究》,中国政法大学出版社2019年版,第3页。

[2] [德]汉斯·J.沃尔夫、奥托·巴霍夫、罗尔夫·施托贝尔:《行政法》(第二卷),高家伟译,商务印书馆2002年版,第9页。

行为是连接法院与行政诉讼参加人的关节点,贯穿于行政诉讼始终。”[1]

在行政法学上,行政行为一词最早出现于法国,但是作为一个精密、特定的理论概念,却是由德国行政法学鼻祖奥托·迈耶运用概念法学的方法首先提炼、概括出来的。[2] 奥托·迈耶认为,“行政行为在具体情况中决定臣民的权利和义务”[3],即“指行政机关于个别事件中,规定何者为法,而对人民所为具有公权力之宣示”[4]。此后,行政行为概念的内涵在德国理论界争议颇多,直到1976年联邦行政程序法对行政行为作出了明确的界定,认为“行政行为是行政机关处理公法事件而采取的,对外直接产生法律效果的任何处置、命令或者其他高权性措施”。[5] 该定义也得到了理论界的普遍支持,例如,哈特穆特·毛雷尔将上述规定的定义作了一些措辞的变化,将行政行为定义为,“行政机关对具体事实作出的具有直接外部法律效果的处理行为”[6]。至此,形成了行政行为在理论界和实务界的通说,认为行政行为就是指具体行政行为[7]。该说也逐渐发展成为德、日等国及我国台湾地区行政法学上的主流观点,在法国行政法学界也多有支持者,随着大陆法系国家行政程序法典化的兴起及行政法制的健全,行政行为日渐成为具有特定内涵的法律用语,学界和实务界已基本同义。[8]

我国学者对于行政行为的概念真可谓众说纷纭,先后形成了最广义说、广义说、狭义说、最狭义说[9]。然而,按照四说构建分类标准的论著中,对于四说

---

[1] 杨伟东:《行政诉讼架构分析——行政行为中心主义安排的反思》,载《华东政法大学学报》2012年第2期。

[2] 姜明安主编:《行政法与行政诉讼法》,北京大学出版社、高等教育出版社2019年版,第149页。

[3] [德]奥托·迈耶:《德国行政法》,刘飞译,[德]何意志校,商务印书馆2016年版,第99页。

[4] 翁岳生:《行政法与现代法治国家》,台湾大学法学丛书编辑委员会编辑1990年版,第3页。

[5] [德]汉斯·J.沃尔夫、奥托·巴霍夫、罗尔夫·施托贝尔:《行政法》(第二卷),高家伟译,商务印书馆2002年版,第16页。

[6] [德]哈特穆特·毛雷尔:《行政法学总论》,高家伟译,法律出版社2000年版,第182页。

[7] 胡建淼:《行政法学》,法律出版社2015年版,第126页;姜明安主编:《行政法与行政诉讼法》,北京大学出版社、高等教育出版社2019年版,第148页,“具体行为说”;杨建顺:《关于行政行为理论与问题的研究》,载《行政法学研究》1995年第3期。

[8] 章志远:《行政法学总论》,北京大学出版社2014年版,第158页。

[9] 杨海坤:《中国行政法基本理论》,南京大学出版社1992年版,第252页。

的具体内容也不尽相同，其中以章剑生教授的观点较为典型[1]。而在学者对于行政行为的论述中，形成了十种代表性理论，“最广义说”“主体说”“合法行为说”“行政权说”“公法行为说”“外部行为说”“行政服务说”“行政立法行为除外说”“具体行为说”“最狭义说”。[2] 对于行政行为的发展方向，学界形成了三种不同论点，即“扩张论”“坚守论”“调和论”[3]。其中，“公法行为说”成为行政法学界的通说，即行政行为既包括抽象行政行为，也包括具体行政行为。

就规范层面而言。1989 年《行政诉讼法》关于行政诉讼受案范围的规定中，采取了“具体行政行为”的概念。1991 年 7 月 11 日起施行的最高人民法院《关于贯彻执行〈中华人民共和国行政诉讼法〉若干问题的意见（试行）》明确规定了具体行政行为的概念[4]。2000 年 3 月 10 日起施行的最高人民法院《关于执行〈中华人民共和国行政诉讼法〉若干问题的解释》以“行政行为”的概念取代“具体行政行为”。2014 年修正的《行政诉讼法》正式在立法层面采用了“行政行为”的概念，对 2000 年之后行政诉讼受案范围逐步扩展的实践予以肯定，同时在受案范围的具体规定中增加了行政协议行为的内容，并创设了规范性文件附带性审查制度。从上述法律及司法解释规定的变化看，均体现了拓展受案范围，以适应行政管理实践的变化，满足司法实践的需求的价值取向。也可以

[1] 章剑生教授将四说定义为：最广义说，即“行政行为是国家行政机关实施行政管理活动的总称”；广义说，即“行政行为是国家行政机关或者法律、法规授权的组织和个人具有行政职权因素的行为，包括行政法律行为、准行政法律行为和行政事实行为”；狭义说，即“行政行为是享有行政权能的组织或个人运用行政权对行政相对人所作的法律行为”；最狭义说，即“行政行为，是指行政主体依法行使国家行政权，针对具体事项或事实，对外部采取的能产生直接法律效果使具体事实规则化的行为”。章剑生：《现代行政法基本理论》，法律出版社 2008 年版，第 128 页。

[2] 杨海坤、蔡翔：《行政行为概念的考证分析和重新建构》，载《山东大学学报（哲学社会科学版）》2013 年第 1 期。

[3] “扩张论主张要与时俱进地扩大行政行为概念的内涵和外延，以适应公共行政的发展趋势，拓宽行政诉讼的受案范围。”“坚守论主张保持行政行为概念的精确性和严密性，回归行政诉讼角度对行政行为的内涵作出严格而清晰的界定。”调和论认为，保留原有的行政行为概念并予以明确，同时创设一个新的概念，以保证对行政活动的兼容性。章志远：《行政法学总论》，北京大学出版社 2014 年版，第 154 ~ 155 页。

[4] 最高人民法院《关于贯彻执行〈中华人民共和国行政诉讼法〉若干问题的意见（试行）》第 1 条规定：“具体行政行为是指国家行政机关和行政机关工作人员、法律法规授权的组织、行政机关委托的组织或者个人在行政管理活动中行使行政职权，针对特定的公民、法人或者其他组织，就特定的具体事项，作出的有关该公民、法人或者其他组织权利义务的单方行为”。

看出,立法中对“行政行为”概念内涵的理解并非局限于“具体行政行为”,还包括部分抽象行政行为(规章以下规范性文件)及行政协议行为等内容。

综上,从发展的角度看行政诉讼的受案范围,笔者更倾向于采取扩张论的视角,认为并不需要摒弃传统行政行为的概念和理论,而是在“行政行为”的概念解释上进行符合时代发展需要的扩充,以增强行政行为的包容性、前瞻性和适应性,否则行政行为理论将会因为与当今中国的法治政府建设需要和行政审判司法实践需要不适应,而被遗忘在故纸堆中。对此,一方面要在立法、司法解释层面进行系统性的填充和完善,另一方面需要行政法官充分行使自由裁量权,针对具体个案中难以判断行政行为性质的情形,坚持实质法治主义的法律解释方法、适度能动的司法价值取向,审慎灵活地进行判断,充分地保护当事人的诉权,尽可能使更多的行政行为纳入行政诉讼的受案范围。

(2)准确理解合法性的内涵,丰富行政审判的审查标准。从实质法治主义的观点看,合法性审查中的“法”不仅包含单个法律条文的具体规定,还包括法律目的、法律原则和法律精神。对此,要求行政审判在文义解释的基础上,通过目的解释、体系解释、类推解释等解释学方法,准确理解法律条文的规定,把握住法律的立法目的,对被诉行政行为进行合目的性审查。

行政审判是否存在合理性审查标准呢?对此,现行行政诉讼法保持了原行政诉讼法关于法院对“行政行为是否合法进行审查”的表述,同时在撤销判决方式适用的情形中,即第70条第5、6项规定了滥用职权和明显不当[1]的情形。立法机关对此的解读是“在坚持合法性审查原则的前提下,对合法性审查原则的内涵作了扩大解释”[2]。有学者对此解读为,“一方面立法者鼓励法院对行政裁量的合理性进行适度的审查,另一方面立法者在合法性审查的概念上坚守

---

〔1〕 滥用职权,是指行政机关作出的具体行政行为虽然在其自由裁量权限的范围内,但违背或者偏离了法律、法规的目的、原则,不合理地行使自由裁量权。主要包括目的不良、未考虑应当考虑的因素、考虑了不应该考虑的因素、反复无常、违反均衡性原则等。而滥用职权和明显不当的共同点都是不合理,他们之间的区别仅仅在于不合理的程度不同,前者是一般常识的人都认为是违反了社会公认的公平、正义规则,后者是具有一定法律政策水平的人认为被处理事项偏重或者偏轻。蔡小雪、甘文:《行政实务指引》,人民法院出版社2014年版,第516、521~524、527~528页。

〔2〕 信春鹰主编:《中华人民共和国行政诉讼法释义》,法律出版社2014年版,第20页;袁杰主编:《中华人民共和国行政诉讼法解读》,中国法制出版社2014年版,第21页。

了实质合法的观点，合理性审查也纳入合法性审查的范畴”[1]。笔者认为，此处的规定只是立法者出于立法技术或者立法传统的考量，仍沿用“行政行为是否合法进行审查”的表述，实质上就是增设了有限度的合理性审查标准。换言之，在法律规定的某些情形之下，合法性审查原则与合理性审查原则存在重合。在有些情况下，行政行为合理性问题会因为行政行为违反立法目的、法律原则与精神的原因转化为合法性审查的问题，即“不合理达到一定程度亦可构成不合法”[2]。例如，行政行为违反正当程序原则，被法院认为属于程序违法，在这类情况中，合法性审查标准与合理性审查标准实际上存在重合之处，即两者重合在合目的性审查标准的项下。

理论上，确立合理性审查标准是针对行政裁量行为而言的，“既是对行政机关在实施行政行为过程中所享有的自由裁量权的承认，也是为了加强对行政行为自由裁量权的监督和控制”[3]，既然涉及行政裁量权，进入行政审判领域后，必然涉及司法裁量权的行使。因此，合理性审查标准的难点在于集中了行政裁量权和司法裁量权两个变量。正如行政裁量权需要受到裁量基准、行政先例或者法律原则的控制一样，司法裁量权同时也要受到系统的控制，以免裁量滥用。具体而言，规制裁量权的手段有法律授权、司法政策、裁量基准、正当程序原则，而控制体系的落脚点或者说司法裁量的正当性来源，最主要的是裁判文书充分说理与司法过程公开。

另外，现行《行政诉讼法》第 78 条对于行政协议案件中履行判决及补偿判决的规定，引入了是否“按照约定”的审查标准，这就离合法性审查模式更加相去甚远。[4] 从法律规范的角度看，行政诉讼法坚持合法性审查原则的同时，并不必然排斥包括合目的性审查标准、合理性审查标准及合约性审查标准等在内的其他审查标准，只是考虑到行政审判资源的有限性及行政审判目前能力水平的限制，将后者限制在一定的范围内，即以合法性审查标准为主，以其他审查标

---

[1] 何海波：《论行政行为“明显不当”》，载《法学研究》2016 年第 3 期。

[2] 姜明安：《行政诉讼法》，北京大学出版社 2016 年版，第 102 页。

[3] 刘东亮：《行政诉讼程序的改革与完善——行政行为司法审查标准问题研究》，中国法制出版社 2010 年版，第 239 页。

[4] 李广宇：《新行政诉讼法逐条注释》，法律出版社 2015 年版，第 53 页。

准为辅。通过上述分析也可以看到，几种审查标准实际上并不是泾渭分明的，在某些情况下是存在重合的。

因此，笔者认为，下一步的重点不在于笼统地论争行政审判是否应该坚持或放弃合法性审查原则，而是在司法实践中已经存在多种审查标准的前提下，就行政审判审查标准的逐步细化和类型化方面多下功夫，即坚持合法性审查原则，通过司法解释、类案裁量标准和指导性案例等形式丰富不同审查标准的内涵和外延。同时，区分事实问题、法律问题、政策问题和裁量问题等匹配侧重点不同的审查标准，并根据撤销诉讼、确认诉讼、给付诉讼、协议诉讼等不同的诉讼类型辅之以有侧重的、对应性的审查标准。

(二)政策立法咨询职能

所谓政策立法咨询职能，是指人民法院依托行政审判平台，将司法智慧注入行政立法和制定政策的过程中，对政府立法和政策的正当性、合法性、科学性与合理性等方面提供咨询建议的职能。以下将从必要性、可行性和具体途径三个层面展开论述：

1.必要性

由“管得最少的政府是最好的政府”到“行政国家”[1]的转变，国家行政职能呈现出扩展的趋势，行政权由之前限于执行、管理到行使准立法权，大量的授权立法出现。“在提供一项复杂的服务时，在一项法令中穷尽所有的重要规定是极其少见的。一部法律常常仅勾勒出计划的主要特征，而留下细节由从属立法来填充。”[2]这就意味着，作为行政法渊源之一的授权立法大量存在。授权立法的正当性主要源于“议会时间上的压力”“所涉事项的技术性”“灵活性要求”“紧急状态”等。[3] 正如安奈林·贝文所言，“关于授权立法的必要性，当前已经达成普遍的共识；真正的问题在于如何使此种立法与民主协商过程、严格审查过程和控制过程保持协调一致”[4]。与此同时，现代社会的复杂性意味着

---

〔1〕 姜明安主编：《行政法与行政诉讼法》，北京大学出版社、高等教育出版社2019年版，第8页。

〔2〕 [英]A. W. 布拉德利、K. D. 尤因：《宪法与行政法》(下册)，刘刚、江菁等译，商务印书馆2008年版，第565页。

〔3〕 [英]A. W. 布拉德利、K. D. 尤因：《宪法与行政法》(下册)，刘刚、江菁等译，商务印书馆2008年版，第568～571页。

〔4〕 [英]理查德·B. 斯图尔特：《美国行政法的重构》，沈岿译，商务印书馆2011年版，第1页。

立法机关只能是授权行政机关对一些社会事务自行决策，使得"决策行政成为现代公共行政的一种新样态"[1]。这就意味着政策成为政府治理的又一个主要方式，大量的规范性文件指引着政府行为。授权立法及政策制定位于立法和行政的交界地带，既是法律的执行，又带有立法性质，"立法重心向行政机关转移的危险始终存在，尤其是原则性可能失之于细枝末节"[2]。上述现代行政的发展趋势催生了行政法的转型，从注重提供事后救济延伸到行政行为作出过程的规制再到对行政立法和政策的正当性进行关注。行政诉讼制度也会随着行政法的扩展，逐步从事后的形式合法性审查延伸到对行政程序合法性的监督，乃至于对行政立法和政策的审查监督。改变传统行政诉讼过度强调行政行为合法性审查的局限，将范围扩展至对行政法律关系及行政过程的关注。因此，行政审判参与到政府政策立法的过程中也是现代公共行政发展趋势带来的必然结果，也非常具有必要性。

2. 可行性

上文已论及在我国宪法秩序下行政权与司法权的关系是监督和配合。互相配合意味着两者不是对立关系，而是作为国家权力的组成部分，在国家治理体系中是作为治理共同体角色出现的，两者有着共同的目标任务，只是在体系中的角色不同，发挥作用的侧重点不同。如此就为行政审判发挥政府政策立法咨询功能提供了可能性空间，在这个空间中，两者的共同目标是促进政府政策立法的合法性、科学性与合理性，两者成为促进法治政府建设的合作者。同时，"法院在社会治理中具有一定的信息比较优势，可以通过与政府机关间信息的沟通与共享、重大案件事项通报与协调等非司法化治理方式，成为其他社会治理机构可靠的信息源，也为自身的社会治理储备足够的信息存量"。[3] 法院在审理行政案件中，尤其是涉及征收征用、环境保护等群体性行政案件中，表面上是在审查被诉行政行为的合法性，但实质上却涉及对政府政策的考量与判断。因此，基于审理案件积累的经验及对社会生活的观察，行政法官掌握了大量关于行政立法及政策执行情况的信息，如将积累充分反馈给行政机关，对于完善

---

〔1〕 江必新：《国家治理现代化与行政法治》，中国法制出版社 2016 年版，第 9 页。

〔2〕 [德]哈特穆特·毛雷尔：《行政法学总论》，高家伟译，法律出版社 2000 年版，第 59 页。

〔3〕 鲁篱、凌潇：《论法院的非司法化社会治理》，载《现代法学》2014 年第 1 期。

政府政策立法大有益处。通过以上分析可以看到行政审判参与政府政策立法的可行性。

3. 途径

既然如此,行政审判通过何种途径发挥政策立法咨询功能呢?笔者认为,有以下途径:

(1)事前立法咨询。在行政立法征求意见程序中及在拟定相关政策、发布规范性文件之前,政府应以适当的方式主动征求司法机关对规范性文件合法性的意见,将司法机关的意见作为规范性文件制定和整理的重要步骤,邀请相关领域法官参与专家论证程序。同时,行政法官也应该积极参与到公共政策制定的程序中,主动建言献策。例如,笔者所在行政庭的法官通过在政府立法研讨会上建言献策,通过对政府立法部门征求意见稿积极回函、通过向有关部门报送法律问题调研报告等方式为政府政策立法完善贡献着司法智慧。

(2)发挥规范性文件附带性审查制度的作用。正如前文所述,对于行政行为进行合法性审查的过程中必然涉及对政府政策合法性的判断。在抽象行政行为并未整体接受司法审查的情况下,可以充分利用行政诉讼法规定的规范性文件附带性审查制度部分实现政府政策立法咨询职能。在行政审判的过程中,法院通过司法建议的形式对发现的规范性文件的合法性问题向有关机关提出处理建议,从后端纠正的角度提供关于修正行政立法与政策的意见。

(3)司法行政良性互动。法院应与行政机关一道搭建司法行政良性互动平台,例如,交流授课、类案法律问题研讨、发布行政审判白皮书及典型性案例等方式。在这个平台上,法官能够了解行政执法现状,同时宣讲法院裁判标准,进而间接影响政府政策立法。笔者认为,良性互动平台的功能定位不应该是对于正在审理中的个案进行探讨,如此将有变相干预行政审判之嫌,而是传递法治理念、审判理念、类案裁判标准的过程,是针对公共行政管理领域疑难法律问题探讨协商的过程,是反馈审判实践中发现的政策立法问题并提升政策立法能力水平的过程。

## (三)行政争议化解职能

所谓行政争议化解职能,是指人民法院在行政审判过程中,围绕私权利主体与公权力主体之间的争议，灵活采取裁判型与合意型争议解决方式，综合实现争议解决的法律共识效果、纠纷解决效果、社会教化效果的职能。以下将从必要性、可行性、争议解决效果和具体措施四个层面展开论述：

1. 必要性

随着经济社会的不断发展，多元价值并存，人们之间的利益关系急剧调整，矛盾争议作为“社会主体间的一种利益对抗状态”[1]，必然呈现出多发的趋势。进言之，行政争议是因公权力与私权利发生冲突而产生的，一般表现为公共利益与私人利益之间的对抗状态。近年来，在政府强力主导下我国经济社会快速发展，“从中央到地方，各级党政机关的相应部门对于城镇、城市的设置、规划、建设选址、土地使用的审批、土地功能的改变、规划许可证、工程许可证、基础设施的建设、改造拆迁等事务都有着严格的审批和直接决定权，举凡开发区的大规模建设、新城的设置乃至大规模的旧城改造都由政府直接运作”[2]。在此背景下行政争议频发，“事实表明，当前中国的社会矛盾纠纷主要是干群矛盾和官民冲突”[3]，特别是在土地征收征用、城市综合管理及环境保护等行政管理领域集中出现了社会冲突型行政争议，解决不好，将严重威胁社会秩序稳定。

与此同时，作为解决行政争议的最终手段的行政诉讼制度解决争议的功能却未能得到充分发挥。“高出民事诉讼和刑事诉讼 6 倍到 8 倍的上诉率和申诉率表明一审法院和二审法院解决行政争议的功能几乎丧失大半。全国每年受理一审行政案件停滞在 12 万件左右，同期因行政争议引起的信访案件却高达 400 万件到 600 万件，两者的巨大反差表明行政诉讼解决行政争议的主渠道作用已名存实亡”[4]。从目前以行政行为合法性审查为核心的行政诉讼制度建构来看，存在两个问题，一方面是对于原告权益救济的间接性，往往出现判决胜诉，但是权益未得到直接救济，导致了程序空转现象严重及行政诉讼信访化倾

[1] 何兵：《现代社会的纠纷解决》，法律出版社 2003 年版，第 1 页。

[2] 李强等：《中国城镇化“推进模式”研究》，载《中国社会科学》2012 年第 7 期。

[3] 章志远：《行政法学总论》，北京大学出版社 2014 年版，第 396 页。

[4] 李广宇、王振宇：《行政诉讼类型化：完善行政诉讼制度的新思路》，载《法律适用》2012 年第 2 期。

向。换言之,原告诉讼的目的与审查对象之间严重脱节,行政审判更多强调的是监督行政机关依法行政的合法性监督功能。实际上,原告在多数诉讼中并非关注于行政行为是否合法,而是关注于自己主张的利益是否得到满足。即使法院经过审查认为行政行为是不合法的,判决撤销行政行为或确认行政行为违法,对于当事人的实体权利救济而言,效果往往是间接的,容易出现案结事不了的情况。如笔者所在的行政庭审理的一审案件大多为以中央国家行政机关为被告的行政案件。此类案件中行政复议、信息公开、投诉举报类案件占绝大部分,原因主要是产生于基层行政机关与公民之间的基础性行政争议未能在基层得到有效化解,基础性行政争议通过上述三种案件的形式上移,在中央国家行政机关与公民之间产生续发型行政争议。此类案件中,原告的诉讼目的也异化为搜集证据、施加压力、宣泄情绪等,试图通过上级机关的监督和压力促使下级机关解决基础性行政争议。另一方面,片面强调行政诉讼的监督功能,行政法官在审理行政案件时,只关注发现行政行为的问题和瑕疵,客观上也加剧了行政机关与司法机关的对抗情绪,影响争议解决共同体的建立,进而影响国家治理体系与治理能力现代化。

2. 可行性

为有效实现行政审判实质性解决行政争议的效果,最高人民法院在司法政策层面首先进行了调整,正如有学者观察指出的由“封闭对抗型行政审判模式”向“开放合作型行政审判模式”转变的趋势,即“民众通过起诉将其与行政机关之间的行政争议提交到法院面前,法院通过与行政机关之间的互动合作,将审判活动转化为有效化解矛盾的过程,经由多元主体的程序运作最终实现行政纠纷的实质性解决”[1]。在立法层面,现行《行政诉讼法》将“解决行政争议”确定为立法目的,重点强调了行政诉讼解决行政争议的诉讼制度基本功能。对于争议解决基础性功能的强调意味着,立法者希望通过行政诉讼制度使权利与权力的关系达到平衡状态,防范和化解重大社会风险,为国家治理体系的良性运转提供良性的社会秩序。

---

〔1〕 章志远:《社会转型与行政诉讼制度的新发展》,北京大学出版社 2019 年版,第 131 页。

3. 实质性解决行政争议的内涵

关于何谓实质性解决行政争议，理论界从不同的角度进行了解读。江必新先生认为，“行政纠纷实质性化解具有三层含义：一是案件已经裁决终结；二是当事人之间的矛盾真正地得以解决，没有留下后遗症；三是通过案件的审理，明晰了此类案件的处理界限，行政机关和社会成员能够自动根据法院的判决调整自身行为”。[1] 高家伟教授认为，“法律方面实现服判息诉、自觉履行裁判；社会学方面实现化危为机、将消极因素转化为积极因素；经济发展方面实现良性竞争秩序的建构与恢复，三方面效果达到良性互动，个案正义、社会正义与经济正义达成统一的均衡状态，即为社会冲突型行政争议的实质性解决”[2]。章志远教授认为，“行政争议的实质性解决是指人民法院在审查行政行为合法性基础上，围绕行政争议产生的基础事实和起诉人真实的诉讼目的，通过依法裁判、调解和协调化解相结合并辅以其他审判机制的灵活运用，对涉案争议进行整体性、彻底性的‘一揽式’解决，实现对公民、法人和其他组织正当诉求的切实有效保护”[3]。王万华教授认为，“实质性解决行政争议主要包含两个方面内容，即行政诉讼程序终结后未再启动新的法律程序及行政实体法律关系经由行政诉讼程序获得实质处理。”[4]章剑生教授则表达出了对于“实质性解决行政争议”概念使用的担忧，“可能导致行政诉讼多重立法目的之间的价值冲突，从而影响行政诉讼法的整体性实效”，并主张实现“解决行政争议”的立法目的时，应权衡与其他立法目的关系，注意“解决行政争议”的限度[5]。

受上述观点的启发，笔者认为，实质性解决行政争议包含三个维度的效果实现，即法律共识效果、纠纷解决效果、社会教化效果的综合实现。申言之，争议解决方案得到法律职业共同体的广泛认可，符合法律人共同体的基本共识，尤其要符合法律人的专业常识。在个案中，由于对当事人的个人权益的充分保护及其诉求的充

[1] 江必新：《论实质法治主义背景下的司法审查》，载《法律科学》2011 年第 6 期。

[2] 高家伟：《论社会冲突型行政争议的实质性审判程序》，载《行政法学研究》2013 年第 4 期。

[3] 章志远：《行政争议实质性解决的法理解读》，载《中国法学》2020 年第 6 期。

[4] 王万华：《行政复议法修改于完善——以“实质性解决行政争议”为视角》，载《法学研究》2019 年第 5 期。

[5] 章剑生：《行政诉讼“解决行政争议”的限定及其规则——基于〈行政诉讼法〉第 1 条展开的分析》，载《华东政法大学学报》2020 年第 4 期。

分尊重,使得各方接受法院裁判的说理和结论,达到案结事了,服判息诉。通过法院的裁判确立规则、引导风尚、教化民众依法行事,从争议产生的社会根源着手,优化社会法治环境,促进社会主体规范行为,进而增强社会主体自身预防和化解行政争议的内生力,在社会治理的维度上预防和解决行政争议。[1]

4. 措施

行政审判如何实现高效实质解决行政争议呢?笔者认为可以从以下四个方面着手:

(1)贯穿适度能动的司法哲学。"中国语境下的司法边界问题是如何'矫正过度司法'和'克服司法软弱'的问题"[2],坚持适度能动的司法哲学就是反对司法消极主义与司法超级能动主义两种倾向,准确定位司法权的界限。前者是怠于履行司法职责,会导致行政审判功能的自我阉割,丧失存在价值。后者是突破分工负责原则,会导致司法专横,损害效率和秩序价值。

行政审判解决争议的过程中的适度能动,一方面表现为,法官为各方当事人搭建协商合作的平台,促进各方平等协商,让渡利益,促成和解。需要指出的是,实质解决行政争议不仅要解决个案纠纷,而且要考虑规范秩序的维护,考虑社会主流价值的塑造。"如果不考虑司法制度的作用在于通过解决具体的纠纷来维护一般规范秩序,并以此促进大量的纠纷得到自发的解决,要想恰当地评价它的功能是不可能的。"[3]另一方面表现为,不能为了解决个案争议,在未查清案件事实、未明晰法律关系的情形下,以牺牲公共利益的代价,满足个案当事人的诉求,勉强和解。或者以公权力为工具强迫和解。

(2)采取合作商谈的运行方式,促进双方"对话"。合作商谈方式运行的本质是司法机关、行政机关和私权利主体的良性互动关系,意味着不同治理主体在行政审判实践中协作互动。其中既有程序合作主义哲学的秉承,也有中国传统文化中"和合"思想的精髓。行政审判实践中,秉承合作商谈运行模式具体表

[1] 肖克:《试论行政争议的实质性解决与行政裁判文书的改革》,载卞建林主编:《诉讼法学研究》(第22卷),中国检察出版社2018年版,第259~261页。

[2] 吴英姿:《司法的限度:在司法能动与司法克制之间》,载《法学研究》2009年第5期。

[3] [日]棚濑孝雄:《纠纷的解决与审判制度》,王亚新译,中国政法大学出版社1994年版,第27页。

现为法官与各方“对话”机制，将行政审判的过程打造成一个各方有效对话的平台。

具言之，法官以解决争议为导向，充分行使释明权。在与原告的对话中，了解原告的根本诉讼目的，充分行使释明权，实现诉权的保护和规范。在与行政机关的对话中，了解其执法现状和思路，适度行使法官建议权，实现对行政权的尊重与监督。在与社会组织的对话中，了解其功能及专业优势，引入社会组织的力量化解行政争议。在与社会公众的对话中，了解不同的价值取向，积极行使法官话语权，引导其他价值观向主流靠拢，塑造社会主流价值。同时，发挥行政审判程序的对话功能，为各方当事人搭建对话平台，增进理解，消解误会，达成共识。“它（治理）所要创造的结构或秩序不能从外部强加，它之所以发挥作用，是要依靠多种进行统治的以及相互发生影响的行为体的互动。”〔1〕为此，法官不仅是裁断者，更是引导各方合作对话的主持人，是协商解决争议的助成者，进而实现行政审判审查行政行为合法性的运行方式与权益救济之间脱节造成的程序空转现象，实现行政争议的高效实质解决。

（3）以行政审判为引领，推动现代多元化纠纷解决机制的协调整合。根据诉讼法的基本原理，行政审判是解决行政争议的最后一环，并非唯一途径。有效解决行政争议，应该建立起既有依法裁判也有协商解决，有行政审判的方式也有非审判方法的多元化多层次的救济制度体系。对此，有学者曾论述过行政争议解决方式之间的关系，即“行政纠纷解决机制中的各种纠纷解决途径应各尽其用、有机衔接、相互协调：调解是过滤器和分流器，行政复议是主渠道，行政诉讼是最后的防线，信访是补充”。〔2〕“在纠纷解决制度体系中，各种制度都要充分发挥其作用，但是必须有一种最终的纠纷解决制度和一个负责最终解决纠纷的主体。这个最终的纠纷解决制度就是诉讼制度，相应地，负责最终解决纠纷的主体就是法院。”〔3〕

---

〔1〕 Gerry Stroker, “Governance as Theory: Five Propositions”, International Social Science Journal, 1998, pp. 17 – 18. 转引自解志勇、闫映全：《反向行政诉讼：全域性控权与实质性解决争议的新思路》，载《比较法研究》2018 年第 3 期。

〔2〕 刘莘、刘红星：《行政纠纷解决机制研究》，载《行政法学研究》2016 年第 4 期。

〔3〕 应松年：《构建行政纠纷解决制度体系》，载《国家行政学院学报》2007 年第 3 期。

这就意味着就行政争议解决机制而言,行政审判应该探索与其他纠纷解决机制之间的分工配合。在整个行政争议解决体系中,其他纠纷解决机制在各自的作用范围内解决行政争议,对争议进行过滤和分流,将有通过行政审判解决必要的及适合由行政审判解决的行政争议交给行政审判。同时,行政审判作为实现行政争议解决的最后一环,应该能够对其他纠纷解决方式的结果进行审查,进而逆向促进调解、行政复议等纠纷解决制度发挥积极的功能。对此,行政审判必须具备产出充分体现公平正义和司法效率要求的裁判结果的能力。

这就意味着,行政审判在解决争议过程中,尤其是重大疑难复杂案件中,保持程序的开放性,实现救济主体的多元化。即充分调动各种资源,借助各级党委在协调各方力量方面的优势,巧借司法行政良性互动平台,创新吸纳社会组织的力量,以补强行政审判单独化解行政争议能力不足的弱点,进而实现涉及利益关系复杂的重大疑难行政争议的实质性化解。

(4)通过行政争议类型化的思路设计,以适应行政审判精细化、专业化的发展方向。行政争议类型化就是以不同的标准,对纷繁复杂的行政争议进行分类,在每种分类项下,分析研究行政争议在主体、成因、内容等方面特点,并构建对应性的审理规则、程序和裁判方式。它起因于行政争议的多样性、成型于行政争议的规律性、立足于行政争议与诉讼程序及裁判方式的对应性。争议类型化的设想来源于对司法实践中法官行为及当事人诉讼请求的观察。从法官行为角度看,法官在收到案件后都会从不同行政争议的特点出发对案件的处理程序等进行预设。比如,遇到群体性争议的案件,会设置风险防控预案;遇到行民交叉型行政争议的案件,会有意采取调解和解的思路;公民个人提起的涉及公益维护型行政争议的案件,会收紧受案范围等。从当事人的诉讼请求角度看,实践中诉讼请求不规范的现象十分常见,法官通过行使释明权的方式探知争议形成背景及当事人根本诉讼目的,进而准确定位行政争议。

同时,由于行政争议的复杂性,笔者考虑行政争议类型化的展开可以以公益维护型行政争议、行政民事交叉型行政争议、社会冲突型行政争议、涉中央国家行政机关行政争议四类特殊的争议类型为起点,设计出有针对性的争议解决程序,立足于《行政诉讼法》的制度创新,并逐步完善与优化与之相应的行政公益诉讼程序、行政附带民事诉讼程序、行政诉讼和解程序、司法行政良性互动机制,并建立针对不同行政管理领域的专业审判团队。

(四)社会进步引领职能

所谓社会进步引领职能,是指人民法院在行政审判过程中,围绕法治社会建设治理目标,通过案件审理和审判职能延伸等方式,助力社会结构、社会规则、社会风尚等方面的现代化转型进步的职能。以下将从必要性、可行性、具体措施三个层面展开论述:

1. 必要性

有学者论及中国公共行政改革呈现出三大趋势,"从行政泛化到行政分化、从社会结构的单一化到社会结构的多元化、从强化控制到优化服务"[1]。实际上,我国改革开放40多年来,政府与市场、社会之间的关系调整一直是改革的核心。从计划经济走向中国特色社会主义市场经济的过程中,政府垄断社会资源配置的绝对权力不断向社会和市场转移,政府将社会事务放权于市场和社会,发挥市场在资源配置中的决定性作用,大量的政府管不好的社会事务交由社会组织承担,进而实现了"从以政府为唯一治理主体的治理模式,转向以政府、市场、企业、社会组织、公民为多元主体的共同参与治理模式"[2]。从国家治理角度看,国家治理模式由单一型向多元复合型、从集权型向集权与分权相结合型、从封闭型向开放型的转变中就包含着完善"共建、共治、共享"的社会治理制度。与之相适应,作为国家治理重要方式的行政审判也应当在社会转型发展过程中发挥应有的功能。

2. 可行性

行政诉讼制度解决行政争议,尤其是群体性行政争议的功能,对于维护社会稳定所提供的制度价值毋庸置疑,但是行政诉讼制度能否能够成为促进社会转型发展的重要力量呢?对此,西方学者多有论及。亚伯拉罕·蔡斯认为,"纠纷解决是一种传统的司法职能,但是当代社会,行政国家已经是一个事实,纠纷

---

[1] 章志远:《行政法学总论》,北京大学出版社2014年版,第69页。

[2] 唐亚林:《社会资本与治理》,载《探索与争鸣》2003年第8期。

解决职能将会被法院在公法诉讼中促进社会进步的职能所代替”。[1] 欧文·菲斯从社群主义角度出发,提出了“结构性诉讼”理论,意在通过诉讼改变社会。该理论是群体导向的,不只关心当事人双方,也关心受到案件影响的其他人的利益。诉讼的主体或者司法调查的焦点不在个别事件本身,而是危及宪政价值或者组织机构的社会条件。而诉讼的受害者与受益者均不局限于个体,而是群体。[2] 杰拉德·罗森伯格则认为,“如果没政治上的跟进、公民支持以及守法的动力,法律本身并不能带来重大的社会变革”。[3] 对于上述问题的争论实质上是司法能动主义与司法消极主义之间的争论,正如上文所述,行政审判应该坚持适度能动的司法哲学。行政法官应该担负起社会塑造者的角色,以力所能及的方式回应社会的需求,引导社会的转型进步,这不仅是司法的社会功能的体现,也是行政审判自身生存与发展的力量源泉。

3.措施

行政审判如何促进社会转型发展呢?笔者认为,法官在社会转型发展中应该是法治社会风尚的布道者及社会主流价值的引领者。换言之,通过对法治规则及社会主义核心价值观的宣扬实现对社会转型进步的影响。

全民守法的社会风尚是社会治理法治化的基础,为实现“让遵法、信法、守法、用法、护法成为全体人民的共同追求”的目标,法官承担了法治的布道者及教育者的职责。

(1)通过个案法律适用对接法律与社会生活。法律源于社会生活,同时也重塑着社会生活的方式,塑造的过程得益于法官在个案中分析和推理形成的法律规则向社会的有效传导。法律适用过程是法官通过个案解释将法律对接于社会生活的过程,个案审判确立的裁判标准补充着法律的模糊地带,弥合法律

---

〔1〕 Abram Chayes, The Role of the Judge in Public Law Litigation, 89 Harvard Law Review 1032 (1976).转引自汪庆华:《政治中的司法:中国行政诉讼的法社会学考察》,清华大学出版社 2011 年版,第 28 页。

〔2〕 Owen Fiss, The Law as it Could be, New York University Press, 2003, pp. 18 – 19. 转引自汪庆华:《政治中的司法:中国行政诉讼的法社会学考察》,清华大学出版社 2011 年版,第 29 ~ 30 页。

〔3〕 Gerald N. Rosenberg, The Hollow Hope: Can Courts Bring About Social Change, University of Chicago Press, 1991. 转引自汪庆华:《政治中的司法:中国行政诉讼的法社会学考察》,清华大学出版社 2011 年版,第 30 页。

与社会生活的差距。通过个案的法律适用过程,将法律规则融合于社会生活,会减少社会成员对法律规则的疏离感,使法律规则成为社会成员的行为标准,促使全民守法。

(2)法庭作为普法场所。庭审中反映出的具体问题往往是社会生活的真切再现,以法庭作为普法宣传的场所,对于提升司法公信力有重要意义,尤其是对社会关注度高、有法治教育意义和法律适用指导意义的案件进行公开庭审直播,并对相关裁判文书进行公开,对于促使全民守法有重要作用。

(3)专著记录司法实践。行政审判专业性要求职业化的法官,尤其是有深厚行政审判理论素养与实践积累的专家型法官。就法官发挥引导全民守法作用而言,撰写文章表达裁判理念与标准,乃至总结工作经验,著书立说,是法官实现自身价值比较高级的方式。“只要面对现实,充分运用我们的思维能力,即使是一位专门从事法律实务的法官,也同样可能获得真正有价值和有生命力的思想”[1]。

(4)弘扬社会主义核心价值观。通过宣扬社会主义核心价值观引领社会主流价值观,是行政审判发挥社会转型进步引领职能的另一个主要途径。国家治理现代化意义上的行政审判承载着社会公众的法治教化功能,影响着政治国家,也塑造着公民社会。为此,行政审判应以社会主义核心价值观为引领,引导和塑造社会主流价值。“实际上,法官无法将自己与社会的基本价值割裂。他们会有意或无意地表达这些基本价值。”[2]宣扬社会主流价值的主要载体就是法院判决。对此,行政裁判文书不仅要以具体的法律规定为依据,还需要面向法律的目的与精神,结合社会主义核心价值观,对案涉法律问题涉及的价值取舍、利益归属进行必要的判断与衡量,培养公众信仰主流价值,在多元价值流变的社会中塑造社会主流价值观。

(五)合法权益保护职能

所谓合法权益保护职能,是指人民法院依托行政诉讼制度,救济受行政行为损害的公民、法人或其他组织的合法权益的职能。以下将从必要性、可行性、

---

〔1〕［美］本杰明·卡多佐:《司法过程的性质》,苏力译,商务印书馆1997年版,译者前言第5页。

〔2〕［以］巴拉克:《民主国家的法官》,毕洪海译,法律出版社2011年版,第61页。

具体途径三个层面展开论述：

1. 必要性

行政诉讼制度建立之初的主要功能定位在客观公法秩序的维护，而并非保障公民权益。作为司法审查制度起源的英国，“特权令状产生的基础决定了裁决是以维护王权、监督地方和秩序保障为使命”[1]。在法国，“行政诉讼制度产生之初并不具有现代民主制度的特征，更多的是为了保护行政机关的特权、达到行政权优于司法权的政治目的”[2]。有学者评论，“战前行政诉讼之目的，纯为达成行政内部之监督作用而已，至于人民权益是否受到保护，不过次要之事”。[3] “二战”后，随着现代民主政治的发展和人权保障理念的扩展，行政诉讼制度保护公民合法权益的功能日益得到凸显。“甚至可以说，战后行政诉讼制度发展之重要趋势，只在于强化人民权利之保护一端而已。”[4]法国的行政诉讼制度虽然以客观诉讼为主，但保护公民权益的救济功能日益凸显，呈现出从客观法向主观权发展的趋势，以应对日益兴起的基本权利保护理念，出现了“客观诉讼主观化”现象。[5] 而德国行政诉讼制度作为主观诉讼的代表，其最突出的功能就是救济个人权利。[6] 同样英、美等国的司法审查制度虽基于监督权和控制权而产生，却落脚于权利保障，“英美国家的司法审查虽然注重授予行政机关权力及其限度，关心行政机关不得逾越和滥用行政权力，但其根本却是保障公民个人权利不受侵犯”[7]。综上，在世界范围内保护公民合法权益已经成为行政诉讼制度功能的主要方面之一。

---

〔1〕 薛刚凌等：《法治国家与行政诉讼——中国行政诉讼制度基本问题研究》，人民出版社2015年版，第390页。

〔2〕 薛刚凌等：《法治国家与行政诉讼——中国行政诉讼制度基本问题研究》，人民出版社2015年版，第44页。

〔3〕 翁岳生：《行政法与现代法治国家》，台湾大学法学丛书编辑委员会编辑1990年版，第382页。

〔4〕 蔡志方：《行政救济与行政法学(一)》，台北，三民书局1993年版，第454页。

〔5〕 薛刚凌等：《法治国家与行政诉讼——中国行政诉讼制度基本问题研究》，人民出版社2015年版，第379页。

〔6〕 刘飞：《德国公法权利救济制度》，北京大学出版社2009年版，第45页。

〔7〕 谭宗泽：《行政诉讼结构研究——以相对人权益保障为中心》，法律出版社2009年版，第176页。

2. 可行性

我国行政审判旨在保护公民、法人和其他组织的合法权益，这一职能反映在《行政诉讼法》关于立法目的的规定之中，新旧行政诉讼法[1]关于这一立法目的的规定是没有变化的。

然而，行政审判保护公民、法人和其他组织的合法权益的范围却发生着变化，集中体现在行政诉讼法关于受案范围的规定中。1989 年《行政诉讼法》第 11 条[2]规定的权益保护范围仅限于"人身权、财产权"，意味着具体行政行为侵犯人身权和财产权之外的其他权益会被排除行政诉讼的受案范围之外。现行《行政诉讼法》第 12 条[3]的规定，将行政审判保护权益的范围拓展至"人身权、财产权等合法权益"。此条规定极具包容性与开放性，至此意味着行政审判基本可以涵盖我国法律规定的所有合法权益的保护，"这里的'等'同样应当理解为'等外等'，即除人身权、财产权之外，我国法律所保护的公民、法人和其他组织所有合法权益都属于行政诉讼法保护的范围"[4]。

这种变化并非一蹴而就的，是法治发展及社会转型需求的必然结果，也是立法者关于人民群众对司法的需求与期待的回应，是在其他相关法律法规、行政诉讼司法解释与行政审判司法实践的共同作用下实现的。具言之，1999 年实施的《行政复议法》[5]首先从立法层面突破了 1989 年《行政诉讼法》和《行政复议条例》关于保护"人身权、财产权"诉讼范围和复议范围的规定，将复议范围拓展为"人身权、财产权利、受教育权利"，并在兜底条款中取消了"人身权、财产

---

〔1〕《行政诉讼法》(1989 年)第 1 条规定："为保证人民法院正确、及时审理行政案件，保护公民、法人和其他组织的合法权益，维护和监督行政机关依法行使行政职权，根据宪法制定本法。"《行政诉讼法》(2017 年)第 1 条规定："为保证人民法院公正、及时审理行政案件，解决行政争议，保护公民、法人和其他组织的合法权益，监督行政机关依法行使职权，根据宪法，制定本法。"

〔2〕《行政诉讼法》(1989 年)第 11 条规定："人民法院受理公民、法人和其他组织对下列具体行政行为不服提起的诉讼：……(八)认为行政机关侵犯其他人身权、财产权的。"

〔3〕《行政诉讼法》(2017 年)第 12 条规定："人民法院受理公民、法人或者其他组织提起的下列诉讼：……(十二)认为行政机关侵犯其他人身权、财产权等合法权益的。"

〔4〕江必新主编：《新行政诉讼法专题讲座》，中国法制出版社 2015 年版，第 63 页。

〔5〕《行政复议法》第 6 条规定："有下列情形之一的，公民、法人或者其他组织可以依照本法申请行政复议：……(九)申请行政机关履行保护人身权利、财产权利、受教育权利的法定职责，行政机关没有依法履行的；……(十一)认为行政机关的其他具体行政行为侵犯其合法权益的。"

权”,拓展到“合法权益”。2000 年 3 月 10 日起施行的最高人民法院《关于执行〈中华人民共和国行政诉讼法〉若干问题的解释》[1]在行政审判的权益保护中增加了相邻权和公平竞争权。2004 年 7 月 1 日起实施的《行政许可法》增加了特定职业资格、资质权利的保护。2008 年实施的《政府信息公开条例》将“知情权”纳入了行政审判的保护范围。审判实践中,1998 年山东一起教育部门拒绝接收适龄儿童入学案[2]及田永诉北京科技大学毕业和学位证案[3],将受教育权纳入了行政审判的保护范围。从 2000 年开始,有的法院受理了涉及劳动权的案件,如养老金和改革中的职工待遇等,劳动权纳入行政审判的保护范围。2003 年开始,审判实践开始尝试对知情权予以保护。[4]

3. 途径

与民事诉讼制度直接救济公民权益不同,行政审判是通过对于行政权的监督与控制来实现保护公民合法权益的。申言之,除公益诉讼外,行政机关行使公权力过程中系公共利益的代表,其行政行为或行政不作为侵犯了公民的合法权益,在公共利益与私人利益之间形成了紧张关系,形成了行政争议。原告的诉讼请求中要求保护的私人合法权益成为了行政审判程序的触发点。进入行政审判程序后,法院对于行政行为是否合法或是否未履行法定的职责进行判断,对不符合法律规定的情况予以纠正,进而达到公共利益与私人利益之间的平衡状态,即视为个案行政争议得到了解决。而对于行政公益诉讼(检察机关提起公益诉讼制度)而言,检察机关同样作为公共利益的代表,法院所面对的是两种“公共利益”之间的失衡,例如,经济发展与环境保护之间的紧张,法院根据法律对于不同公共利益之间的位阶排序,作出一种公共利益让位于另一种公共利益的司法判断,使两者在法律规定的特定时空内得以平衡。在这种情况下,公民的合法权益间接得到保护。

---

[1] 最高人民法院《关于执行〈中华人民共和国行政诉讼法〉若干问题的解释》第 13 条规定:“有下列情形之一的,公民、法人或者其他组织可以依法提起行政诉讼:(一)被诉的具体行政行为涉及其相邻权或者公平竞争权的。”

[2] 最高人民法院《关于当事人不服教育行政部门对适龄儿童入学争议作出的处理决定是否可以提起行政诉讼的答复》([1998]法行字第 7 号)。

[3] 田永诉北京科技大学毕业和学位证案,载《最高人民法院公报》1999 年第 4 期。

[4] 胡建淼:《行政诉讼法》,法律出版社 2019 年版,第 89 页。

### （六）民主政治促进职能

所谓民主政治促进职能，是指人民法院坚持“以人民为中心”的发展思想，依托行政诉讼制度和行政审判平台，在司法实践中保障并规范人民当家作主的民主实践的职能。以下将从必要性、可行性、具体途径三个层面展开论述：

1. 必要性

有学者认为“人民中心主义”是中国司法改革的方法论之一，“人民中心主义方法论所要解决的是司法的人民性问题，本质上即人民当家作主之宪法原则在司法过程中的适用问题”。[1] 行政审判保障并规范人民当家作主实践的必要性体现在：

（1）人民当家作主是中国共产党长期坚持的指导思想。改革开放40多年以来，我们逐步确立并发展了符合中国国情、保证人民当家作主的中国特色社会主义民主政治。人民法院坚持党的领导最突出的表现就是坚持“以人民为中心”的思想，在司法实践中保障并规范人民当家作主的实践。

（2）人民法院的人民性必然要求行政审判维护人民当家作主的制度实践。人民性是人民法院的根本属性，必须坚持“以人民为中心”的工作方向。

（3）国家治理现代化要求行政审判充分发挥民主政治促进职能。国家治理现代化要求坚持人民主体地位，发展社会主义民主政治，坚持和完善人民代表大会制度、中国共产党领导的多党合作和政治协商制度、民族区域自治制度及基层群众自治制度，充分发挥我国社会主义政治制度的优越性。同时国家治理现代化要求社会协同、公众参与，在社会治理方面完备民主制度、丰富民主形式，比如，充分发挥社会组织的作用。行政审判是国家治理体系的一环，国家治理体系现代化要求行政审判具备民主政治促进职能。

2. 可行性

（1）行政法及行政诉讼法理论的民主化发展。民主化的理论指导民主化的实践。伴随世界民主化潮流，在符合我国国情的“以人民为中心”发展思想的指导下，行政法学理论研究中关于民主化的研究主题频现。例如，行政法基础理论中的行政民主论，行政主体理论中对于社会行政主体的诉讼主体资格的研

〔1〕 江国华：《司法改革方法论》，载《湖北社会科学》2019年第7期。

究、行政行为理论中对于合作行政的研究、行政救济法理论中对于调解和解制度、公民诉权保障、拓展行政诉讼受案范围和放宽原告主体资格的研究等。

(2)法治政府建设的实践发展。法治政府应当是体现民意的政府。近年来,我国法治政府建设逐步推进。在政府立法与政策制定过程中,政府坚持民主立法原则,通过多种方式征求意见,保障民众广泛参与到政府立法和政策制定中来。行政执法方式更注重保障公民的合法权益,行政指导、行政协议等柔性执法方式得到了更广泛的应用,行政行为作出程序更加注重保障相对人的参与权,程序也更加公开透明。法治政府的逐步推进也为行政审判发挥民主政治促进职能提供了良好的外部运行环境。

(3)宪法和法律关于保障权利的规定及公民权利意识的觉醒。我国《宪法》规定,公民享有的基本权利包括平等权、选举与被选举权、罢免权、参与管理权、知情权、监督权、批评建议权、申诉控告检举权、辩护权等。《行政诉讼法》《行政处罚法》《行政许可法》《行政强制法》等确立了规范政府权力、保障公民权利的立法原则,细化了公民参与权、辩论权、知情权、监督权等多项权利的保障制度,规定了公民权利的救济途径和方式。同时,从行政诉讼案件的逐年增长中可以发现,公民依法参与治理、依法维护自身权利的意识逐年增长。立法的完备与权利意识的觉醒也为行政审判承担民主政治促进职能提供了更完备的法律依据与更具体的现实条件。

3. 途径

行政审判的民主政治促进职能就是在行政审判的过程中保障人民群众对行政权运行的监督权,保障人民群众对于公共政策形成过程的参与权,保障人民群众行使权利的自由,同时规范诉权的行使行为。

(1)保障人民群众对行政权运行的监督权。中国特色社会主义制度要求政府行使权力对人民负责,受人民监督。然而一般情况下,公民个体直接行使监督权的各种条件并不具备,因此需要公民通过法定的渠道,寻求其他有条件的专门机关来代替其个人行使监督权。同样具有国家权力属性的司法权,因为其中立的地位、救济权利的功能,成了首选。通过对于我国行政诉讼法立法史的考察,或者说行政诉讼法立法者的原初目的,行政诉讼制度的核心功能是"社会主义民主政治建设",是我国《宪法》第41条规定的公民的申诉、控告、检举权及行政侵权赔偿请求权的具体体现。换言之，我国行政诉讼制度建立之初的目的在于保障宪法赋予公民的民主监督权。行政审判对于行政权的监督是民主监督权在司法过程中的具体体现，是公民行使民主监督权的重要合法渠道，将公民对于行政权的监督，通过司法权对行政权的监督得以实现。这种监督一方面体现为对于侵害公民个人合法权益的行政行为的审查与纠正，另一方面也体现为对公共利益实现过程的监督，体现为对公共利益的保护，这种保护则通过行政公益诉讼制度得以实现。

(2)保障人民群众对于公共政策形成过程的参与权。“公众参与主要是指公众在公共事务的决策、管理、执行和监督过程中拥有知情权、话语权、行动权等参与性权利，能够自由地表达自己的立场、意见和建议，能够合法地采取旨在维护个人切身利益和社会公共利益的行动。”[1]从“人民中心主义”的立场出发，公众有序参与的范围领域应逐步扩大，以便最广泛地动员和组织人民群众依法管理国家事务和社会公共事务、经济事业和文化事业。有序参与的范围包括政治参与、立法参与、行政参与、司法参与等。行政审判保障人民群众的参与权主要体现为通过对于司法程序的参与实现对公共政策合法性的协商，以保障人民群众在国家治理中的参与权。正如前文所述，行政审判表面上是对行政行为的合法性进行审查，实质上涉及对行政行为背后公共政策的合法性评价。随着司法公开的深入发展，公众参与行政审判的方式，不仅体现为作为行政案件当事人层面的参与，更体现为加入行政案件辐射形成的巨大的舆论场，在舆论场中，案件当事人成为不同利益群体的代表，在庭审中发表对于行政行为合法性及公共政策合法性的观点。与此同时在庭审外，大量关注案件的公众以旁听者的身份参与到了公共政策合法性的讨论当中，行使着更广义上的参与权。

(3)保障人民群众行使权利的自由。人民群众享有的合法权益得到有效保障是人民当家作主的基础。行政审判通过保障公民合法的实体权益实际上是保障公民行使合法权利的自由。“自由是关于财产、人身、行为的自由，因此，这种意义上的自由相当于公民或法人及其他组织的整个合法的权益，因此，保障

---

〔1〕 戴雪梅：《和谐社会与公众参与问题研究》，载《求索》2006 年第 8 期。

自由和保护合法权益是同义语。”[1]行政诉讼法规定的保护公民合法权益的立法目的，本质上是保障公民关于人身、财产、行为的自由权利。此种自由权力是人民群众进行当家作主实践的基础。在这个意义上，民主政治促进职能主要是行政审判为公民受侵害的合法权益提供有效的、无遗漏的司法救济渠道。

(4)人民当家作主的制度实践要求规范诉权行使行为。行政机关通过行使公权力的权威形式，意在实现国家秩序。行政争议的产生表现为行政权与公民权之间产生了某种紧张关系。在这个前提下，为保证和实现民主，公民通过提起行政诉讼的方式向司法权寻求救济，当然也可以转向其他合法的救济渠道，而不是直接对抗行政机关的公权力行为，或采取其他非理性的救济方式。也就是说民主并非无秩序的，否则就会陷入“无政府主义”的旋涡。进一步讲，公民一旦选择了行政诉讼的方式，则需要规范行使诉权。换言之，人民法院同样需要对滥用诉权的行为进行有效的规制，毕竟在审判资源有限的前提下滥用救济权是对合法行使诉权的其他公民的变相侵害。

(七)六种职能的结构关系

上述六种职能的齐备是实现行政审判功能的前提。在职能齐备的基础上，六种职能显然存在轻重、缓急、主次之分，甚至在个案中面临暂时的取舍问题，因此，厘清六种职能的结构关系尤为重要。

“行政诉讼制度首先是一种诉讼制度，一种解决行政争议的诉讼制度”[2]，基于行政审判作为一种诉讼制度的本质，行政争议化解职能在六种职能中处于核心位置。从实质性解决行政争议的角度看，合法性审查职能是在行政审判中对被诉行政行为作出合法性判断，表现为一种裁判型争议解决方式，是行政争议化解职能的一种手段。政策立法咨询职能着眼于行政争议的预防，体现为减少行政争议的“治未病”的思维。合法权益保护职能是在个案中纠正违法行政行为、弥补违法行政行为造成的利益损失，可以理解为解决行政争议产生的附带效果。社会进步引领职能旨在突破个案争议裁判，在一般意义上实现社会结构、社会规则、社会风尚等方面的进步，是法院审判职能在社会治理层面的有益

---

〔1〕 刘善春：《行政诉讼价值论》，载陈光中、江伟主编：《诉讼法论丛》(第2卷)，法律出版社1998年版，第748页。

〔2〕 姜明安：《行政诉讼法》，北京大学出版社2016年版，第79页。

延伸,而个案争议解决标准的准确定位、个案中的价值判断取向仍然处于基础的地位。民主政治促进职能面向的是未来的良性“官民关系”的构建,旨在通过行政审判平台营造一种“官民对话”的理想交流语境,但双方交流的主题仍然是个案争议如何得以实质解决以及个案争议背后的公共政策、相关制度的正当性问题。

基于此,本书认为,行政争议化解职能是行政审判的核心职能,其他职能或是可容纳到该项职能范围内讨论,或是该项职能基础上的延伸拓展。需要强调的是,这并不是说其他职能没有特殊性,而是说,从预防行政争议,到恢复行政争议造成的受损关系、救济个案争议产生的权益损害后果,再到确立行政争议解决规则、营造和谐稳定的社会环境的整个逻辑链条中,化解行政争议贯穿始终。行政法官在审理行政案件中应当有“行政争议预防与解决”的大局观。

## 五、小　结

行政审判职能配置科学化体现在监督纠正、协商参与、争议解决、社会进步、权益保护、民主促进等一系列关键词中。在法治国家、法治政府和法治社会一体建设的新时期,上述六种行政审判职能得以互相容纳、相互促进。其中合法性审查职能和政策立法咨询职能面向的是法治政府建设,是行政审判在助力政府治理现代化的角度发挥的作用,是国家权力之间的良性互动关系,实质上是通过落实司法的中央事权属性维护中央权威以及法规范体系协调统一。行政争议化解职能和社会进步引领职能则面向法治社会建设,意在发挥行政审判在社会治理现代化过程中的制度功能,一方面着眼于维护稳定的社会秩序,另一方面着眼于促进社会的转型与进步。合法权益保护职能、民主政治促进职能则指向法治国家建设,是通过行政审判构建公民权与国家权之间的理性互动关系,实现国家治理现代化。为此,行政审判职能配置科学化应当理解为以行政争议化解职能为核心的各项职能的要素齐备、均衡实现。

# 第二章　行政审判庭审实质化

庭审程序是审判的关键环节,是查明案件事实、正确适用法律、保障当事人诉讼权利最为集中的场所,庭审程序的功能是否充分发挥关系到公正、高效、权威的审判制度的建立,涉及司法公正目标的实现。党的十八大以来,司法改革对庭审程序提出了新的更高标准和要求[1],以“庭审中心主义”或称“庭审实质化”为主要内容的审判方式改革使得诉讼制度回归“初心”。

## 一、行政审判庭审实质化概述

### (一)宏观司法改革背景

在定义行政审判庭审实质化之前,有必要对于庭审实质化改革的背景及相关概念进行梳理分析。

1.“审判中心主义”

《中共中央关于全面推进依法治国若干重大问题的决定》首次将“推进以审判为中心的诉讼制度改革”列为司法改革的重要目标。从文义解释和体系解释的角度看,上述决定中提出的“审判中心主义”的改革目标主要集中于刑事诉讼

---

[1]《中共中央关于全面推进依法治国若干重大问题的决定》提出,推进以审判为中心的诉讼制度改革,保障庭审在查明事实、认定证据、保护诉权、公正裁判中发挥决定性作用。最高人民法院《关于全面深化人民法院改革的意见——人民法院第四个五年改革纲要(2014—2018)》提出,实现诉讼证据质证在法庭、案件事实查明在法庭、诉辩意见发表在法庭、裁判理由形成在法庭。最高人民法院《关于深化人民法院司法体制综合配套改革的意见——人民法院第五个五年改革纲要(2019—2023)》提出,深化庭审活动公开。进一步健全庭审公开的范围、流程和保障机制。

领域。刑事诉讼学界多称之为“审判中心主义”，以同“侦查中心主义”的诉讼构造相区分。“审判中心主义是现代法治国家——无论是大陆法系还是英美法系国家奉行的一项基本诉讼原则，而且集中地贯彻、体现于刑事诉讼中。”〔1〕

对于“审判中心主义”的内涵，学界有不同的解读，但通常认为，“以审判为中心有三个层面的含义：第一，审判是整个刑事诉讼程序的中心。因为相对于立案、侦查、起诉、执行等程序而言，只有在审判阶段，才能最终确定被告人的刑事责任。第二，一审是整个审判体系的中心。法庭审判所要解决的根本问题是案件的事实认定和证据的采纳与排除，这类问题的解决并不因审级提高而变得更为容易，相反，会因审级越高，所需时间越长，离事实真相越远而更加棘手。第三，法庭审判是整个审判程序的中心。因为定罪权是刑事审判权的核心，相对于庭前准备、判决书送达等程序而言，法庭审判是决定被告人罪之有无的关键环节”。〔2〕

2.“庭审中心主义”

20世纪80年代，一场具有启蒙意义的审判方式改革，试图将司法拉出泛行政化的习惯思维。当时的改革者们提出“证在法庭、辩在法庭、判在法庭”，努力让法庭成为诉讼程序的中心，让法官成为法院的中心。〔3〕四五改革纲要进一步将“庭审中心主义”明确为：“确保庭审在保护诉权、认定证据、查明事实、公正裁判中发挥决定性作用，实现诉讼证据质证在法庭、案件事实查明在法庭、诉辩意见发表在法庭、裁判理由形成在法庭。”

有学者分析指出，考虑“审判中心主义”的改革思路直接触及公检法三机关“分工负责、相互配合、相互制约”的法律原则，并可能遇到司法体制上的重大障碍，因此，在近期的相关讨论中，无论是法学界还是司法实务界，都更为关注“庭审中心主义”的落实问题。〔4〕在很多研究文献中，所谓“以审判为中心的诉讼制度改革”，其实已经变成“实现庭审实质化”的代名词。〔5〕虽然对于“庭审中

〔1〕顾永忠：《试论庭审中心主义》，载《法律适用》2014年第12期。

〔2〕樊崇义、张中：《论以审判为中心的诉讼制度改革》，载《中州学刊》2015年第1期。

〔3〕蒋惠岭：《司法改革的知与行》，法律出版社2018年版，第382页。

〔4〕陈瑞华：《司法体制改革导论》，法律出版社2018年版，第366页。

〔5〕李少平：《以审判为中心的诉讼制度改革：功能定位与路径规划》，载《中国审判》2015年第11期。

心主义”与“审判中心主义”的内涵学界有不同的解读,但无论是从上述司法改革文件中规定来看,还是从目前实务界与刑事诉讼学界阐述解读来看[1],“庭审中心主义”是“审判中心主义”的核心内容已达成基本共识。正如有学者所言,“从庭审中心主义的内涵以及诉讼制度改革的政策来看,落实庭审中心主义是推进以审判为中心的诉讼制度改革不可或缺的核心环节,对于充分发挥审判在诉讼制度中的中心地位,体现出审判权的独立性、中立性、程序性和终局性特征,具有不可替代的重要作用”[2]。

只有真正体现司法规律、反映庭审程序本质功能的实质化庭审才能达成“以庭审为中心”的改革目标,因此,庭审实质化与“庭审中心主义”互为表里,或者说两者内涵是一致的。虽然对于庭审实质化的讨论主要集中在刑事诉讼领域,但并不意味着庭审实质化就仅限于刑事诉讼领域,对于行政诉讼而言,同样具有重要意义。首先,庭审实质化是改革者从诉讼制度的一般规律出发,对司法规律进行总结认知的基础上提出的实现司法公正(实体公正、程序公正和感受公正)的改革目标。刑事诉讼庭审程序与行政诉讼庭审程序同属于诉讼程序的范畴,两者的庭审流程设计有诸多相似性。其次,从审判实践角度看,庭审形式化是刑事审判与行政审判同样面对的现实问题,而且就行政诉讼而言,更需要实现庭审实质化以发挥庭审程序的集中性、公开性、权威性、亲历性等特点,以排除其受到强大的行政权干扰的现实可能性。因此,笔者将行政审判庭审实质化作为行政审判方式改革的一个重要部分予以论述。需要指出的是,由于行政诉讼制度的特殊性,行政审判庭审实质化改革与刑事审判相较而言又表现出不同的侧重点,需要采取更有针对性的制度措施。

---

〔1〕 胡铭:《审判中心、庭审实质化与刑事司法改革——基于庭审实录和裁判文书的实证研究》,载《法学家》2016年第4期;“以审判为中心的诉讼制度改革突出了庭审实质化的实质要求。”熊秋红:《刑事庭审实质化与审判方式改革》,载《比较法研究》2016年第5期;“庭审中心主义虽不同于审判中心主义,但它是审判中心主义的核心,是审判的正当性和权威性产生的基础,因此,庭审中心主义势必走向审判中心主义。”顾永忠:《试论庭审中心主义》,载《法律适用》2014年第12期;“庭审实质化是‘以审判为中心’的诉讼制度改革的重要内容。”龙宗智:《庭审实质化的路径和方法》,载《法学研究》2015年第5期。刑事庭审实质化是“以审判为中心的诉讼制度改革”的基本要求与落脚点。汪海燕:《论刑事庭审实质化》,载《中国社会科学》2015年第2期。

〔2〕 李季红:《庭审中心主义视角下的行政审判流程再造》,载《政法论坛》2018年第1期。

（二）特殊价值取向定位

1. 实质性解决行政争议

2014年修正的《行政诉讼法》增加了“解决行政争议”的立法目的，创设了一系列的制度措施以促进行政争议的实质性解决。以实质性解决行政争议为目标的行政诉讼制度，意在彰显行政审判在促进社会稳定秩序方面的独特制度价值，以便塑造良好的官民关系，实现国家治理现代化。庭审程序是行政审判的关键环节，是查清案件事实、准确适用法律、保障当事人诉讼权利、直接解决行政争议最为集中的场所，充分发挥庭审程序的功能关系到行政争议的解决效果。在此意义上，实质性解决行政争议成为了庭审实质化在行政审判中的特殊制度功能背景，也成为行政审判庭审实质化改革的特殊价值取向。

2. 新型官民关系的构建

前文论及新时代的官民关系应当从“官府独治”向“官民共治”转变，意味着高权行政、秩序行政向协作行政、参与行政的方向转变，官民关系也从传统的“命令服从关系”向“公私合作伙伴关系”转变。面向未来的行政审判应该将塑造新型官民关系作为价值取向，而行政审判庭审则成为重要的沟通平台之一。通过这个平台，官民之间围绕行政争议充分发表意见和主张，不仅限于涉及行政行为的合法性，也可以涉及公共政策的正当性。加之庭审公开的不断深化和拓展，将上述问题的讨论推向更加广泛的范围。同时因为法定程序的限制，又保障了讨论的规范性，有效避免系统性风险。也许开始时，公民的表达是非理性的，行政机关的回应可能有所顾虑，法院也会承受不同于现在的压力。但是随着时间推移和各方沟通表达能力的提升以及不断解决问题的正向激励，庭审沟通的广度和深度会不断拓展和深化，形成理性的对话平台。与此同时，法院解决争议的手段也不再仅局限于判决方式定分止争，司法建议、调解和解等方式都将发挥重要作用。新型官民关系在实质化的庭审平台上通过诉讼民主、沟通协商、争议解决、制度完备等逐步得以实现。从这个意义上，助力构建新型官民关系成为了行政审判庭审实质化的另一个特殊价值取向。

（三）行政审判庭审实质化的内涵

以诉讼制度改革方向和行政审判的功能定位为切入点和着眼点，行政审判庭审实质化就是充分发挥庭审程序在实质高效解决行政争议方面的积极作用，达到实体公正、程序公正与感受公正的综合实现。

具言之，行政审判庭审实质化包含四个层面的含义：

1. 裁判方式正当性的基础

通过实质化的庭审程序查明案件事实、准确定位法律适用、形成法官内心确信，为通过裁判方式解决行政争议奠定基础。这要求法官在行政案件中认定事实、审查证据、适用法律更加“较真”，以便增强行政裁判文书说理的充分性及裁判结果的正确性。

2. 合意解决争议的平台

通过在庭审程序中合理设置调解、和解等合意型争议解决程序直接解决行政争议。这要求法官在庭审程序中探知当事人的根本诉求，以释明权为媒介，使得双方当事人达成解决争议的共识，在不侵犯公共利益和他人合法权益的前提下，彻底化解争议。

3. 塑造司法救济价值观

通过庭审程序中充分保障并规范诉权行使行为，在包括当事人在内的社会公众中塑造理性的诉讼规则意识及正确的司法救济价值观。

4. 规范化的庭审程序

以上四个方面在符合程序正义要求的规范化庭审程序中得以实现。

（四）行政审判庭审实质化的特征

1. 公正裁判保障性

行政审判庭审实质化的公正裁判保障性表现为庭审的独立性、亲历性与集中性，主要面向实体公正。法官作为裁判的作出者和庭审程序的主持人，在法庭的特定空间内，其享有的法律赋予的权威不易受到干扰。“程序为纠纷解决提供了一个相对于外部环境而言较为独立的空间。在这个独立的空间内，所有角色都由程序事先分配。程序参与者只要进入这个空间，就必须承担一定的角色。这种角色与他们在程序中的地位、职能有关，而与他们在社会中的身份、地位无关。程序的间隔作用在一定程度上缓解了外部环境对裁判者的压力。”[1]同时，亲历性是司法判断权属性的必备要素，庭审实质化使得法官亲自参与到

---

〔1〕［德］黑格尔：《法哲学原理》，范扬、张企泰译，商务印书馆1979年版，第231页。

案件的调查中，倾听双方的诉辩意见，对于纠正庭前阅卷形成的初步判断的不周全乃至错误，形成全面准确的内心确信有重要作用。另外，在法官的主持下，庭审程序按照诉讼法的程序规定逐步推进，相对独立的空间中集中了举证质证、案件事实查明、法律适用辩论、法官内心确信形成、调解和解、裁判理由形成、裁判结果宣告等诸多环节。这些环节集中于法庭，同时受到法律程序规定的规范和庭审公开的监督，能够非常有效地减少其他因素干扰，实现裁判者对于事实和法律问题的独立判断，达到"让审理者裁判，让裁判者负责"的改革目标，进而保障裁判实体公正。

2. 争议解决直接性

日本学者棚濑孝雄将行政争议的解决方式分为根据合意的纠纷解决与根据决定的纠纷解决两大类。[1] 行政审判庭审实质化的争议解决直接性，即通过在庭审程序中设置合意型纠纷解决程序，协商解决纠纷。审判实践中，一般会倾向认为，业经庭审程序的案件，通过裁判厘清案件实体问题，明确裁断是非对错，才能实质性解决争议。然而很多情况下却事与愿违，行政权与审判权同属于国家权力，抱着"官官相护"心理的原告自踏入法庭时就对行政审判权持有天然的戒备心理。如果得到败诉结果，极易对法官产生消极的评价，即便胜诉，也可能因为诉判不一致，没有实质满足利益诉求而不接受裁判结果。同样行政机关也并非欣然接受败诉结果，造成司法权与行政权的紧张关系。因此，司法实践中经常出现双方当事人均上诉的情况，影响行政争议的解决效果。对此，合意型纠纷解决方式会起到良好的争议解决效果。经过了庭审程序查明事实、充分辩论后，案件事实已经基本清楚、法律适用也基本明确的前提下，当事人对于是非对错早已"心中有数"，法官通过调解程序与和解程序的能动性把握，适时地向当事人"交底"，促进各方当事人协商解决争议。如此一来，既避免了法官在裁判文书撰写过程中的时间精力损耗，适当分流裁判解决争议方式需要解决的案件，又能提高当事人对于争议解决结果的可接受性，实现"案结事了"，还能使庭外协调—撤诉的争议解决方式得到庭审程序的规制，避免"和稀泥"、强

---

〔1〕［日］棚濑孝雄：《纠纷的解决与审判制度》，王亚新译，中国政法大学出版社2004年版，第7页。

制和解及以牺牲公共利益为代价勉强和解等情况的出现。可谓一举多得。

3. 审理过程权威性

行政审判庭审实质化的审理裁判权威性主要表现为庭审程序的规范性，意在塑造争议解决规则，增加当事人及社会公众对于庭审过程的认同感，进而增强司法公信力。庭审程序的规范性表现为既要符合法定程序的要求，也要符合正当程序原则的要求，同时要注重司法礼仪。第一，诉讼法明确规定的程序步骤和程序要求是必须要遵守的，否则可能面临程序违法而遭到上诉程序的监督纠正。第二，裁判者对于程序问题的司法裁量应该体现正当程序的要求，包括裁判者的独立和中立、程序的合理性、程序公开性、程序平等性、程序民主性以及程序的便利性和及时性〔1〕。第三，重视司法礼仪。司法礼仪主要包括司法器物与司法人员言行举止两个方面。法袍、法官制服、法槌、法桌法椅、司法建筑、标志装饰物等司法器物的规范配置和使用以及法官行为规范、语言文明、良好修养和工作作风等均是庭审规范化的具体体现。

4. 诉权保障充分性

行政审判庭审实质化的诉权保障充分性主要表现为对当事人诉权行使行为的保障与规范。庭审程序是诉权保护最为集中的场所，庭审实质化要求对当事人的诉权予以充分的保障，比如，当事人的回避申请权、庭审参与权与庭审陈述权等。但是，当事人充分行使诉权不意味着随意行使诉权，甚至滥用诉权。实质化的庭审同样需要对当事人的不当言行予以规制和引导，甚至是处罚和惩戒，以保障庭审秩序，确保法庭的权威。同时，随着司法公开的推进，法院对于当事人诉权行为的保障与规范会传导到社会公众，进而在更广阔的范围内传播与塑造以遵守诉讼规则、理性行使诉权为内容的司法救济价值观。

## 二、行政审判庭审实质化的必要性

行政审判庭审实质化是树立司法权威的关键环节、正当程序原则的应有之义、参与主体特殊性的必然需求，前两者是行政诉讼作为诉讼制度的普遍性要

---

〔1〕 王利明：《司法改革研究》，法律出版社 2001 年版，第 50 ~ 53 页。

求,后者是行政诉讼特殊性的要求。

（一）司法权威的关键环节

"司法,纠纷解决之权威,权利救济之终极,规则生长之源泉,秩序维护之后盾。"[1] 司法权属于判断权,同时是最终判断权。法官行使判断权得出的裁判结果要想得到接受和认同需要具备两个基本条件:

1.判断的专业性

司法权作为一种国家权力,由国家强制力保障实施,司法权威首先是强制性权威,但强制性权威只能保证生效判决得到执行,强制力这样单一的概念无法涵盖司法权威的综合复杂性。裁判结果得到认同还需要构建前文所述的"合格权威",换言之,司法判断的专业性是获得实质认同的关键。"专业性元素可从立场、次序、场境等视角引申出中立、辩论或直接言辞、直接审理、审判中心等系列微观司法规律或法则。"[2] 庭审过程是现代司法的基本场域,包含了法官与诉讼参加人的角色定位、特定的司法仪式、司法器物和司法礼仪等。庭审实质化包含庭审规范化的内容,亦是司法权威的来源之一。

2.判断的民主性

即各参与主体充分辩论、各方意见得到倾听。法官裁判的前提是查明案件事实、准确适用法律。庭审程序具有调查事实的发现功能及认定事实的判断功能,庭审过程是各方当事人围绕案件争议事实和法律问题进行辩论的过程,"任何裁断均须以充分辩论为基础,无辩论则无裁断"。[3] 庭审实质化要求法官在当事人举质证的基础上查明案件事实,在当事人充分辩论的基础上形成心证,而后恰当裁判,这个过程符合裁判权行使的规律,体现了程序公正,也有利于实体公正,进而得到当事人与公众的认同。毕竟"就司法的社会控制本质而言,能不能充分发挥规范力,关键还是在于其决定能否被信赖,而不仅仅在于其正确性"。[4] 另外,民主性也表现为,在普通程序中,合议庭所有成员均积极地参与

---

[1] 徐昕主编:《纠纷解决与社会冲突》,法律出版社2006年版,第1页。

[2] 江国华:《司法规律层次论》,载《中国法学》2016年第1期。

[3] 江国华:《司法规律层次论》,载《中国法学》2016年第1期。

[4] 苏新建:《程序正义对司法信任的影响——基于主观程序正义的实证研究》,载《环球法律评论》2014年第5期。

到庭审程序中,对案件事实查明和法律适用达成共识,而非个人意见决定裁判过程及结果。

(二)程序正义的应有之义

"程序的公正是司法公正的重要内容,也是保障裁判公正及司法具有权威性的基础。司法具有权威性的前提是必须要严格依循公正的程序,不仅使诉讼当事人信赖审判活动是在独立公正的程序指导下进行的,而且要使广大民众真正相信法院是在公开的场所依据公正的程序从事着公正的审判活动。"[1]法官作出独立公正的裁判需要经过公正、公开、规范的庭审,没有庭审程序保障的实体裁判结果因与程序正义的要求不相符合,而缺乏大部分的正当性基础。内涵于程序正义的公开原则、参与原则都要求庭审实质化。

1. 程序公开原则

"程序公开原则长期以来被视为程序公正的基本标准和要求。"[2]程序公开要求正义以看得见的方式得以实现,有三个层面的意义:一是以公开促公信,减少猜疑。司法一旦被猜疑有"暗箱操作",公信力必然大打折扣,而避免的最好方式便是司法公开。如果庭审走形式,"先定后审"或者"审者不判,判者不审",则庭审公开就失去了意义,完全沦为了"形式主义"。二是法律职业共同体的监督。只有庭审过程公开,法律共同体才能进行监督,对裁判过程发表意见,"通过充分辩论的方式达成共识,通过这种共识,约束法官的自由裁量,实现对司法裁判过程的监督"。[3] 三是实现正义的过程由社会公众"眼见为实",对社会公众产生实实在在的教育感染效果。庭审过程公开能够让社会公众了解法院审理案件的方式和标准,有助于提升公众法治意识。然而,只有公开规范化的、实质化的庭审过程才会对社会公众的法治意识起到积极作用,如果庭审中法官行为失当、庭审进程不顺畅、庭审程序不规范则会起到不良的社会示范效应,致使公众丧失对法院工作的信心。

2. 程序参与原则

参与原则是程序正义的另一个重要方面。"对于诉讼程序公正来说,最重

---

〔1〕 王利明:《司法改革研究》,法律出版社2000年版,第302页。

〔2〕 肖建国:《程序公正的理念及其实现》,载《法学研究》1999年第3期。

〔3〕 刘峰:《行政诉讼裁判过程研究》,知识产权出版社2013年版,第214页。

要的就是作为争议主体的当事人能够有充分的机会参与诉讼程序，提出自己的主张和有利于自己的证据，并反驳对方的证据、进行交叉询问和辩论，以此来促使法院作出尽可能有利于自身的裁判。”[1]随着庭审程序的推进，各方当事人能够充分了解和掌握相互之间的证据、诉讼主张，作为理性的当事人一般可以预见自己的诉讼请求和事实理由是否最终得到法院的支持，进而更倾向于采取和解的方式解决争议。另外，当事人平等参与到诉讼程序中，陈述意见、充分辩论也是消除当事人对法院戒备心理的关键，“通过当事人的举证责任的分担和公开论证过程，来保证信息和证据的可靠性，以及对事实与规范进行解释的妥当性”[2]。尤其对败诉方而言，充分参与直接决定其对法官的司法行为是否满意、是否信任，进而影响对司法机关整体上的司法满意度和司法公信力。庭审实质化要求贯彻直接言词原则与辩论原则，能够保障当事人的陈述申辩权，强化参与效果。

（三）参与主体特殊性的必然要求

司法程序的不同参与主体享有不同的权力或权利，也应承担不同的职责或义务，这就意味着不同主体的作用各不相同，在权利与权力、职责与义务的交互作用、关系中形成了司法程序的整体结构。不同的诉讼种类中的司法程序结构是存在明显区别的。与刑事诉讼的立案、侦查、起诉、审判等多个刑诉程序环节组成的“线型结构”不同，行政诉讼涉及行政审判权、原告的诉权、行政机关的行政权等法权间的“网状结构”[3]。行政权的不正当干预、公民权的不规范行使，加之行政审判的专业性都要求行政审判庭审实质化。

1. 行政权的不正当干预

行政机关从行政活动阶段进入行政诉讼阶段，身份发生了转化。在行政活动阶段，行政主体代表着国家行政权，在国家权力结构中，司法权与行政权是平行关系，而进入行政诉讼阶段后，行政主体的法律地位改变，成为诉讼法律关系的主体，并以此身份接受法院的支配。[4]然而，行政权天然具有扩张性，“会更

---

[1] 肖建国：《程序公正的理念及其实现》，载《法学研究》1999年第3期。
[2] 季卫东：《法治秩序的建构》，中国政法大学出版社1999年版，第26页。
[3] 葛先园：《论我国新行政诉讼法的审判中心主义》，载《法学研究》2016年第5期。
[4] 谭宗泽：《行政诉讼结构研究：以相对人权益保障为中心》，法律出版社2009年版，第190页。

多地考量政策和效能，倾向于加大干预的力度，较少尊重当事人的意思自治与自由处分权”。[1] 因此，行政权由主导权转变为被支配权的过程中必然形成与行政审判权之间的张力。同时，法院人财物受制于行政机关，也增加了行政权通过影响法院行政管理权的方式间接向行使审判权的法官施压的可能性。庭审实质化就是将行政行为的审查摆在法庭之上，“行政机关一旦作为当事者出现在法庭上，就有必要对成为争议对象的行政行为做出说明，为了获得胜诉结果的辩论，不仅是对法官的说服，而且也是以国民为听众展示自己行为的合理依据。在这里，行政机关不能再采取高高在上的姿态，必须在一种对等、理性的气氛中与当事者及他们背后的国民一般进行对话，司法以提供这种对话场所的方式发挥着控制权力的作用。”[2]

2. 公民权的不规范行使

在公权力面前看似弱小的公民权如果不当行使也会加重行政审判权的负担。行政权与审判权同属于国家权力，很容易使原告产生二者“官官相护”的刻板印象，很多原告带着对行政审判权天然的不信任走进法庭。如果再得到败诉的结果，极易对法官产生消极的评价。另外，实践中部分原告将行政诉讼异化为搜集证据、施加压力、谋求经济利益的工具，以监督依法行政为名，反复制造行政争议提起诉讼，造成了行政诉讼信访化趋势。在此类诉讼的庭审程序中，原告背离司法程序中具体制度设置的本意，以行使诉权为名，行阻断或拖延庭审程序进行之实，达到宣泄不满或其他不正当目的。例如，案件庭审中滥用回避权利的问题。此时，对良好社会效果的追求与实现公正高效裁判之间的张力也给行政法官造成了不小的压力。

3. 行政审判的专业性

行政审判不同于民事审判，涉及对行政机关行使初次判断权（形成行政行为）的二次判断，在提交证据、查明事实和适用法律方面均存在特殊性。行政行为的专业性决定了法官不可能仅靠阅读案卷就能准确了解专业问题，同时行政

---

〔1〕 高家伟：《公正高效权威视野下的行政司法制度研究》，中国人民公安大学出版社 2013 年版，第 253 页。

〔2〕 [日]棚濑孝雄：《纠纷的解决与审判制度》，王亚新译，中国政法大学出版社 2004 年版，第 258 页。

法律规范体系庞杂,兼具法律与政策双重内容,也需要在庭审中由双方进行必要的说明和辩论。然而,行政审判权"复审的权力"属性决定了"能够为法院所审查的内容,只能是成形的、客观的行政书面决定"。[1] 行政法官很容易产生只依赖于案卷的误区,产生排斥庭审中心主义的倾向,导致庭审走过场,庭外下功夫。"法官通过非正式开庭获取了裁判的足够信息,从而降低了对正式制度的需求,并有可能使法官形成不认真对待正式程序的习惯"[2]。而非正式程序中的干扰因素又多,难免影响法官的判断,影响案件的实体公正。庭审实质化使行政法官回归到正式的庭审程序,削减其他非正式的程序的不利影响,一方面强化了正式程序对法官行为的规范作用,另一方面也起到了"兼听则明"的效果,更有利于实现公正审判。唯有如此社会成员才能形成特定的期待,进而促成实体法的形成。[3]

从行政权、公民权与行政审判权的关系角度看,加强行政审判庭审中心化与实质化,将双方的争议及法官的审判过程公开地展示在庭审程序中,有利于减少行政权的干预,削减公民诉权不当行使给裁判者造成的压力,规范行政审判权的行使。

## 三、审判实践中制约庭审实质化的因素

### (一)审前程序的功能不彰

"审前程序是指人民法院、当事人以及其他诉讼参与人在诉讼案件登记立案后至开庭审理之前,依法进行各项诉讼活动的程序。"[4] 审前程序是法官定位行政争议性质并匹配审理程序与确定审理思路的重要环节。实践中,审前程序助力庭审实质化的功能并未充分发挥。

---

[1] 胡玉鸿:《论行政审判权的性质——"行政诉讼权力关系"法理分析之一》,载陈光中、江伟主编:《诉讼法论丛》(第7卷),法律出版社2002年版,第499页。

[2] 李季红:《庭审中心主义视角下的行政审判流程再造》,载《政法论坛》2018年第1期。

[3] [日]谷口安平:《程序的正义与诉讼》,王亚新、刘荣军译,中国政法大学出版社2002年版,第64页。

[4] 江必新、程琥:《国家治理现代化与公正司法》,中国法制出版社2016年版,第397页。

1. 争议焦点总结不到位

争议焦点制度存在的意义在于法官与诉讼参与人充分有效地利用有限的庭审时间和法庭空间，在流畅度较高的法庭审理程序中，在案件的重要问题上充分地沟通观点、交流信息，提高沟通的效率，以便提高庭审程序的质量与效率。但囿于司法资源有限和案件量大之间的矛盾，“一步到庭”仍然是多数法官的真实开庭样态，此种方式并不利于庭审实质化。

2. 繁简分流功能发挥不足

审前程序应该是法官初步判断案件情况，对于案件的繁简情况进行定位，将案件向简易程序和普通程序分流的过程。而实践中简单案件和复杂案件不做区分，采取基本一致的审理程序，司法资源未能有效配置。

3. 法官助理作用有限

法官助理在庭前准备环节充分介入，可以缓解法官的工作压力，在证据交换、案涉法律问题研讨、类案检索、争议焦点总结等方面为法官提供体力与智力的支持。而实践中，由于法官助理的数量不充足、职责定位不明确、素质参差不齐、培养机制不健全等原因致使其作用发挥严重受限。

4. 强制答辩制度不完备

《行政诉讼法》第 67 条要求被告在答辩期内提交答辩状和证据，却未申明不提交答辩状的法律后果。实践中，很多被告未提交答辩状或在庭审中提交答辩状，影响争议焦点问题的总结，造成答辩意见突袭。

（二）庭审形式化倾向突出

1. 法庭调查形式化

法官的庭审调查局限在程序性事实的询问，如收到申请时间、作出程序、邮寄时间等。缺乏主动且灵活的依职权探知程序，法官并没有将庭审调查程序理解为探知行政争议的性质、当事人的根本诉求，确定诉争焦点问题并围绕争议焦点展开法庭调查的过程。

2. 法庭辩论缺乏理性

理性的庭审辩论应该围绕案件的焦点问题陈述事实及法律观点。而实践中：第一，原告参与辩论非理性。普通百姓不会打行政官司，同时缺乏律师强制代理制度的保障，作为原告的当事人常常情绪激动，言辞激烈，但是却说不到关键问题。第二，被告方代理人在辩论中对原告陈述的事实和理由回应不足，甚至由于准备不充分或应诉能力不足（因不懂法律专业知识或因不懂专业领域的知识），也常出现“回去核实”“需要请示”等说辞。第三，法官未能充分引导各方当事人围绕案件焦点问题展开充分的辩论，甚至出现不当限缩当事人辩论时间的现象。

3. 释明权行使不充分

庭审释明权有助于平衡原、被告双方认知能力的不对等，实现双方实质法律地位的平等，同时释明权也是法官主导庭审程序高效实质推进的关键手段。而实践中，法官释明权行使并不充分。一方面，囿于行政诉讼庭审中双方对抗情绪浓烈，原告往往持“官官相护”的惯性思维，释明权行使不被理解，致使法官缺乏行使释明权的动力。另一方面，法官行使释明权的能力有限，“言多语失”的自我保护意识成为释明权行使的障碍。释明权未充分行使阻碍了庭审程序在纠纷解决效果方面的积极作用，影响争议实质性解决。

4. 庭审程序千篇一律

法规范层面部分程序类型存在缺乏或不完备，以及法官缺乏对行政争议的特点进行类型化区分进而选取针对性的庭审程序和审理思路的思维方式，造成庭审程序千篇一律，影响庭审效率，也限制庭审程序在争议化解方面的功能。

5. 证据质证形式化

一方面，行政机关普遍的做法是批量举证，法律并无要求，其也没有针对原告的事实和理由进行重点举证的行为惯性。同时，行政机关在庭审中没有尽到对提交证据和规范性依据的充分说明义务，仅依赖庭前提交的证据目录对于证据的证明目的要旨予以概括性展示。另一方面，双方质证过程中仅对于证据的关联性、合法性、真实性进行概括说明，没有阐明具体理由。对于举证责任、证明标准及证据的证明力基本没有进行辩论，仅简单说明不同意证明目的。即便当事人有意详述，法官却通常以该问题属于法庭辩论阶段应当说明的问题为由打断当事人的发言，进入辩论阶段后，法庭主要是主持当事人各方就案件的事实问题和法律适用问题阐明辩论意见，不再要求当事人就单个证据进行质证辩论。如此一来，证据质证的充分性大打折扣。

（三）合意型纠纷解决程序不完备

行政审判中合意型纠纷解决方式主要包括调解制度与和解制度，两者均存在一些亟待解决的问题。

1. 调解程序不完善

主要表现在两个方面:一是调解范围有限,难以满足司法实践需求。根据《行政诉讼法》第60条第1款"人民法院审理行政案件,不适用调解。但是,行政赔偿、补偿以及行政机关行使法律、法规规定的自由裁量权的案件可以调解"之规定,法定调解范围外的案件存在调解可能时,实践中一般会采取协调和解的方式应对,架空调解范围的规定。二是调解程序规定缺失。法律仅规定了调解的范围、原则,并未规定调解程序的具体设置及操作规范,对于调解的启动主体、调解程序的位置、主持人、具体步骤等不甚明确,使得调解制度在应用层面缺乏法定程序的指引和规制。

2. 和解制度的缺失

和解制度缺乏法律层面的依据,而是最高人民法院通过司法政策[1]确立的。司法实践中协调和解制度得到了广泛的探索和应用,主要法律规范依据是《行政诉讼法》关于撤诉的规定,将协调和解纳入撤诉制度中运行,有学者将此种行政诉讼和解制度归结为"撤诉模式"[2]。此种模式在一定程度上对于解决行政争议发挥了积极作用,但也广受诟病。比如,违背法律保留原则、协调和解与撤诉条款不具有融洽性、对撤诉申请的审查流于形式、出现协调和解制度异化的现象、与合法性审查原则相悖等。

(四)庭审规范与司法礼仪未得到充分重视

审判实践中,大体上将庭审程序分为示范庭审和一般庭审。案件关注度高、媒体集中报道的示范庭审,会采取全流程的详细庭审设计,比如,庭前法官入庭的规范(入庭位置、全体成员起立等)、书记员宣读庭审纪律、庭审中的仪表仪态、庭审语言规范、庭审结束后法官退庭规范等。审理一般案件,为节约时间,会省略其中仪式性(司法礼仪)的部分,降低对庭审细节的关注。随着司法

---

〔1〕 最高人民法院《关于为构建社会主义和谐社会提供司法保障的若干意见》提出,探索行政诉讼和解制度。《关于进一步发挥诉讼调解在构建社会主义和谐社会中积极作用的若干意见》提出,对于行政诉讼案件,人民法院根据案件实际情况,参照民事调解的原则和程序,尝试推动当事人和解进程。

〔2〕 湛中乐等:《行政调解、和解制度研究——和谐化解法律争议》,法律出版社2009年版,第98页。

公开的深入推进,审判流程公开渠道的扩展,尤其是具有公开性、直观性、实时性等特征的庭审直播系统的启用,将法庭审理的全过程通过网络向大众公开,对于庭审程序的规范化和仪式性提出了更高的要求,庭审中的不规范之处逐步暴露出来。

实际上,庭审的规范化和仪式感是树立司法权威的重要形式化因素,直接影响诉讼参与人和社会公众对庭审程序最朴素直观的公正感觉,影响法官庭审指挥权及司法公信力。与实体性因素相比较而言,程序性因素更能影响人民群众对司法工作的信任程度。然而长期以来,"重案件实体判决、轻庭审程序规范"的现象在行政审判程序中普遍存在,且囿于司法效率与司法人员供给之间的矛盾,庭审程序的规范化和仪式感遭到了忽视。具体表现在:

1. 庭审流程缺乏程序正当性

法官对于程序问题的司法裁量不符合正当程序的要求,对于当事人诉权保障不充分。比如,庭审流程的随意简化、对当事人辩论时间的不当限制等。

2. 忽视庭审细节与司法礼仪

如前所述,审判实践中,重大典型案件的示范庭审,会采取全流程的详细庭审设计,关注司法礼仪。审理一般案件则会省略对于庭审细节的关注,不太注重司法礼仪,庭审较为随意。

3. 对当事人诉讼行为的规制不足

庭审规范性不仅意味着庭审程序、法官行为的规范,还包含庭审参与者的行为规范。审判实践中常出现当事人背离争议焦点问题长篇大论、情绪激动、言语缺乏理性、不当行使程序性权利、"闹庭"等情况,法官对上述问题缺乏有效的引导和规制。

(五)负责人出庭制度推进有限

原告怀着"告官见官"的期待参与诉讼,而"告官不见官"的现实往往使其产生心理落差,怀疑行政机关解决行政争议的诚意。被告行政机关的诉讼代理人又不能代表行政机关作出最终处分性决定,关键问题往往需要请示。如此一来,既影响了庭审效果,又耗费了司法与行政资源。为纾解上述困境,2004 年国务院在《全面推进依法行政实施纲要》中首次提倡行政首长积极出庭应诉。2007 年最高人民法院在《关于加强和改进行政审判工作的意见》中进一步部署和推进负责人出庭应诉工作。2014年修正的《行政诉讼法》从法律规范层面正式确立了负责人出庭应诉制度。2020年最高人民法院发布《关于行政机关负责人出庭应诉若干问题的规定》,进一步细化了负责人出庭应诉的操作规范,使行政机关负责人出庭应诉制度得以落地。

实际上,行政机关的负责人参加庭审活动不仅有利于行政争议的实质性解决,同时也是负责人开展实地调研的重要方式。案件庭审中反映出的具体问题往往是真实情况的再现,以法庭作为调研场所,可以准确发现人民群众的实际需求与行政机关法治供给能力不足之间的矛盾,进而采取有针对性的措施,回应人民群众对法治政府的期待。然而,《行政诉讼法》关于负责人出庭的制度设计在实践中没有得到有效落实,负责人并未常态化地积极主动出庭应诉,而是完成各地政府制定的指标而已。中央国家机关的负责人出庭应诉更是凤毛麟角,北京法院审理的以中央国家机关为被告的案件中,行政机关负责人出庭应诉仅存一例,与每年上千件案件量不相匹配。

经过向部分中央国家机关发送调查问卷,笔者了解到受访机关负责人出庭难以落实的原因主要有:负责人出庭应诉的相关法律规定具有宣誓性,并未规定法律后果及具体的操作程序;行政首长公务繁忙;行政机关存在顾虑,不同机关之间存在比较,不想作为第一个"吃螃蟹"的人;典型案件选择局限性及行政案件原告的特殊性,致使庭审效果难以保障;行政首长出庭情况下,各方面准备工作复杂、难度大,对于法院的应对能力尚存疑虑。

## 四、行政审判庭审实质化的宏观价值平衡

### (一)目的论角度:均衡实现立法目的

作为行政审判法规范来源的《行政诉讼法》确立了保护私权利、规范公权力与解决行政争议的立法目的[1]。规范权力、保障权利与化解争议三者中,保障权利是核心目的,规范权力是独特功能,化解争议是基础功能。三者有不同的

[1] 《行政诉讼法》第1条规定:"为保证人民法院公正、及时审理行政案件,解决行政争议,保护公民、法人和其他组织的合法权益,监督行政机关依法行使职权,根据宪法,制定本法。"

价值面向,保障权利面向人本价值,规范权力面向法治政府建设,而化解争议面向社会秩序稳定价值,三者的效果实现最终都指向人民的福祉。良好的行政审判运行应该是三者的综合实现,不可偏废。庭审实质化的制度设计同样应考虑上述立法目的的综合实现。在价值取向上是功能的兼顾,“权力必须受到制约,行政纠纷必须得到解决,行政损害应当得到救济”[1]。

从目前的庭审实践看,可将发挥庭审程序在实质解决争议方面的功能作为重点。行政争议实质性解决的标准前文已经论及。具体到庭审程序,法律共识效果强调的是庭审程序的法律效果,即法官应该严格遵守法定程序,同时法官的创造性程序应该建立在法律人职业共同体的基本共识之上,避免出现遗漏法定程序以及创新程序违反法律原则等问题。纠纷解决效果强调的是案结事了、服判息诉,即法官在保障当事人程序性权利的基础上,通过庭审程序准确定位当事人的根本诉求,并协调法律规定、法律价值与公共政策、道德习俗,以符合社会一般人的正义观与利益观,以当事人能够理解的语言和表达方式释明法律规则,进而使当事人理解法言法语,形成合理的诉讼预期,促进争议解决。[2]社会教化效果强调的是,通过个案争议解决程序引导社会公众确立法治观念,即宣扬行政审判特有的监督并尊重行政机关的职权行使行为,保护并规范当事人的诉权行使行为,三方高效协同,实质解决争议的基本工作理念。

(二)制度论角度:协同主义庭审模式

“当事人主义是指诉讼的开始与进行、诉讼请求的确定、诉讼资料和证据的收集及证明主要由当事人负责的制度设计,它突出当事人在诉讼中的主体地位,注重当事人双方地位和权利平等,要求法官只起消极公断人的作用,所采取的是对抗式程序。职权主义虽也注意当事人的地位平等,但较为强调法院在诉讼中的主导地位。”[3]一般而言,英美法系国家奉行当事人主义行政审判模式,大陆法系国家及我国台湾地区采取职权探知主义诉讼模式。实际上两者并无优劣之分,也很难泾渭分明,而且当代出现了交叉与融合的现象,相互借鉴彼此

---

[1] 何海波:《行政诉讼法》,法律出版社2011年版,第6页。

[2] 肖克:《试论行政争议的实质性解决与行政裁判文书的改革》,载卞建林主编:《诉讼法学研究》(第22卷),中国检察出版社2018年版,第261页。

[3] 杨伟东:《权力结构中的行政诉讼》,北京大学出版社2008年版,第197页。

的优势弥补各自程序的不足。

一般来说,行政审判庭审过程不仅是当事人与法院之间的信息交换的相互作用过程,也是当事人之间的信息交换的相互作用过程,吸收职权主义与当事人主义两种模式的优势,将参与主体之间的信息交换关系变成多关系结构的双向流转,更能够有效吸收各方的观点信息,达到"兼听则明"的效果。

行政诉讼庭审实质化改革应该兼采两种诉讼模式之长,设计协同主义模式。其中具有职权主义特点的程序设计主要针对行政行为的全面审查原则,关注的是行政审判监督依法行政的功能。意在弥补行政诉讼中原告本身的弱势地位及诉讼能力不足的实际情况,"允许审理案件的法院拥有职权探知案件事实的权力,使得原告能借助法院的一臂之力实现与行政机关武器平等的基本公平,以法院的职权调查矫正行政程序中当事人双方不对等关系"。[1] 具有当事人主义特点的程序设计面向的是诉讼民主化,关注的是当事人的诉权(参与权、表达权),重点围绕争议焦点问题发挥直接言词原则、辩论原则在查明案件事实、明确法律适用、法官心证确信等方面的作用。

协同主义的另一层含义是在法官庭审主导义务与当事人庭审协力义务基础上形成作业共同体,共同推进庭审程序的高效进行,协商解决争议。即"在对抗式的审判模式之中逐步增加合意性、合作性的因素,添加诸如公共政策协商、争议和解、诉讼契约之类的程序机制,最终逐步将对抗式的审判模式改造为合作性的审判模式"。[2] 这层含义是面向未来公私合作伙伴关系的建构而言的。

(三)机制论角度:庭审运行刚柔并济

庭审实质化意在充分发挥庭审在采纳证据、查明事实、争点辩论、法律适用、解决争议方面的积极作用。庭审功能的充分发挥有赖于庭审程序的设计,理想的程序应该刚柔并济。

刚性体现在庭审的规范性,通过法庭设计、司法礼仪、庭审秩序、扰序惩戒、法官庭审指挥权等要素,让当事人产生对法律的敬畏,对法官的尊重,规范诉权行使行为。

---

〔1〕 杨伟东:《权力结构中的行政诉讼》,北京大学出版社 2008 年版,第 199 页。

〔2〕 高家伟:《公正高效权威视野下的行政司法制度研究》,中国人民公安大学出版社 2013 年版,第 387 页。

柔性则体现为协作性。第一，以法官释明权消解“法律语言”与出庭人员“生活语言”之间的差距，了解当事人的根本诉求，引导当事人规范诉讼请求。释明权起到类似于裁判文书中说理的功能，实际上就是在庭审中说理，理解才是认同的基础，当事人听明白才能对法庭关注的问题说明白。第二，通过调解、和解促成双方协商解决争议。在法官的主持或者引导下，双方达成共识，形成解决争议的方案。此种方式比通过判决方式解决争议更经济，更容易得到“案结事了”的结果。第三，给予当事人充分陈述的机会，作为宣泄的渠道。“以司法对话，乃至于抗争的渠道，这在中国目前的行政诉讼当中，也颇为常见。很多民众的起诉是为了出一口气，而这样的理想诉求并不符合理性人的成本收益考量。”〔1〕但是“在中国，民众得以表达自己意愿的民主机制或者完全没有、或者处于初级阶段”〔2〕的情况下，庭审程序实际上部分承担着消解戾气、维护稳定的功能。

刚柔并济意味着在庭审程序中贯彻程序合作主义理念。一般认为通过审判解决案件实体问题才能够实质解决争议，然而案件涉及的法律问题经常与当事人的根本诉求并不一致。实践中，行政争议的实质性解决不仅体现在通过判决行政机关败诉，监督行政机关依法行政的方式来实现，也可通过充分发挥庭审程序促进当事人协商合作的功能，从而满足当事人根本诉求的方式得以实现。其实行政审判法官在坚持法定审判程序的同时，也坚持着司法能动主义，通过行使释明权的方式，促进各方达成解决争议的共识。“在合作主义模式中，既没有为所欲为的当事人，也没有事事躬亲的法官，传统的双方诉求抗争转变为法官和当事人形成的作业共同体，当事人和法官均积极行使权利或职权推动诉讼的快速进行。”〔3〕

合作主义视野下的行政法官，一方面承担着监督公权力行使的职责，另一方面承担着平衡利益冲突，整合社会力量的协调者责任。法官应以解决争议为导向，成为协商各方的召集者和各方达成共识的助成者，以便协商确定争议解

---

〔1〕 应星、汪庆华：《信访、行政诉讼与公民权利救济中的二重理性》，载江平、吴敬琏主编：《洪范评论》（第3卷第1辑），中国政法大学出版社2006年版。

〔2〕 汪庆华：《政治中的司法：中国行政诉讼的法律社会学考察》，清华大学出版社2011年版，第35页。

〔3〕 孟亮：《合作主义诉讼模式视角下的民事诉讼法律关系研究》，对外经济贸易大学2014年博士学位论文，第47页。

决方案。例如,行政协议案件,可以通过庭审矫正行政协议签订过程中的瑕疵,如意思表示不够清晰、公益目的的定位不够准确、地位安排不够公平等,使协议内容更加完善,使庭审过程成为一种继续(后续补充)的契约缔造过程,成为一种理性对话、寻找更多共识的商谈过程。

(四)价值论角度:平衡公正与效率价值实现分配正义

司法公正与司法效率从某种意义上来说是一对相生相克的价值追求。司法公正要求实体公正和过程公正,实体公正包括认定事实清楚,适用法律正确,结果恰当。过程公正要求诉讼程序民主,遵照法定程序和正当程序原则,保障当事人程序性权利。公正价值是司法制度的核心价值。与此同时,司法效率价值也是诉讼制度设计的重要追求。追求司法效率一方面是因为司法资源的有限性。司法审判活动本身并不能直接导致社会资源总量的升值,它是以判断权利义务关系为手段均衡社会价值分配的有效方式,通过司法程序,不平衡的利益分配现状得以改变,不同利益主体之间的利益以法定规则的方式得以合理分配。这就意味着司法活动始终表现出消耗社会公共资源的面向,也要求合理配置司法资源达到以最少的司法资源消耗解决最多纠纷的理想效果。另一方面,效率价值也体现出对公正价值的反作用,即迟到的正义是非正义、司法投入成本和保护的价值之间符合比例。

庭审实质化应当平衡公正与效率价值,实现司法资源的优化配置。对此可以从以下几个方面考虑:

1.时间维度

时间的耗费与判决准确性之间存在密切关联。过长的时间消耗使得案件久拖不决,在时间的流逝中证据灭失的风险显著提升,可能影响判决准确性,久拖不决也可能导致迟到的结果失去了意义;而匆忙下判则可能导致裁判错误的风险,包括结论错误和文字笔误。案件审理时间短是效率高的直接表现,法定审限设置就是考虑提高效率,但是司法制度对公正价值的追求是核心,不能以牺牲公正为代价追求效率,对此应该修正司法实践中不合理的考核指标。

分配司法资源必须考虑具体个案的难易程度,以确保每个案件分配适当的时间和注意力。司法资源的合理配置意味着针对案件的繁简情况进行分流,如果缺少这个分流程序,简单案件占用了普通程序的资源,拉长了审判程序,“杀鸡用了牛刀”。进而影响需要倾注精力的疑难复杂案件的司法资源投入。对此,繁简分流制度不失为应对之策。在司法资源有限的客观现实下,在立案登记制和法官员额制等改革措施加剧了司法资源供给和需求之间矛盾的背景下,更应该设置科学的繁简分流制度。对于简易案件,完善现有的简易程序操作规范,使简易程序真正发挥作用。对于复杂案件,进行类型化构建,针对不同的案件类型匹配针对性的审理程序,进而提升效率。

2. 成本维度

成本维度的考量涉及法院的审理成本和当事人的诉讼成本两个方面。前者如法官的报酬、法官的激励机制、办公设备的配置等。报酬和激励机制直接影响法官对于案件的精力投入,试想一名还需要为生活奔波的法官,很难要求其将全部精力奉献于案件。优良的办公设备的辅助会节约法官的办案时间,比如,随着对司法公开的要求日益深入和全面,公开设备的运行效果不良和高故障率却成为了掣肘因素。

后者涉及诉讼费用制度和律师代理制度。诉讼费用是当事人承担还是使用纳税人的钱(财政)支付,不仅涉及诉讼文明的程度,也涉及诉讼引导的功能。具体到行政诉讼,低廉的诉讼费形成了鼓励诉讼的倾向,没有起到规范引导公民正当行使诉权的功能,导致大量不适合诉讼解决的纠纷流向法院,加剧了司法资源的有限性和司法救济高需求的矛盾。反之,高额的诉讼费用也会导致本就受到权利侵害的贫穷当事人遭到不公平的程序待遇,减损当事人诉权,导致司法资源分配不正义,影响司法文明的进程。对此,合理的制度设计是提高目前的收费标准,以遏制滥诉的情况,同时配置合理的费用减免制度,以保障生活存在困难的当事人获得及时充分的司法救济。

是否推行律师强制代理制度同属两难决策。一方面,由于行政诉讼的专业性,缺少律师代理严重影响诉讼效果,限制当事人权利救济。行政审判实践中,原告方以自然人居多,试想一下,专业法官和律师上手行政审判业务尚需长年累月的专业训练,作为原告的普通公民不擅长,甚至不会进行行政诉讼也属正常。起诉状洋洋洒洒却偏离案件争议焦点,庭审陈述情绪激动、慷慨陈词却说不到点上。另一方面,强制律师代理必将增加当事人的负担,造成富裕的当事人得到司法救济的程度和效果明显优于一般当事人,形成“法律剪刀差”。对此,律师强制代理制度与加强公共法律服务相结合是解决的路径之一。

3.空间维度

庭审实质化的空间维度考量的是庭审程序各阶段之间的关系,主要涉及庭前准备程序与庭审程序的关系。

对此,有观点认为,根据心理学的研究,法官一旦在庭前接触被告提供的案件材料会对案件形成不易改变的初步印象,导致"未审先定"。庭审实质化需要克服庭前程序形成的心理预设,贯彻直接言词原则,应采法官一步到庭或预审法官与庭审法官分离的方式。[1] 在国外也有庭审法官与预审法官分离的庭前阻断机制先例。

笔者认为,不能将主审法官排除于庭前准备程序之外。理由有三个:一是先入为主不等同于内心确信,有初步的预判有助于实现庭审实质化,庭审辩论也是对庭前预判的修正过程,以达最大限度实现实体公正。二是法官责任制要求法官要对自己案件承担终身责任。由于追责机制的作用,法官会有参与庭前程序的冲动,无论是出于能力有限的顾虑还是追责机制的压力,法官都不可能将心证过程只放在庭审过程中。"责全法官在有限的庭审空间里通过听讼,对一个案件作出即时性判断的观点,不仅违背司法正义的客观性,而且违背人类认识客观世界的认知规律和思维规律。"[2]三是庭审效率的考量。一步到庭很容易产生诉讼迟延、增加诉讼成本等问题。综上,充分调动法官助理在庭前程序中的积极作用,以分担法官的工作量,法官则通过庭前会议掌握案件基本情况的做法比较妥当。

## 五、推进行政审判庭审实质化的核心制度设计

行政审判庭审实质化改造是一个系统工程,既涉及对诉权的保障、对审判权的规制、对行政权的监督等结构性(诉权、审判权和行政权构成的三方诉讼结构)完善问题,涉及审理程序与行政争议的对应性(繁简、急缓、解决争议实效)

[1] 李季红:《庭审中心主义视角下的行政审判流程再造》,载《政法论坛》2018年第1期。

[2] 葛天博:《庭审实质化改革的机制冲突》,载《浙江工业大学学报(社会科学版)》2017年第1期。

等程序类型化制度设计。笔者认为，推进行政审判庭审实质化的核心措施是以诉讼类型化的思维确定审理规则、厘清个案的庭审思路及以争议类型化的思维完备庭审程序类型、选取有利于个案争议解决的针对性程序。

（一）以诉讼类型化思维厘清类案审理规则和庭审思路

1. 诉讼类型化思维的含义

"诉讼源于社会的法律纠纷，由于社会法律纠纷有不同的性质和类型，所以诉讼也就可以相应地划分为不同类型。正是基于这一诉讼原理，诉讼类型化成为当代世界诉讼制度发展的重要趋势之一。"[1]所谓行政诉讼类型化，有学者认为意指，"公民、法人或者其他组织可以行政诉讼请求救济且法院仅在法定的裁判方法范围内裁判的诉讼形态"[2]。"为了解决行政诉讼对权利救济请求缺乏回应性、对行政权力的行使方式缺乏针对性、审判方式缺乏科学性以及解决纠纷无法做到实质性等问题，最重要也是最有效的办法就是引入行政诉讼类型化的思想。"[3]笔者认为，法官掌握诉讼类型化思维是实现行政审判庭审实质化的关键，尤其是在以裁判方式解决行政争议时，作用尤为明显。

2. 行政诉讼类型化的理论争鸣

我国《行政诉讼法》未明确规定行政诉讼类型，学理上根据不同的标准产生了多种分类方式。代表性的观点有："两类五种说"[4]"两类七种说"[5]"大三

---

〔1〕 樊崇义：《诉讼原理》，法律出版社2001年版，第550～551页。

〔2〕 蔡志方：《行政救济法新论》，台北，元照出版公司2000年版，第170页。

〔3〕 李广宇、王振宇：《行政诉讼类型化：完善行政诉讼制度的新思路》，载《法律适用》2012年第2期。

〔4〕 按照原告的诉讼目的，将行政诉讼种类划分为行政行为之诉和行政赔偿之诉。行政行为之诉包括撤销之诉、重作之诉、限期履行之诉和变更之诉。行政赔偿之诉，争执点一般是具体行政行为是否造成损害的后果、损害的程度，与行政行为之诉在审理程序和审判权限方面有所不同。皮纯协、胡锦光：《行政诉讼法教程》，中国人民大学出版社1993年版，第125～127页。

〔5〕 我国行政诉讼类型宜划分为个人救济之诉（主观诉讼）与公法秩序诉讼（客观诉讼）两大类。考虑到两者价值追求不同，诉讼制度构造差异很大，完全分设会导致诉讼的复杂和高昂成本，应建立起以主观诉讼为主、客观诉讼为补充的诉讼结构体系。在此基础上，个人救济之诉包括四类，即纠正违法行为诉讼、当事人诉讼、行政赔偿诉讼和行政合同诉讼。公法秩序诉讼包括三类，即公民监督诉讼、国家监督诉讼和执行诉讼。薛刚凌：《行政诉权研究》，华文出版社1999年版，第175页；《行政诉讼类型研究》，载《诉讼法学研究》（第1卷），中国检察出版社2002年版，第372～378页；《行政诉讼法修订基本问题之思考》，载《中国法学》2014年第3期。

类说"[1]"三类七种说"[2]"四类说"[3]"五类说"[4]"六类说"[5]。

总体而言,大多数学者比较支持行政诉讼类型化,认为诉讼类型化更有利于拓展行政诉讼受案范围、保护公民诉权、提高诉讼效率、深化监督行政权、实现行政诉讼制度体系化、行政争议明晰化、审理程序规范化、行政法官专业化等。需要注意的是,专家学者对行政诉讼类型化理论的担忧和对行政诉讼实践的观察仍需要我们高度关注。如有学者认为,"在法解释学不够发达、相应的配套机制不够完善的情况下,单纯的行政诉讼类型化,往往意味着限制诉讼方法,增加起诉过程中原告选择的负担,可能成为限制私人诉权的法定依据;往往意味着限制判决方式,也无助于私人的实体权利救济"[6]。有学者对诉讼类型制度的功能定位进行了分析,认为诉讼类型制度并不具有完善行政诉权、拓展受

---

〔1〕 按照诉讼标的的内容和性质来划分行政诉讼种类,分为确认之诉、给付之诉、形成之诉。江必新:《行政诉讼法——疑难问题探讨》,北京师范学院出版社 1991 年版,第 86~89 页。

〔2〕 以诉讼请求为主导型区分标准,我国行政诉讼的基本类型应包括行政撤销之诉、行政给付之诉和行政确认之诉三大类。再以诉讼标的为标准,对上述三大类进行再区分。行政撤销之诉分为原行政行为撤销之诉与行政复议决定撤销之诉。行政给付之诉分为课予义务之诉(给付对象是行政行为)与一般给付之诉(给付对象为行政行为之外的其他给付)。行政确认之诉分为无效确认之诉、违法确认之诉与行政法律关系存在确认之诉。鉴于现代给付行政内涵的不断拓宽和手段的日益多样,给付之诉可再进行精细化,课予义务之诉分为行政不作为之诉与行政拒绝作为之诉。一般给付之诉分为财产给付之诉、非财产给付之诉、行政合同给付之诉与预防性不作为之诉。章志远:《社会转型与行政诉讼制度的新发展》,北京大学出版社 2019 年版,第 89~90 页;《行政诉讼类型化模式比较与选择》,载《比较法研究》2006 年第 5 期。

〔3〕 以当事人的诉讼请求为标准,可将我国的行政诉讼类型划分为:行政撤销之诉、课予义务诉讼、行政给付诉讼和行政确认诉讼。吴华:《行政诉讼类型研究》,中国政法大学 2003 年博士学位论文,第 106 页。

〔4〕 我国行政诉讼类型应先确定为确认之诉、撤销之诉、变更之诉、履行之诉和赔偿之诉五大类型。应在行政诉讼法中规定不同诉种的诉讼程序,分别确定起诉条件、法院审理规则和权限、举证责任、对诉讼请求的实体审查以及判决形式等具体制度,适用范围的规定应灵活以便适应司法实践的需求。条件成熟时,将针对事实行为和行政机关制定的规范提起的诉讼、协会之诉、民众之诉以及公益诉讼等诉讼形式纳入上述五类中。刘飞:《行政诉讼类型制度探析——德国法的视角》,载《法学》2004 年第 3 期。

〔5〕 以原告诉讼请求为标准,我国行政诉讼诉的种类有确认之诉、撤销之诉、变更之诉、赔偿之诉、履行之诉和给付之诉。姜明安:《行政法与行政诉讼法》,北京大学出版社 2011 年版,第 414 页。

〔6〕 杨建顺:《行政诉讼的类型与我国行政诉讼制度改革的视角》,载《河南省政法管理干部学院学报》2005 年第 4 期。

案范围、完善行政诉讼结构与程序等功能，并提出应着力完善诉讼要件制度。[1] 也有专家学者从行政诉讼法规范依据和行政审判实践观察的角度，总结出我国行政诉讼制度实际上采取了以行政行为合法性审查类型化为中心的判决方式类型化的思路。[2] 另外，对于诉讼类型是否法定化的问题，学界观点亦存在较大分歧。主张者主要强调诉讼类型法定化在明确性和可操作性方面有优势[3]，而不支持法定化的论者主要认为法定化在灵活性和适应性方面存在弊端。亦有论者认为，"行政诉讼类型化的应然路径，应当是以原告的诉讼目标为导向，由法官通过司法裁判进行续造和完善"[4]。

正如绪论中对于国家治理现代化的进程描述一样，从政府管理到国家治理的转变过程带来了从政府行为到行政法再到行政诉讼法的一系列传导性变化。在自由法治国理念下，政府管理行为主要体现为高权行政，与此相适应"行政行为形式论"成为了行政法的基本理论，行政法的主要功能就在于通过法律优位及法律保留原则对行政权进行控制，避免超越法律界限的违法行政行为对公民权利的侵害。在行政诉讼制度中则表现为单一的撤销之诉或称"撤销诉讼一体主义"。在此背景下，行政诉讼类型化确无必要。"二战"以后，社会法治国理念盛行，政府不再如之前一样无所作为，而需要积极给付，以满足个人生存发展的需要，给付行政的权重逐步取代高权行政。因应多样化的行政任务，行政计划、行政指导、行政协议等新类型行政行为在行政管理实践中的应用得到拓展，行政授权立法大量增加，行政裁量空间日益扩

---

〔1〕 刘飞：《行政诉讼类型制度的功能》，载《法学研究》2013 年第 5 期。

〔2〕 "从相关司法解释来看，以类型化的方法论为突破口，针对不同行政领域的不同类型行政行为的特殊性，设置不同的审查范围、审查强度、审查标准和审查方式，是最高人民法院在 30 多年来一以贯之的一个做法，行政行为合法性审查类型化因此是一个具有鲜明时代特色的行政审判实践课题。"高家伟主编：《行政行为合法性审查类型化研究》，中国政法大学出版社 2019 年版，第 4 页。"我国行政诉讼法近四十年的立法和司法实践，走出了一条以行政行为为核心，兼顾监督权力、保障权利、实质化解争议三重目的，通过判决方式类型化，逐步实现行政诉讼制度精细化的发展道路。"郭修江：《行政诉讼判决方式的类型化》，载《中国审判》2018 年第 7 期。

〔3〕 章志远：《行政诉讼类型化模式比较与选择》，载《比较法研究》2006 年第 5 期；王丹红：《诉讼类型在日本行政诉讼法中的地位和作用——以我国〈行政诉讼法〉修改为观察视角》，载《法律科学》2006 年第 3 期；翁岳生主编：《行政诉讼法逐条释义》，台北，五南图书出版有限公司 2002 年版，第 56 页。

〔4〕 龙非：《行政诉讼类型法定化之反思——基于比较法分析的视角》，载《行政法学研究》2016 年第 6 期。

展,偏重过程正当性的"行政过程论"兴起。与此相应,出于提供救济方式的多元化需求,行政诉讼中的给付之诉、确认之诉等新的诉讼类型打破了"撤销诉讼一体主义"的格局,"这就使得一直铁板一块的诉的种类系统开始松动——它已经开始排斥仅仅专注于点对点调整的撤销之诉和义务之诉,并使给付之诉和确认之诉获得了重要性,因为这两类诉就上述那些新型行政方式而言,显得更加灵活"。[1] 从上述背景变化来看,行政诉讼类型化随着国家治理现代化的步伐逐步走进了行政诉讼制度的理论研究视野和各国行政诉讼立法和实践中并成为一种趋势。

3. 诉讼类型化思维下的审理规则及庭审思路

(1)主客观诉讼的分野。各国的实体法层面均未直接规定主观诉讼或客观诉讼,对主观诉讼和客观诉讼的划分属于行政诉讼理论范畴。一般认为,主观诉讼和客观诉讼的分类方法,由法国的莱昂·狄骥教授于 1911 年创立,经德国、日本学者借鉴在行政诉讼法学研究中广泛使用,成为大陆法系国家对行政诉讼类型的学理划分方式。[2] "尽管影响主观诉讼与客观诉讼划分的要素很多,但最主要的要素是诉讼目的的设计。如果诉讼的目的在于保护原告自身的权益,这种诉讼就是主观诉讼;相反,如果诉讼的目的在于维护公共秩序,这种诉讼就是客观的。"[3]关于我国行政诉讼制度是(或应当是)属于主观诉讼还是

---

〔1〕 [德]弗里德赫尔穆·胡芬:《行政诉讼法》,莫光华译,法律出版社 2003 年版,第 17 页。

〔2〕 [英]布朗·贝尔、[法]加朗伯特:《法国行政法》,高秦伟、王锴译,中国人民大学出版社 2006 年版,第 172 页。狄骥认为应根据讨论问题的性质分类,将以前的分类法变更成为二分法:(a)是关于行政机关在与公民打交道时违反了应遵守的普遍适用的某些规则和法律;或者(b)争论的问题是否关于违反了原告独享的某些权利。分类(a)称为客观诉讼,最好的例子就是撤销之诉;第二种分类(b)成为主观诉讼,其中的合同之诉非常典型。因为违反行政合同仅仅是触犯了合同另一方主体的权利,或者说行政机关的侵权行为仅仅只使受害方受到侵害。

〔3〕 胡建淼:《行政诉讼法》,法律出版社 2019 年版,第 15 页。

客观诉讼,学界并未达成一致意见。[1]

(2)主客观诉讼的双层含义。笔者认为,主观诉讼和客观诉讼具有双层次含义。第一层次的含义体现在诉讼模式方面,即行政诉讼制度的基本定位。换言之,从整体上看,将行政诉讼定位为主观诉讼或客观诉讼,抑或以主观诉讼为主还是以客观诉讼为主,进而定位行政诉讼的整体制度构造。这个层面的划分涉及公民权利、行政权与司法权的关系定位,主要表现为确定行政诉讼法的立法目的。

第二层次的含义体现为具体诉讼类型,即根据具体的诉讼类型的诉讼目的定位的不同区分主观诉讼类型与客观诉讼类型,进而针对具体的诉讼类型设置对应的诉讼规则。

(3)我国行政诉讼的主客观属性及审理规则建构。从行政诉讼制度整体定位角度看,立法者通过行政诉讼法的立法目的条款确定了其所追求的目标是保护公民合法权益、解决行政争议和监督行政机关依法行政的均衡实现。因此,我国行政诉讼模式定位是主客观诉讼兼备。从具体的主、客观诉讼类型的角度看,现行《行政诉讼法》并未采取诉讼类型化的思路。然而,区分不同诉讼类型的意义就在于设置与之相应的审理规则,法官掌握类型化的分析方法有助于将个案归类并确定不同的庭审思路。2014 年修正的《行政诉讼法》实施后,我们可以大致通过判决方式和具体制度设计对应于两种不同的诉讼类型。以行政行为合法性审查为核心的撤销之诉、规范性文件的附带性审查制度、检察机关提起行政公益诉讼制度等可归类为客观诉讼类型,而履行法定职责之诉、确认

---

〔1〕 有学者认为我国现行行政诉讼制度是一种主观诉讼。如于安:《发展导向的〈行政诉讼法〉修订问题》,载《华东政法大学学报》2012 年第 2 期;杨建顺:《〈行政诉讼法〉的修改与行政公益诉讼》,载《法律适用》2012 年第 11 期。有学者认为属于客观诉讼。如梁凤云:《不断迈向类型化的行政诉讼判决》,载《中国法律评论》2014 年第 4 期;成协中:《论我国行政诉讼的客观诉讼定位》,载《当代法学》2020 年第 2 期。亦有观点认为,我国行政诉讼不是完整的主观诉讼,也并非完整意义上的客观诉讼。如薛刚凌认为,"我国行政诉讼既不是完整意义上的主观诉讼,也不是完整意义上的客观诉讼,诉讼请求的主观性与法院审判的客观性使得我国行政诉讼在构造上呈现出一种扭曲的'内错裂'形态"。薛刚凌、杨欣:《论我国行政诉讼构造:"主观诉讼"抑或"客观诉讼"?》,载《行政法学研究》2013 年第 4 期。王天华认为,"在总体意图中,'两者并重'或者'两种兼具';在'入口'(原告资格),强调权利救济目的与主观诉讼性质;在'过程'(审理)与'出口'(判决),突出监督行政合法性的目的与客观诉讼性质"。王天华:《行政诉讼的构造:日本行政诉讼法研究》,法律出版社 2010 年版,第 271 页。

之诉、赔偿之诉、行政协议之诉、民事争议一并解决制度等可归类为主观诉讼类型。

“设立行政诉讼制度所要达到的目标直接影响到诉讼类型的构建。诉讼种类的增加、行政裁判权的扩大及行政裁判程序的司法化等只是手段或方法,必须先确立目的,再研究方法,否则将舍本逐末。”〔1〕因此,诉讼制度整体上对于主观诉讼和客观诉讼的模式定位非常重要。然而整体上的功能定位并不是影响具体主客观诉讼类型功能实现的决定因素。整体上的主观诉讼定位,也需要通过完善主观诉讼类型以更全面地保障合法权益,同时立法者应该综合考量,合理增设客观诉讼类型以实现公法秩序维护的功能。比如,德国行政诉讼类型化的基本思路是“以主观诉讼为核心采取了三分法的结构模式,亦即将行政审判的主要目的定位在公民主观权利的保护,在按照诉讼目的和请求分为形成制度、给付制度、确认制度三大类型,在此框架内进行内部更为细致的类型化”。〔2〕在主观诉讼为核心的制度设计之外,德国也存在协会之诉和规范审查之诉、机关诉讼等客观诉讼类型,以便实现维护客观法秩序的功能。相反,客观诉讼定位的诉讼模式中,立法者也应该考量完善主观诉讼类型,或者有其他主观诉讼类型互相补充,以便实现客观法秩序维护功能的同时,实现合法权益保护功能。比如,法国行政诉讼(狭义)中受案范围及以审查行政行为合法性而设计的诉讼程序都表明,法国行政诉讼(狭义)从整体上看主要是以监督行政机关行政行为为目的的客观诉讼,“客观诉讼是起源与主流”。〔3〕但是从主客观诉讼类型上看,主观诉讼类型包括完全管辖之诉、契约诉讼和准契约诉讼,客观诉讼类型包括撤销之诉、合法性审查之诉、大多数请求复核的诉讼和选举诉讼。〔4〕“概括而言,不管起始于主观诉讼还是客观诉讼,目前几乎没有国家只

---

〔1〕蔡志方:《行政救济法新论》,台北,元照出版公司2000年版,第109~114页;《行政救济与行政法(一)》,台北,三民书局1993年版,第338页。

〔2〕高家伟:《公正高效权威视野下的行政司法制度研究》,中国人民公安大学出版社2013年版,第228页。

〔3〕薛刚凌、杨欣:《论我国行政诉讼构造:“主观诉讼”抑或“客观诉讼”?》,载《行政法学研究》2013年第4期。

〔4〕高家伟:《公正高效权威视野下的行政司法制度研究》,中国人民公安大学出版社2013年版,第235页。

存在单一的主观诉讼或单一的客观诉讼，行政诉讼构造的意义更多的在于构建与之相匹配的诉讼规则，以有效地实现不同的诉讼目的，这是区分主观诉讼与客观诉讼的实益。"[1]因此，研究主观诉讼与客观诉讼的主要意义在于如何理顺不同性质诉讼类型的审理规则，以便保证逻辑上的顺畅。进而使不同诉讼类型在整体的框架内能够达成和谐的状态，各自发挥类型优势，以达合法权益的无漏洞保护与公法行为的有效监督双重功能的实现。

从这个逻辑起点出发，主观与客观诉讼类型在诉讼标的、原告主体资格、审理规则及程序、判决种类及效力等诉讼规则方面有明显的差异，法官的庭审思路重点相应亦有区别。在原告主体资格方面，前者限于行政行为的"利害关系人"；后者相对宽松，要求原告对被诉事项享有利益。在诉讼标的方面，前者系某项权利；后者系行政行为。在审理规则及程序方面，前者倾向于全面审查；后者主要是法律审查。在判决种类方面，前者具有对诉讼请求的回应性特点，种类多样；后者具有对行政机关依法行政的监督性特点，主要围绕行政行为违法或越权作出裁判。在判决效力方面，前者及于当事人之间，不具有对世效力；后者具有对世效力及溯及力。[2]

综上，我国的行政诉讼制度应该建构以主观诉讼与客观诉讼协调平衡为基本定位的行政诉讼模式构造，并分别设置主观诉讼类型与客观诉讼类型，以应对解决目前存在的结构性失衡、主观诉讼类型功能超载、诉讼规则错位等问题。主观诉讼类型包括但不限于履行法定职责之诉（给付之诉）、确认之诉、赔偿之诉、行政协议之诉、一并解决民事争议之诉等。客观诉讼类型包括但不限于撤销之诉、规范性文件审查之诉、行政公益诉讼。并在主客观诉讼类型项下设置对应的共性诉讼规则，在具体的诉讼类型项下明确规定原告资格、诉讼标的、审理规则与程序、判决种类及效力等特殊的诉讼规则，以便于为原告起诉和法院审理提供明确、可操作性的指引。但鉴于目前我国行政诉讼制度的发展实践的限制，法官应该发挥起促进诉讼类型化的作用，通过总结审判实践中的经验形

---

〔1〕 薛刚凌、杨欣：《论我国行政诉讼构造："主观诉讼"抑或"客观诉讼"?》，载《行政法学研究》2013年第4期。

〔2〕 薛刚凌等：《法治国家与行政诉讼——中国行政诉讼制度基本问题研究》，人民出版社2015年版，第78～82页。

成审理规则,同时通过判例制度不断探索具体的诉讼类型和审理规则,并以此指导审判实践中法官的庭审思路和侧重点,坚持以行政行为合法性审查类型化(行为之诉)的思路推进撤销之诉类型化,引入关系之诉的审理思路推进给付之诉和确认之诉的精细化发展,探索规范审查之诉、行政公益诉讼的审理规则和庭审思路。

(二)以争议类型化思维选取合适的程序类型及争议解决方式

1. 争议类型化思维的含义

行政争议类型化就是以不同的标准,对纷繁复杂的行政争议进行分类,在每种分类项下,分析研究行政争议的特点,并构建对应性的审理规则、程序和裁判方式。在程序类型化的基础上,需要针对不同的行政争议配置不同的争议解决方式,在程序中融入不同争议的解决方式,此为争议类型化的核心要义。

2. 争议类型化思维的基本特征

(1)行政争议类型化缘起于行政争议的多样化、成型于争议的规律性。行政争议涉及利益广泛,不仅涉及私人利益的调整,而且涉及私人利益与公共利益的交织。同时行政机关管理范围的广泛性,也决定了行政争议涉及利益调整的多样性。正是由于行政争议的多样化,才有必要归类研究。与此同时,行政争议又不是杂乱无章的,争议的产生是存在规律性的,故类型化研究具有了可行性。

(2)行政争议类型化着眼于行政诉讼的个性与诉讼的共性。有学者在论述日本行政诉讼法的启示时指出,日本行政诉讼法的精神在于"重视行政诉讼的普遍性,并着力于行政诉讼特殊性向普遍性的过渡与转化"[1]。笔者理解我国行政诉讼目前以行政行为的合法性审查为中心的制度设计即体现了行政诉讼的特殊性,而将"解决行政争议"确定为立法目的,正是行政诉讼作为诉讼制度对法律上的纠纷进行裁判的普遍性特征。行政争议类型化兼具了上述个性与共性,一方面,争议类型化与行政行为合法性审查之间具有兼容性;另一方面,也超脱于行政行为的形式合法性审查,以实质性解决行政争议为目的导向。

(3)行政争议类型化以司法的适度能动为基础,以实现实质法治为目标。

---

〔1〕 王天华:《行政诉讼的构造:日本行政诉讼法研究》,法律出版社 2010 年版,第 38 页。

有学者发现“审慎而又大胆的司法能动主义已经成为我国行政审判实务界所奉行的一个具有鲜明特色的司法哲学观”。[1] 笔者认为,以争议解决为导向的行政诉讼制度架构,具有纠正司法消极主义的功能,强调以行政审判为中轴构建制度平台,集合多种力量,为诉讼主体提供达成共识的通道,实质性解决行政争议。如果行政诉讼仅局限于审查行政行为的形式合法性,监督了行政机关但不实质解决行政争议,反而不利于实现实质法治。

(4)行政争议类型化以司法实践为视角,以法官依职权探知为保障。经对司法实践观察发现,法官在收到案件后都会从不同行政争议的特点出发对案件的处理程序等进行预设,比如,遇到群体性争议的案件,会启动风险防控预案;遇到行民交叉型行政争议的案件,会有意适用调解和解方式;遇到公民个人提起的涉及公益维护型行政争议的案件,会收紧受案范围等。因此,笔者提出的行政争议分类并非臆想,而是法官审理案件部分思路的展现。另外,将行政争议进行分类的考虑因素之一是当事人的诉讼请求,囿于实践中诉讼请求不规范的情况时有发生,法官应充分行使释明权,规范当事人的诉讼请求,既方便法官处理涉及复杂行政争议的疑难案件,又可减轻原告的诉讼负担和缓解其参诉难度。法官应依职权主动探知争议性质及当事人根本诉讼目的,应该了解行政争议形成的背景,通过与当事人充分沟通进而了解其诉讼请求之外的根本诉讼目的,才能有效地对行政争议进行归类。

3. 争议类型化思维的功能评价

(1)明晰行政诉讼解决对象,厘清多元争议解决方式的关系。观察大陆法系行政诉讼的发展历程,我们可以发现,进入诉讼程序的行政争议由最初的高权行为引发的争议为主,逐步加入了行政协议争议、行政指导争议、行政给付争议等诸多新类型。由此可见,行政争议是一个开放的体系,是随着经济社会的发展,逐步增加的过程。基于此,对于不同时期的争议类型进行研究,有助于为行政诉讼制度提供清晰的解决对象,促进行政诉讼制度发展完善。同时,在解决行政争议的过程中,单靠行政诉讼一种争议解决方式显然是不够的。必然涉及行政诉讼制度与其他纠纷解决方式之间的配合问题,厘清多元化争议解决方

〔1〕 高家伟:《论社会冲突型行政争议的实质性审判程序》,载《行政法学研究》2013 年第 4 期。

式之间关系是实质性解决争议的关键,而行政争议的分类则是理顺关系的重要视角。

(2)实现行政诉讼精细化和行政法官专业化,提升行政审判的质效。由于行政争议的多样性,不同争议在争议主体、争议成因、争议内容等方面存在特殊性,因此,作为解决争议的重要机制的行政诉讼也要精细化设置。一方面扩展行政审判所要解决的行政争议范围,另一方面要科学设置行政诉讼程序,增强与行政争议的对应性。精细化的制度设计虽然显得烦琐,但是“磨刀不误砍柴工”,由于解决争议的有效性,将提高行政审判的质效。与行政诉讼精细化相对应的是行政法官专业化,“由于一方当事人是强势的公权力机关(各级人民政府及其工作部门),行政案件的行业类型极为广泛,行政争议所涉及的法律关系错综复杂,行政裁判可能引发的社会风险较多,需要法官综合考量的法律规范和公共政策交错盘结,因此,行政审判工作特别需要懂政策、懂技术与懂法律的三合一复合型的法律专业知识结构,其中尤其是既懂特定执法行业的专门技术知识,又懂特定执法行业的专门法律知识的复合型知识结构”。[1] 将行政争议进行分类,就是以精细化思维为基础,试图设计出可操作性强的争议解决机制。行政法官针对不同行政争议的主体、成因、内容等方面的特殊性,调整行政审判的范围、内容、强度、标准和裁判方式,以提高行政审判工作的精细化和专业化水平。

(3)探索行政法及行政诉讼制度新疆域。随着管理行政向服务行政的转变,公共部门与私人部门合作完成公共治理的目标将会成为公共治理的中心。政府实施公共管理和提供公共服务的手段日趋多元化,出现了更多的公法与私法的交叉融合,因而产生了更多的行民交叉类行政争议。对此,《行政诉讼法》规定的行民交叉案件一并审理制度,是对行政附带民事诉讼制度的有益探索,但是司法实践中如何具体操作,仍需进一步完善。纯粹行政争议的解决思路和行政民事交叉型行政争议的解决思路必然不同。比如,行政协议案件涉及的行政争议常常兼具公法与私法属性,行政法官在解决此类行政争议时,应在保障公共利益的前提下,奉行程序合作与实质性解决争议的司法政策导向,遵循平

[1] 高家伟:《试论行政行为合法性审查的类型化》,此文为高家伟教授在博士生指导课上的讲义。

等原则、协商原则、合作原则，以斡旋、商谈、调解为主要方式。实践中应当基于上述规则设计一种适合行政协议案件审理的崭新程序。

(4)充分实现私权利救济，理顺司法权与行政权的关系。《行政诉讼法》设定了争议解决、私权救济、公权监督三大立法目的。目前以行政行为合法性审查为核心的行政诉讼制度建构存在两个问题：一方面，对于原告权益救济的间接性，往往出现胜诉判决，但是权益未得到实际救济的情况，导致行政诉讼程序空转现象严重及信访化倾向。笔者所在的行政庭审理的一审案件大多为以中央国家行政机关为被告的行政案件，此类案件中行政复议、信息公开、投诉举报类案件占绝大部分，原因主要是产生于基层行政机关的基础性行政争议未能得到有效化解，基础性行政争议以上述三种案件的形式上移至中央国家行政机关层面。原告的诉讼目的也异化为搜集证据、施加压力、宣泄情绪等，试图通过上级机关的压力促使下级机关解决基础性行政争议。另一方面，片面强调行政诉讼的监督功能，也出现了行政机关与司法机关的对抗情绪。行政法官在审理行政案件时，只关注发现行政行为的问题和瑕疵，客观上造成行政机关与司法机关的对抗情绪，影响争议解决共同体的建立，进而影响国家治理体系与治理能力现代化。以行政争议解决为中心构建行政诉讼制度，可以兼顾私权救济与公权监督，既涵盖原告的诉讼请求，又兼顾了行政行为的合法性审查，实现了私权利的直接救济符合诉讼经济原则，也理顺了司法权与行政权的关系。

4. 争议类型化思维下的庭审程序

行政争议有繁简难易之分，亦有轻重缓急之别。针对同类行政争议设置规范化、标准化的庭审程序有助于提升法官行为的规范性、审判实践的可操作性及行政审判质效。同时为避免庭审程序规范化、标准化带来的程序僵化的不利影响，提升庭审程序解决行政争议的适应性和灵活性，根据“程序与纠纷相一致原则”，增设针对不同种类的行政争议的特殊解决程序成为必然的选择。笔者认为，行政审判庭审程序的设置应做到紧急程序、简易程序、普通程序、特殊程序的无缝隙衔接，以便增加庭审程序对行政争议的涵盖性。

(1)根据争议的繁简区分适用普通程序和简易程序。根据争议的繁简情况区分简易程序与普通程序，其中简易程序的设计及应用是关键，因为其相较于普通程序而言具有特殊性。

行政诉讼简易程序的实践发展脉络。行政诉讼设立之初,行政诉讼法明确规定了审理行政案件实行合议制,从制度安排上排除了简易程序的适用。在当时的历史条件下,行政案件数量不多,行政审判人案矛盾并不突出,出于集思广益以便提升案件质量、削减行政法官专业性的不足以便实现司法公正、增加行政审判的民主因素以便化解职业风险等原因的考量,把优化普通程序、完善合议制作为行政审判庭审程序实质化的唯一方向具有合理性和现实必要性。实践证明,经过三十年的发展,行政审判普通程序逐步得到完善,对整个行政诉讼制度也发挥了重要而积极的作用。近年来,随着行政争议多发高发、公民的权利意识觉醒、立案登记制的规范运行、法官员额制的顺利推进等背景因素的转变,行政审判人案矛盾已成为不争的事实。除了要求行政法官个体增加时间和精力的投入外,如何通过制度化的手段缓解审判力量供给与需求之间的矛盾成为必须面对和解决的问题,行政诉讼简易程序走入了改革者的视野。"我国行政诉讼简易程序的设置遵循了'经验在先,规范在后'的中国特色法律制度生产逻辑"〔1〕。从2000年前后部分法院探索简化诉讼程序的工作着始,到2009年三五改革纲要首次明确提出"完善行政诉讼简易程序",且被中央确定为深化司法体制和工作机制改革的60项任务之一,再到2010年最高人民法院发布改革试点通知,行政诉讼简易程序的改革探索和实践探索从未间断,改革试点工作由点及面,为立法设置简易程序奠定了实践基础。2014年修正的《行政诉讼法》从立法层面明确了行政诉讼简易程序与普通程序并行的制度设计。之后各地法院制定了多份行政诉讼简易程序实施规范,〔2〕在各自辖区内进一步探索细化简易程序应用性措施。2016年,最高人民法院进一步明确了诉讼繁简分流改革的重点问题〔3〕。2020年,最高人民法院工作报告要求将繁简分流向诉讼前端扩展〔4〕。2021年,最高人民法院发布改革意见推进行政诉讼繁简分流

〔1〕 刘一玮:《行政诉讼简易程序的理性反思与完善路径》,载《行政法学研究》2019年第4期。

〔2〕 河北省高级人民法院、天津市高级人民法院、北京市第一中级人民法院、上海市第三中级人民法院、南通市中级人民法院、青岛市市南区人民法院、浙江省温州市鹿城区人民法院等制定了实施细则。

〔3〕 最高人民法院《关于进一步推进案件繁简分流优化司法资源配置的若干意见》提出了立案环节繁简分流、行政速裁机制、示范性诉讼、简化庭审程序和文书制作、拓展送达方式等。

〔4〕 《最高人民法院工作报告》(2020年)指出,推进案件繁简分流、轻重分离、快慢分道,在诉讼服务中心建立调解、速裁、快审一站式解纷机制,为实现公平正义提速。

工作。

行政诉讼简易程序生成的理论逻辑及实践需求。关于行政诉讼简易程序的必要性问题,学界和实务界已有充分的论述[1]。笔者认为,设立行政诉讼简易程序是平衡司法公正与效率价值、实现分配正义的要求,是解决现有审判资源有限性与司法需求不断扩大之间矛盾的必然选择,也是扩展行政审判程序对不同类型行政争议的涵盖性、提升程序科学性的应然路径。

行政诉讼简易程序的现状及问题。现行《行政诉讼法》通过一节3个条文[2]创设了行政诉讼简易程序制度。最高人民法院《关于适用〈中华人民共和国行政诉讼法〉的解释》通过4个条文[3]对简易程序的适用条件等八个问题作出了的理解与适用解释,进一步增强了其可操作性。然而,作为现行《行政诉讼法》创设的新制度在实践中却遭到了冷遇,主要表现为理论界对于简易程序的解读和制度完善并不充分,实践中具体应用的效果也不是很乐观[4]。也有法官在观察简易程序运行实践的基础上提出,"在上述司法解释出台后,此种局面仍未得到有效改善"[5]。产生上述问题的原因是多方面的,既有立法(包括司

---

〔1〕 简易程序有利于"充分保护公民的诉讼权、实现行政审判的公正与效率"。张坤世、刘志伟:《论我国行政诉讼简易裁判程序的构建》,载《时代法学》2004年第4期。简易程序有利于"行政诉讼效率的提高、诉讼成本的节约、司法资源的有效配置"。张燕、罗云:《我国行政诉讼简易程序的构建》,载《江西社会科学》2008年第10期。简易程序有利于"行政争议的迅捷解决、有效监督行政机关依法行政、保障行政相对人的合法权益"。葛先园:《我国行政诉讼简易程序检视——以新〈行政诉讼法〉第82条为中心》,载《法律科学》2016年第2期。增设简易程序是"降低当事人诉讼成本、节约司法资源的客观需要,是对行政案件类型化处理、实现繁简分流的客观需要,是提高审判效率、及时保障公民合法权益的客观需要"。江必新、邵长茂:《新行政诉讼法修改条文理解与适用》,中国法制出版社2015年版,第297页。立法者认为,促进简易程序立法的考量因素是"最坚实的理论基础是繁简分流符合程序科学要求","最大的现实因素是落实中央司法体制改革的精神和要求","将改革成果以法律形式固定"。全国人大常委会法制工作委员会行政法室编:《行政诉讼法立法背景与观点全集》,法律出版社2015年版,第328页。

〔2〕 《行政诉讼法》第82~84条规定了简易程序的适用范围、审判组织和审理期限、简易程序转普通程序等问题。

〔3〕 最高人民法院《关于适用〈中华人民共和国行政诉讼法〉的解释》第102~105条规定了简易程序的适用条件、送达、通知、传唤方式、举证期限、答辩期间、转换程序、审理期限等问题。

〔4〕 有研究者总结了简易程序的现实困境,表现为简易程序适用率低、不同法院对简易程序的认可度存在差异、各地程序简化不一、随意简化和过分简化等。刘一玮:《行政诉讼简易程序的理性反思与完善路径》,载《行政法学研究》2019年第4期。

〔5〕 祝飞宇:《行政诉讼简易程序的运行困境与改革进路》,载《行政与法》2020年第9期。

法解释)不完备带来的制度供给能力的不足,制度设计与审判实践需求相脱节,亦有相关诉讼参与主体(包括法官)对于简易程序的理解不到位、存在抵触心理,还有法官责任制、审判管理机制和法官考评机制等相关制度的负向压力。

行政诉讼简易程序的完善。对于上述问题,可以从制度和人两个方面着手,以便激活行政诉讼简易程序,达成制度设计的初衷。从制度视角看,一是强化顶层设计,增加程序设计的权威性。考虑到《行政诉讼法》修正时间尚短,且立法亦不宜对可操作性规定过于细枝末节。由最高人民法院针对行政诉讼简易程序制定更为精细的规定成为了最优选择,能够改变各地法院各自为政的局面,强化统一适用。二是适用范围的扩展。目前对于简易程序适用范围的规定仍显粗疏。可以考虑在法条规定的范围内予以适当的扩张解释,同时强化法官的程序决定权。未来修法时机成熟,可以考虑直接采用"事实清楚、权利义务关系明确、争议不大"作为概括性标准,并以排除条款的方式确定简易程序的适用边界即可,剩下的问题可以交由最高人民法院制定解释性文件处理。三是规则精细化。对于简易程序的启动(主体、识别、异议程序、决定程序)、审理规则(审理方式、庭审规则、证据规则、审理期限)、转化程序等作出更为精细的、符合实践需求的规定。

从人的角度看,对法官而言:一是着力提升法官的业务能力,强化对于简易程序规则的理解与适用。二是充分认识简易程序的重要性,消除抵触心理。积累经验增加简易程序的适用效果,越用越顺手。三是在法官责任制、审判管理机制和法官考评机制等方面设置配套措施,减少负向作用,增加正向激励。对当事人而言:一是启动环节各方充分协商,保障当事人的异议权。二是适用简易程序的过程中充分保障当事人的陈述申辩权,降低当事人的被剥夺感。三是法官对于程序性问题充分释明,消解当事人疑虑。四是坚决避免因程序选择影响实体公正的情况出现。五是强化府院联动,吸收行政机关对于简易程序的合理化建议,获得其认同和支持。

(2)根据争议的急缓区分设置普通程序和紧急程序。根据行政争议缓急情况,行政诉讼程序应当分为紧急程序与普通程序。其中紧急程序具有特殊性,应重点研究。

紧急程序的研究现状。"所谓行政诉讼紧急程序系指法院因紧急情势而采取紧急保护措施或做出裁判的诉讼程序”[1]。目前学界对于行政诉讼紧急程序还缺乏系统研究，学界从立法论、解释论、比较法等多个视角稍有论及。[2]涉及紧急程序的相关论题，如预防性行政诉讼[3]、预防性保护措施（临时救济、暂时权利保护、暂时法律保护等）[4]等。无论是直接使用紧急程序的概念，抑或预防性行政诉讼、预防性保护措施等概念，笔者理解，上述制度、措施及程序均涉及公民权利保护的完整性和实效性，有异曲同工之处，只是保护私权利的不同视角。预防性诉讼侧重于完备诉讼类型的角度，预防性保护措施侧重于具体措施层面，而紧急程序则是以法院的审理程序为视角。不同视角的比较研究，均有助于科学、全面地构建我国行政诉讼紧急程序。

紧急程序与《行政诉讼法》立法目的。一是有助于公正、及时审理行政案件。良好的程序设计是公正与效率的均衡实现。顾名思义，促进行政案件及时审理是紧急程序的最明显优点。同时，促进行政案件公正审理体现为，设置紧

---

〔1〕 肖新平、陈家傲：《行政诉讼紧急审理程序：制度漏洞、比较反思及立法构想》，载《求索》2015年第3期。

〔2〕 有论者认为我国行政诉讼制度中应增设“紧急审理程序”，以降低诉讼成本，解决司法实践中一般的诉讼程序审理导致的当事人虽获胜诉结果但实际败诉的情况。江必新：《完善行政诉讼制度的若干思考》，载《中国法学》2013年第1期。有学者针对紧急程序撰文，分析目前行政诉讼的制度漏洞，介绍了国外紧急审理程序并提出了构建我国行政诉讼紧急审理程序的立法构想。肖新平、陈家傲：《行政诉讼紧急审理程序：制度漏洞、比较反思及立法构想》，载《求索》2015年第3期。有学者认为，行政诉讼的紧急程序是相对于普通程序而言的，它是人民法院针对在行政诉讼中出现的紧急情况而采取特定司法措施，从而缩短时间、提高效率的一种行政诉讼程序，并对行政诉讼紧急程序的必要性和可行性进行了分析论证。陈燕：《试析建立行政诉讼的紧急程序》，载《社会科学家》2008年第3期。有学者和法官撰文介绍了国外行政诉讼紧急审理程序。王振宇、阎巍：《德国与法国行政审判制度观察及借鉴》，载《法律适用》2013年第10期；陈天昊：《公正、效率与传统理念——21世纪法国行政诉讼的改革之路》，载《清华法学》2013年第4期；郑延谱、陈咏熙：《填补权利保护的漏洞——法国行政诉讼临时处分制度的晚近发展》，载《行政法学研究》2009年第3期；金邦贵、施鹏鹏：《法国行政诉讼纲要：历史、构造、特色及挑战》，载《行政法学研究》2008年第3期。

〔3〕 尹婷：《预防性行政诉讼容许性问题初探》，载《西南政法大学学报》2017年第1期；解志勇：《预防性行政诉讼》，载《法学研究》2010年第4期；章志远、朱秋蓉：《预防性不作为诉讼研究》，载《学习论坛》2009年第8期；胡肖华：《论预防性行政诉讼》，载《法学评论》1999年第6期。

〔4〕 罗志敏：《我国行政诉讼中的预防性保护》，载《法学研究》2020年第5期；庄汉：《我国行政诉讼中暂时权利保护制度的缺失与构建》，载《法学评论》2010年第5期；何忠凯：《论行政诉讼中的暂时法律保护制度》，载《行政法学研究》2009年第3期；黄学贤：《行政诉讼中的暂时性法律保护制度探讨》，载《东方法学》2008年第4期；章志远：《从原则与例外之争到司法裁量基准之建构——行政诉讼暂时性权利保护机制的新构想》，载《浙江学刊》2008年第6期。

急程序能够解决部分案件虽结果公正但救济落空的局面。二是有助于实质性解决行政争议。司法实践中行政争议的种类多样,紧急程序与普通程序亦有其对应的争议类型,设置紧急程序可避免出现解决争议"缓不济急"的窘境。另外,设置紧急程序,扩展了当事人的程序选择权,能够让当事人感受到行政诉讼程序的周至性,有助于实现"案结、事了、人和"。三是有助于私权利的无漏洞保护。紧急程序立足于私权利保护的实效性,涉及对已经发生的损害的快速弥补、正在发生的损害的及时止损和未来损害的阻止,有利于构建事前、事中、事后无漏洞的权利救济制度体系。四是有助于全面实现依法行政。考虑到司法权的谦抑性和对行政权的尊重,准确定位司法介入行政活动的时点是两种权力互相配合,共同致力于公共利益维护与个人利益保护平衡状态的起点。目前我国行政诉讼制度主要围绕行政行为的事后监督展开,而行政行为处于行政活动的末端,这就意味着行政诉讼对于行政行为的过程缺乏监督规制。然而,对于依法行政而言,有效的外部监督是避免权力滥用的必要手段。尽管行政机关是公共利益的代表,是保障社会秩序的重要主体,尊重行政机关的首次判断权以实现行政秩序与效率也不能以牺牲个人的基本权利为代价。因此,设置紧急程序,在一定范围和条件下,将法院的监督引入行政活动的过程中还是非常必要的。

紧急程序与行政审判实践需求。一是提升公信力的需求。行政诉讼制度发展过程中遇到的困难[1]使得行政审判的权利救济供给和人民群众的司法需求之间产生了差距,进而导致行政审判的公信力大打折扣。近年来,行政审判救济功能得到较大提升,但仍有很多问题没有解决。设置紧急程序增加了权利救济的完整性和实效性,可提升行政审判的公信力。二是处置特殊情况的需要。比如,应急性行政行为的合法性审查。新冠肺炎疫情带给我们最大的启示和挑战就是在紧急状态下如何依法行政。紧急状态中,公民的私权利需要向公共利益作出更大的让步,行政机关制定规范性文件及作出行政行为也更具灵活性和紧迫性,而公民基本权利的保障也更容易受到侵犯,相关案件也更需要公正高效

〔1〕"长期以来,立案难、管辖难、审理难、裁判难、执行难等一系列困难,道出了行政诉讼发展中的窘迫。"马怀德、解志勇:《行政案件执行难的成因及对策——兼论我国建立行政法院的必要性和可行性》,载《法商研究》1999 年第 3 期。

的处置。紧急程序正是对症良药。三是程序完整性需求。《行政诉讼法》设置了普通程序、简易程序，而未完整设置紧急程序，存在明显的（程序）法律漏洞，设置紧急程序有利于行政诉讼程序的完整性，是补充程序法漏洞的应有之义。

我国设置行政诉讼紧急程序的可行性。一是我国现有法律规范体系中部分条款〔1〕涉及紧急程序的部分问题。虽缺乏行政诉讼紧急程序的系统规定，但仍可发现立法者在一定程度上肯定了紧急程序的制度容许性。只是认为公共利益与行政效率更为重要，在保障行政管理活动的连续性和保护个人权益的衡量取舍中限缩了紧急程序的范围。二是域外相关制度已经相当成熟。法国〔2〕、德国〔3〕、日本〔4〕、荷兰〔5〕等大陆法系国家均以公民权益保护为核心，或围绕诉

---

〔1〕《行政诉讼法》第47条第2款规定了紧急情况下履责诉讼的起诉期限；第56条规定了裁定停止执行的情形及复议程序；第57条规定了先予执行的条件及复议程序。最高人民法院《关于适用〈中华人民共和国行政诉讼法〉的解释》第76条、第77条规定了诉讼前及诉讼中的财产保全和行为保全制度；第118条规定了再审程序中的终止原判决执行裁定的紧急程序。另外，《民事诉讼法》第92条规定了财产保全紧急程序。《海事特别程序法》第56条规定了海事强制令的紧急程序。澳门特别行政区《行政诉讼法典》规定了紧急程序的适用范围和审理程序等。

〔2〕法国在最近十年来，以"暂停紧急审"和"自由紧急审"为代表的紧急审理制度得到了稳步发展，其对公民自由和权益的保障面更广、保障的层次更深、保障的力度更大。其现行的紧急审理程序可分为一般法上的紧急审理程序和特殊紧急审理程序两大类，一般法上的紧急审理程序又可根据是否以紧急情况为启动程序的必要条件分为特急紧急审理程序和一般紧急审理程序，特殊紧急审理程序主要有税收紧急审理程序、视听紧急审理程序和缔约前紧急审理程序。法国《行政诉讼法典》单列第五编详细规定了紧急审理中的法官、裁决（职权、程序、救济）、认定事实或预审、保全等内容。陈天昊：《公正、效率与传统理念——21世纪法国行政诉讼的改革之路》，载《清华法学》2013年第4期；金邦贵、施鹏鹏：《法国行政诉讼纲要：历史、构造、特色及挑战》，载《行政法学研究》2008年第3期；何海波编：《中外行政诉讼汇编》，商务印书馆2018年版，第535～562页。

〔3〕德国行政诉讼紧急程序的审理期限为6个月，其适用范围是与临时权利保护联系在一起的，凡是申请临时权利保护的案件均要适用紧急程序审理。相关法律规范主要是德国《行政法院法》第47条第6款、第80条第8款、第123条第1款中关于暂时命令和延缓效力的规定。王振宇、阎巍：《德国与法国行政审判制度观察及借鉴》，载《法律适用》2013年第10期；何海波编：《中外行政诉讼汇编》，商务印书馆2018年版，第676、696、714页。

〔4〕日本行政诉讼类型化较为精细，紧急程序主要涉及假救济制度（假课予义务、假禁止与停止执行），分别对应课予义务诉讼、禁止诉讼和撤销或无效等确认诉讼，三者均将"紧急必要"作为实体要件。相关法律规定为日本《行政事件诉讼法》第25条、第37条。王天华：《行政诉讼的构造：日本行政诉讼法研究》，法律出版社2010年版，第215、221、230页；何海波编：《中外行政诉讼汇编》，商务印书馆2018年版，第753、759～760页。

〔5〕荷兰《行政法通则》对紧急程序的适用范围、庭前准备、审理程序、判决、临时性救济措施等作出了规定。陈燕：《试析建立行政诉讼的紧急程序》，载《社会科学家》2008年第3期。

讼类型,或以预防性保护措施的样态设置了紧急程序,从比较法的视角为我国建立系统的紧急程序提供了有益的借鉴。

我国设置行政诉讼紧急程序的建议。《行政诉讼法》规定了停止执行、先予执行和财产保全、行为保全条款,但是上述制度设计难以达到迅速救济权利的要求。笔者认为,可以比照简易程序的规定,独立设置行政诉讼紧急程序,在紧急程序的范围内统摄上述制度措施。第一,概括性条款规定紧急程序的适用条件。裁量要件包括案件的紧急性(对当事人和其他利害关系造成难以弥补的损害)、胜诉可能性、重大公共利益等。第二,通过肯定列举的方式指明适用的具体案件类型,包括应急处置案件、资格资质类案件、拆违类案件、履责类案件等。第三,设计区分于普通程序的完整的程序规则,包括对程序启动、审判组织、审查期限、证据规则(举证期限、举证责任及证明标准)、审理方式、裁判方式、救济程序等进行精细化的设计。

(3)根据争议的特点区分适用特殊的争议解决程序。由于行政争议的复杂性,笔者考虑以几类特殊的争议类型为起点,设计有针对性的争议解决程序和方式,依托《行政诉讼法》规定的检察机关提起公益诉讼制度、民事争议一并解决制度、负责人出庭制度、调解制度等制度创新或优化,逐步完善与优化对应的特殊争议解决程序。

公益维护型行政争议。此类争议是指,因维护公共利益而产生的行政争议。公益维护型行政争议具有以下特点:一是覆盖范围广,主体不特定。由于我国转型期的时代背景,在环境污染、食品安全、消费者权益保护、土地征收征用等涉及公共利益保护的领域产生了大量的行政争议,上述争议辐射范围广泛,不仅涉及个体的权益受损,更体现为群体性权益受损,且权益受损主体具有不特定性。因此,在诉讼中解决此类行政争议首先要解决的问题是享有诉权的主体范围的问题。二是因公共利益救济而引发的争议。私权救济型行政争议是公权力与私权益之间的互动关系。公益维护型行政争议则体现为公权力与公共利益之间的互动关系,即公权力直接侵犯公共利益,或者怠于行使公权力(法定职责)而导致公共利益受损,从而在代表公共利益的特定主体与公权力机关之间产生的争议。

针对公益维护型行政争议,主观诉讼类型难以达成实质解决的效果,而作为客观诉讼类型之一的行政公益诉讼恰好是解决此类争议的良方。对此,应依托现行《行政诉讼法》增设的检察机关提起公益诉讼制度并完善相应的审理规则、程序。一是主体资格审查。根据《行政诉讼法》及相关司法解释的规定,检察机关是目前提起行政公益诉讼的唯一主体。在目前的立法框架内,社会组织和公民个人不具备提起行政公益诉讼的主体资格。笔者认为,权宜之计是将不同主体提起的行政公益诉讼分为三个层次分别处理:针对检察机关提起的行政公益诉讼具备主体资格。针对公益性社会组织提起的行政公益诉讼,在检察机关支持起诉的情况下,该组织具备诉讼主体资格。公民个人或营利性社会组织提起的行政公益诉讼不具备诉讼主体资格,但法院不应一裁了之,可建立相应的导诉机制,通过司法建议的方式将相关情况告知检察机关,由检察机关审查后决定是否提起公益诉讼。从未来的行政公益诉讼的发展趋势看,尤其是考虑到社会治理现代化的逐步推进,可以采取试点先行、立法跟进的模式逐步赋予特定社会组织在一定范围内提起行政公益诉讼的主体资格。二是受案范围审查。《行政诉讼法》第 25 条第 4 款[1]规定了检察机关提起行政公益诉讼的范围,其中"生态环境""资源保护""食品药品安全""国有财产保护"等属于不确定法律概念,而且包含概括性用语"等"字,这就意味着受案范围具有较大的开放性,对此需要在行政公益诉讼实践中通过指导性案例等形式逐步予以明确。三是审理思路。依据法律规定,法院需要审查检察机关是否提出了检察建议、行政机关是否拒不纠正违法行为或不履行法定职责、国家和公共利益是否受到侵害。第一项属形式要件,后两者属实质要件。从实质要件看,审理思路分为两类即撤销违法行为之诉和履行法定职责之诉。四是诉讼地位。关于检察机关在行政公益诉讼中的地位,学界有四种不同观点,即"法律监督说"[2]"行政

---

〔1〕《行政诉讼法》第 25 条第 4 款规定:"人民检察院在履行职责中发现生态环境和资源保护、食品药品安全、国有财产保护、国有土地使用权出让等领域负有监督管理职责的行政机关违法行使职权或者不作为,致使国家利益或者社会公共利益受到侵害的,应当向行政机关提出检察建议,督促其依法履行职责。行政机关不依法履行职责的,人民检察院依法向人民法院提起诉讼。"

〔2〕黄学贤:《行政公益诉讼回顾与展望——基于"一决定三解释"及试点期间相关案例和〈行政诉讼法〉修正案的分析》,载《苏州大学学报(哲学社会科学版)》2018 年第 2 期。

公诉说"[1]"机关起诉人说(原告说)"[2]"双重身份说"[3]。自检察公益诉讼制度建立以来,诉前程序发挥了主导作用,大多数案件都在诉前程序阶段得以顺利解决。[4] 检察机关在诉前程序中享有调查取证、检察建议等权力,法律监督机关的属性更加突出。诉前程序中难以解决的问题,意味着行政机关同样有基于自身权力属性的考虑。因此,诉讼程序应该着力打造检察机关和行政机关之间平等对抗的诉讼地位。事实上,两者也都具有平等对抗的实力。五是举证责任。关于检察公益诉讼的举证责任问题,学界主要有三种观点,即举证责任倒置说[5]、谁主张谁举证说[6]和区分诉讼类型说[7]。本书倾向于区分诉讼类型说。上文已论及法院审理此类诉讼的两种审理思路,对于举证责任而言,也应区分为行为违法类和不履行法定职责类,规定不同的举证责任规则。另外,笔者认为,检察公益诉讼涉及国家利益和社会公共利益,因此,应排除简易程序、调解程序的适用,且法院应保持较一般案件更强的审查强度,比如,依职权调查取证、合法性审查标准与合理性审查标准并用等。

行政民事交叉型行政争议。此类争议是指,行政诉讼程序中出现的,争议中包含行政争议和民事争议的双重因素,民事争议和行政争议相互联系,在处理上互为前提、相互影响,其中行政争议占核心地位,民事争议处于附属地位。

---

[1] 唐璨:《公益行政诉讼模式的理论分析与制度化建议》,载《法律科学(西北政法大学学报)》2021 年第 1 期;徐全兵:《检察机关提起行政公益诉讼的职能定位与制度构建》,载《行政法学研究》2017 年第 5 期;王万华:《完善检察机关提起行政公益诉讼制度的若干问题》,载《法学杂志》2018 年第 1 期。

[2] 将检察机关认定为行政公益诉讼中的原告,认为检察机关同行政诉讼中的原告一样,享有诉讼权利,履行诉讼义务。马明生:《检察机关提起行政公益诉讼制度研究》,载《中国政法大学学报》2010 年第 6 期。

[3] 该说认为检察机关在行政公益诉讼中兼具法律监督者与当事人双重身份,既有原告的诉讼权利和义务,又有专门监督机关的权力和职责。朱全宝:《论检察机关提起行政公益诉讼:特征、模式与程序》,载《法学杂志》2015 年第 4 期。

[4] 王春业:《论行政公益诉讼诉前程序的改革——以适度司法化为导向》,载《当代法学》2020 年第 1 期。

[5] 马怀德:《新时代行政公益诉讼制度的发展与实践》,载《学术前沿》2019 年第 3 期。

[6] 傅国云:《行政公益诉讼制度的构建》,载《中国检察官》2016 年第 3 期。

[7] 检察机关对程序性事项承担举证责任,对于实质性事项的举证责任应区分为作为类和不作为类两种类型,作为类中行政机关承担主要的举证责任,不作为类中检察机关承担主要的举证责任。王玎:《检察机关提起行政公益诉讼的举证责任》,载《上海政法学院学报》2017 年第 4 期;杨解君、李俊宏:《公益诉讼试点的若干重大实践问题探讨》,载《行政法学研究》2016 年第 4 期。

此类行政争议具有以下特点：一是行政、民事争议交织，关联密切，且行政争议处于核心地位。复杂性在于两种争议在法律主体、法律事实方面交织关联，是否解决互相影响。笔者认为，行民交叉型行政争议具体包括两种情形：一种是行政行为影响民事权利义务关系的确定，出现民事争议；另一种是作为行政行为基础的民事权利义务关系产生争议。二是涉及不同法律规范。此类争议混合了行政法律规范和民事法律规范，这就意味着行政法官在解决此类行政争议时要在两种规范间准确切换，既要掌握解决行政争议的规范适用方法，又要视情况对相关民事法律规范采取补充适用、直接适用、类推适用及区别适用等适用方法。如此一来，对行政法官跨专业能力提出了更高的要求。三是涉及不同审判部门。司法实践中，民事案件由民事审判庭审理，行政案件由行政审判庭审理，意味着相关领域审理的专业性。专业性一方面使法官长期专注领域的业务更加精进，另一方面也意味着分工的不易替代性。

鉴于行民交叉类行政争议的特点及诉讼经济的考虑，行政附带民事诉讼制度对于解决此类争议作用明显。为此《行政诉讼法》增设了行民交叉案件的一并审理制度。[1] 然而，长期的诉讼分工导致法官形成了专业化惯性，行政法官对于一并审理民事案件存在畏难情绪和能力限制，导致此项制度在实践中的应用效果并不明显。对此，行政法官应强化通过一并审理制度实质性解决争议的理念，充分理解此项制度对于实质解决争议、提高诉讼效率、提升司法权威的重要性。考虑到不同审判领域的专业性和审判规则的区别，可探索合议庭制度改革，由行政法官和民事法官共同组成合议庭，以便增加合议庭对不同性质争议把握的准确性。另外，行政法官培训制度、跨审判庭法官会议制度、高级法院出台相关案件审理规范和裁判标准等配套措施也必不可少。

社会冲突型行政争议。该类争议是指，“因行政机关的介入或者处置不当而致使社会冲突产生或者激化，致使社会冲突中一方或者多方利益群体以明确宣示的形式质疑行政措施的合法性而产生的法律争议”。[2] 此类争议具有以

---

〔1〕《行政诉讼法》第61条及最高人民法院《关于适用〈中华人民共和国行政诉讼法〉的解释》第137～144条规定了行民交叉案件一并审理制度的适用范围、适用条件、审理规则、法律适用、调解和裁判等。

〔2〕高家伟：《论社会冲突型行政争议的实质性审判程序》，载《行政法学研究》2013年第4期。

下特点:一是相对集中于土地征收、征用及城市综合管理领域。二是易引发群体事件,解决不当易引发系统性风险。三是诉讼请求的多层次性。“此类争议中,当事人的表层诉求是被诉行政行为的合法性,中间层次诉求通常是政府公共政策的正当性,深层次的诉求则往往指向特定制度的合理性。”[1]表面层次的诉讼请求在行政审判中较为容易得到解决,但是中间层次和深层次的诉求,往往表现为体制问题和社会问题,在现在的行政审判中难以解决。但是后者的解决却是治本之策,解决得好可以预防此类争议产生。

对此,“集团诉讼和解程序”是具有现实意义的可行措施[2]。另外,深入挖掘司法建议的功能和作用,对于案件审理过程中涉及的深层次的问题,通过司法建议的方式向行政机关提出改进建议,督促其调整不合理的制度设计,有助于达到补充漏洞、预防争议的效果。

涉中央国家行政机关行政争议。此类争议是指,以国务院下属的部委办局为一方主体的行政争议。此类争议具有以下特点:一是主体特殊性。中央国家行政机关在行政管理体系中居于领导地位,各部委办局在自己的管理领域内主管全国范围内的工作。作为行业主管部门,中央国家行政机关作出的行政行为、制定的行业政策,形成了行业监管标准,以其为被告的行政案件中形成的裁判标准在其主管领域内具有行业示范性,会影响中央国家行政机关的政策制定和执行效果。另外,其监管政策及行政行为表现出专业性强、行业特点突出等特征。二是案件类型集中。笔者梳理审判实践中涉中央国家行政机关行政案件后发现,从案件类型看,行政复议案件、政府信息公开案件、投诉举报类案件三类案件比重较大,主要表现为因基础性行政争议未能得到有效解决而产生的继发性行政争议。三是出现诉讼信访化趋势。实践中,此类争议多是基础性行政争议解决效果不好,当事人退而求其次,寄希望于以信息公开、投诉举报、行政复议等程序获取证据、发泄情感、施加压力。通常情况下当事人的诉讼请求

---

[1] 高家伟:《论社会冲突型行政争议的实质性审判程序》,载《行政法学研究》2013 年第 4 期。

[2] “要实质性地解决社会冲突型的行政争议,需要以行政审判作为中轴的制度平台,将政治、经济、社会、法律等诸多方面的力量协同起来。为此,一个现实可行的制度创新办法是:挖掘现有的行政审判制度资源,吸取司法界在协调、斡旋方面的实践经验,将集团诉讼程序与调解程序整合起来,创设一种专门面向社会冲突型行政争议的所谓‘集团诉讼和解程序’”。高家伟:《论社会冲突型行政争议的实质性审判程序》,载《行政法学研究》2013 年第 4 期。

与根本诉讼目的不重合，大量的案件不能起到实质性解决争议的效果，出现信访化趋势。

要实质性地解决此类行政争议，笔者认为，可以在审判程序中增设以司法行政良性互动程序为平台，以法院为主导，以部委为主要力量，以基础性行政争议主体为参与对象的协调化解程序。一是发挥法院在协调各方面力量上的优势，借助中央国家机关的行业主管地位及对行业规范形成的重要影响作用，促进争议各方达成和解，实质性化解基础性行政争议，从而促进基础性行政争议与继发性行政争议的一并解决。二是通过个案将法院的审判理念和裁判标准输出于行业主管机关，从而扩展到整个行业领域，规范行政执法活动，减少行政争议的产生。三是针对行政管理领域的特殊性和专业性特点，法院应加强研究各领域行政争议的特点并分类提炼争议解决规则及方式方法。同时，针对特定重点领域建立相对固定的专业化审判团队，以提升专业性应对专业性问题。

## 六、推进行政审判庭审实质化的配套措施

庭审实质化改革不只是司法理念，更应是司法制度与司法实践。行政审判庭审实质化还需要庭审流程的设计、证据制度、释明权制度、争议焦点制度等配套性措施的完备。对此，下文主要从审前程序、法庭调查与法庭辩论程序、调解和解程序、负责人出庭应诉制度、争议焦点制度、法官释明权制度、庭审程序的规范化及仪式感、庭审公开制度、庭审智能化等配套措施方面提出完善建议。

### （一）完备庭前准备程序

庭前程序是庭审程序的准备，是庭审程序的“侦察兵”，对于促进庭审实质化有着非常重要的作用。有必要借鉴大陆法系国家预审制度的有益经验，将庭前程序设置为常设程序，让庭前程序成为固定动作。构建出以法官助理为主持人的庭前程序，充分发挥庭前程序承载的总结争点、交流谅解、定位争议、繁简分流等功能。

1. 初步定位案件争议焦点、预判争议类型

通过庭前程序中阅卷、询问、证据交换等环节，可以初步确定案件的审理焦点问题，为庭审程序的高效实质推进打下基础。需要指出的是，庭前程序中总结的焦点问题并不是最终的庭审焦点问题，法官应在庭审过程中与当事人充分协商，征得当事人同意，并根据庭审情况及时调整固定争议焦点问题。庭前程序中，法官应该有意识地区分争议的类型，定位争议的属性，进而选择有针对性的化解方案。

2. 促进双方当事人协商谅解

正如前文所言，行政诉讼和解对实质解决争议作用明显，应该贯穿于诉讼程序的始终。在庭前程序中，法官或法官助理应与当事人充分协商，听取双方的意见，并创造双方交流谅解的机会，以促进双方和解。庭审程序中通过开示证据，当事人各方充分地进行信息交流，能够促进各方当事人对案件结果形成更为准确的估计，更利于当事人进行和解。对此，设置完善的诉答程序、有效的庭前沟通程序是关键。

3. 实现案件繁简分流

深入挖掘庭前准备程序的功能，通过阅卷、当面询问及电话询问等方式，确定案件性质，进行繁简分流。对于明显不符合起诉条件的案件，通过谈话释明后可直接裁定驳回起诉，避免烦琐而无意义的开庭程序。对当事人权利义务实际影响不大，权利救济不能通过诉讼实现的带有信访化趋势的案件，通过耐心沟通、了解诉求，明确法院的立场，引导当事人采取能够解决问题的其他途径。明显滥诉的情况直接裁驳并于裁定中详细说理，规范当事人理性行使诉权。对于符合适用简易程序条件的案件，大胆适用简易程序。对当事人实体权利能够有效救济、法律关系复杂且适合确定类案审判标准的案件要精审，在文书撰写方面要出精品。

4. 法官助理深度参与

在常态化审判流程中，庭前准备工作主要由主审法官完成。随着司法改革的深入推进，庭前程序再造应与法官员额制改革、法院人员分类管理、司法责任制改革、法官选任养成机制寻找契合点。法官助理深度参与庭前准备工作，承担起主持庭前程序的职责正是契合点之一。庭前程序中，法官助理负责梳理事

实、证据开示、庭前和解意向探查、庭审提纲撰写、庭审争议焦点初步总结等具体工作，通过庭前会议向合议庭（法官）汇报审前程序的情况。同时合议庭（法官）选择繁简程序、初步确定案件争议焦点问题、确定庭审重点及审理思路。让法官助理在庭前程序中发挥主要作用也能够在一定程度上形成对于法官过早介入案件形成内心预断的阻隔，减少“案卷中心主义”对于法官的影响，使得法官更加关注于庭审中各方的举证质证和庭审陈述，减少“未审先判”的情况。

（二）构建争议焦点制度统摄法庭调查和法庭辩论环节

“我国行政诉讼的庭审程序是当事人主义和司法职权主义的混合。一方面，庭审的构造是以当事人主义为基础，要求当事人在质证、辩论中充分发挥能动作用。另一方面，法官在庭审过程中起到主导作用，不是完全消极的裁决者。法官可以通过归纳案件的争议要点引导当事人的质证和辩论，也可以主动提问。”[1]笔者理解，法庭调查更偏向于职权主义，法庭辩论则倾向于当事人主义。审判实践中，庭审程序包括庭前准备、宣布开庭、处理程序性事项、法庭调查、法庭辩论、最后陈述等必备环节，也可能包含休庭评议、当庭宣判等环节。一般情况下，法庭调查和法庭辩论是分别进行的。法庭调查主要集中于事实问题的调查询问和当事人的举证、质证，法庭辩论主要集中于当事人发表法律适用意见。就庭审实质化而言，法庭调查和法庭辩论两个环节是关键环节。然而，实践中对两个环节的具体操作存在不同的处理方式，有的将两个合并进行，有的将两者分开进行，缺乏一致性的标准。另外，庭审调查往往体现为“流水账式”，而辩论环节亦未能突出重点，当事人的陈述往往事实问题与法律问题交错，或烦琐重复，或不得要点，严重影响了庭审程序的质量和效率，导致庭审笔录对于法官撰写裁判文书作用不大。

笔者认为，通过构建争议焦点制度统摄合并法庭调查与法庭辩论程序有助于保障当事人的陈述申辩权和提升庭审效率双重目标的实现，激发程序活力。

1. 争议焦点制度的内涵

“争议焦点制度是连接当事人之间事实认定和法律适用矛盾分歧点的原点，首先是一种判断权，对事实真假、认识异同、是非争议、善恶标准等进行判

[1] 何海波：《行政诉讼法》，法律出版社 2016 年版，第 558 页。

断；其次是一种裁量权，在法律许可的范围和幅度内酌情作出具体、确定、合理的决定。”[1]它直接指向《行政诉讼法》关于“保证人民法院公正、及时审理行政案件”[2]的立法目的。从此处出发，行政审判庭审实质化需要考虑的要素之一就是司法成本与司法效益、司法效率与司法公正的平衡，即以较小的成本最大限度地实现实体公正、程序公正与感受公正。法官庭前阅卷和听取双方当事人诉讼请求及理由、答辩意见后形成了对案件重点问题的心证，通过争议焦点制度将法庭的需求予以披露，引导当事人对事实问题举证质证和对法律问题陈述申辩，对接庭审需求和庭审供给，尽快查实争议问题，消解各方疑惑。当然，庭审需求和庭审供给是双向的，法官可以根据自己的需求设置焦点问题，当事人亦可以提请法官增加焦点问题，以满足自己的需求，庭审焦点问题在双向互动中得以确定。

在此种双向互动中，既要充分保障当事人的陈述申辩权，又要有效规范其行权方式。充分保障当事人的陈述申辩权是诉讼程序民主及程序正义的必然要求。程序正义分为客观程序正义和主观程序正义，前者关注的是一个程序遵守客观的、规范的正义标准的能力从而使得决定或做决定的过程更加公平。主观程序正义是指涉程序性的变化对社会心理造成的影响，旨在从行为人的主观感受和认知来分析程序的正义性。[3]笔者理解，在庭审程序中充分保障当事人的陈述申辩权关涉主观程序正义，简言之，让当事人说完想说的话，没有被限制发言的感受。而通过法庭调查和辩论程序查明案件事实、形成法律适用的心证以便得出公正的裁判结论是客观程序正义的需求。在没有任何其他因素的影响下，达到主观程序正义和客观程序正义的双重标准就是当事人说完了所有自己想说的，法官获得了自己所有想得知的。

然而，实践与理想的状态往往存在差距，如果不分具体情况地一律按上述

---

〔1〕石磊、胡春贤、梁成文：《行政庭审争议焦点制度的探究与规制——以庭审中心主义为研究视角》，载贺荣主编：《深化司法改革与行政审判实践研究（下）——全国法院第28届学术讨论会获奖论文集》，人民法院出版社2017年版，第1496页。

〔2〕《行政诉讼法》第1条规定：“为保证人民法院公正、及时审理行政案件，解决行政争议，保护公民、法人和其他组织的合法权益，监督行政机关依法行使职权，根据宪法，制定本法。”

〔3〕苏新建：《程序正义对司法信任的影响——基于主观程序正义的实证研究》，载《环球法律评论》2014年第5期。

标准的要求严格执行,很容易导致庭审程序冗长,耗费大量的司法资源。毕竟,审判力量有限与大量案件涌入法院是不争的事实。而且,就当事人而言,其并非完全理性的意见表达也会影响到庭审秩序和庭审效果,法官如果不加规制和引导,庭审程序很可能会演变成庭审闹剧,使庭审程序的功能落空。因此,合理规制当事人的陈述申辩行为又是庭审实质化的必要条件。

2. 焦点问题的确定方法

在理解争议焦点制度含义和功能的基础上,下一个迫切需要解决的问题是如何科学合理地确定争议焦点问题,包含谁来确定、何时确定、怎么确定的问题。

如前所述,庭审争议焦点问题的确定是一个过程,根据庭审程序中的每一个程序环节的规律逐步形成。法官在审前程序中初步确定案件争议焦点问题。审前程序中,法官对于案件的掌握基本上来自对原告的起诉状及部分证据,被告的答辩状及证据等初步资料,此时形成争议焦点问题的基本轮廓。法官在当事人陈述和答辩环节后,根据在案的全部证据和当事人对起诉状及答辩状的意见补充,形成了比较具体明确的争议焦点问题,此时法庭应该将形成的焦点问题告知各方当事人,充分听取当事人的意见,而后形成各方认同的内容具体明确的争议焦点问题。进入法庭调查和辩论环节后,法官引导各方当事人围绕确定的争议焦点问题逐一展开询问、举证质证和辩论。之后可以增设争议焦点补充环节,如果增加了新的争议焦点问题,各方围绕补充固定的争议焦点问题展开询问、举证质证和辩论。

确定科学合理的争议焦点问题是争议焦点制度的关键。科学合理的争议焦点问题应该具备以下特征:第一,内容具体明确。法官应该结合诉讼类型、涉案争议的特点,确定案件审查的重点问题,排除其中当事人无争议的内容,总结出具体明确的争议焦点。争议焦点不能笼统概括,比如,被诉行政行为的认定事实是否正确、适用法律是否正确等,此类争议焦点徒有其表,法庭调查和辩论无法依其准确展开。也不能过于细枝末节,在法庭需要审查的重点问题外确定焦点问题。当事人虽然对此类问题存在争议,但因不影响案件审判不宜作为焦点问题。第二,内容的动态调整。如前所述,争议焦点问题并非一成不变的,随着庭审程序的推进,如果发现新的焦点问题,或者需要对已有焦点问题进行调整，则需要各方围绕新增加的焦点问题继续发表意见。焦点问题的动态调整是人类认识事物的规律决定的，也是庭审中不同程序环节所承载的功能和特点决定的。第三，争议焦点问题是法官主导下，各方当事人充分协商一致的结果。法官对于争议焦点问题有义务向各方当事人充分释明，让当事人了解焦点问题的具体指向，且得到当事人的认可。同样，当事人提出的焦点问题，需要法官综合案件情况予以判断，并征得对方同意后确定为案件的争议焦点问题。

3. 争议焦点问题的运用

(1)结合法官释明权展开。考虑到不同当事人的诉讼能力差异，法官应该将争议焦点问题向各方当事人释明，使得各方能够理解，不能云里雾里。另外，法官应该对于溢出争议焦点问题的陈述予以释明引导，防止出现明显离题、烦琐重复、冗长拖沓、不当言论等情形。

(2)围绕争议焦点问题将庭审调查和辩论环节整合。事实问题、举证质证(包括法庭依职权调取的证据开示)和法律适用问题等并非可以截然区分的，实践中常常出现举证质证、法官询问、庭审辩论等互相割裂或者混杂重复等情况。笔者认为，对于每一个争议焦点问题均可以逐步展开法官询问、举证质证和辩论，各方充分发表意见后，再进入下一个争议焦点问题。

(3)最终的争议焦点问题应落实于裁判文书中。争议焦点制度不仅有助于通过庭审程序查明事实和适用法律、充分保障并清晰记录当事人的陈述意见，而且还可以成为诉判之间的桥梁，有助于解决行政审判长期以来的“诉判不一致”的窘境。将争议焦点问题表述在裁判文书之中，并对于各方争议的问题给予充分的说理回应，可以使案件当事人真正了解法官的心证过程，也能够感受到自己的陈述申辩意见得到了回应与尊重，消解当事人对法院裁判的抵触情绪。从这个意义上看，庭审中将争议焦点问题充分地展开有助于行政裁判文书的充分说理，而将争议焦点问题作为说理的重点，又可以倒逼争议焦点制度在前端庭审中的完善，两相促进。

### (三)完善法官释明权制度

1. 法官释明权的含义及功能

谷口安平先生认为，法官的释明权(又称阐明权)意指“法官为澄清争端和公正裁判而询问当事人以及向当事人提出建议的权限”[1]。

法官主持庭审的效果，是法官庭审驾驭能力高低的主要指标之一，得益于法官释明权的充分行使。在原告诉讼请求不明确需要修正，起诉状错列被告需要变更，规范当事人庭审行为，把控庭审程序的节奏，引导当事人围绕庭审焦点问题展开辩论，解释法律条文中不确定法律概念，指引当事人选择其他更适合的争议解决途径等问题上，及时充分地行使法官释明权均能起到积极作用。“释明的范围、界限与方式，既直接关系到当事人实体权益的实现，程序主体地位的保障与司法的正当程序，又与审判权的运行方式是积极还是消极，是能动抑或克制，以及法官心证的公开程度等问题密切相关，直接关涉司法公正的实现与司法公信力建设，其重要性是不言而喻的。”[2]

2. 法官释明权的应用方法

(1)主体意愿层面，法官应有主动积极行使释明权的意愿，认识到释明权的价值，并主动积极行使释明权。为了实质解决行政争议，法官不能一味地采取沉默或消极的态度，而应该采取“职权探知主义”[3]。主要表现在：一是取证方面的职权探知。《行政诉讼法》的部分条款[4]体现了职权探知主义，即法官为查明案件事实，在当事人提供的诉讼材料的基础上主动搜集其他材料，以便全面查清案件事实。二是庭审过程把握需有所侧重。庭审过程中，法官应释明引导各方在焦点问题上充分辩论。对于当事人未提及的重要事实和法律问题，法官应该积极引导各方发表意见。三是探知争议性质及当事人的根本诉讼目的。法官应该了解行政争议形成的背景，通过充分沟通，了解原告诉讼请求之外的根本诉讼目的。

(2)主体能力方面，增加法官释明权行使能力培训。一是在培训课程上增加庭审驾驭能力方面的内容。依托现有的培训机制，邀请专家教授讲授理论、邀请业内精英交流庭审经验。二是组织法官观摩庭审。通过内部交流观摩的

---

[1] [日]谷口安平：《程序的正义与诉讼》，王亚新、刘荣军译，中国政法大学出版社1996年版，第115页。

[2] 王杏飞：《论释明的具体化：兼评〈买卖合同解释〉第27条》，载《中国法学》2014年第3期。

[3] 翁岳生编：《行政法》，中国法制出版社2009年版，第1400页。

[4] 《行政诉讼法》第39条规定了法院有权要求当事人提供或补充证据；第40条规定了法院有权依职权调取证据。

方式，让法官置身于法台之外观察庭审，发现问题，学习经验。三是法官应主动通过各种途径学习。比如，通过庭审录音录像系统，学习观察其他法官的庭审，也可达到借鉴经验的效果。

(3)制度层面，扩展释明权行使的制度空间，设置豁免机制，完善释明权行使的监督机制。一定程度上，释明权的行使会增加法官裁判的负担，尤其是随着案件量持续增长及行政案件的特殊性，精力的限制和投诉的困扰会严重制约释明权的主动行使。因此，应扩大释明权行使的制度空间，对释明的范围不应作严苛限制。同时，对于释明权怠于行使、过度行使、违背中立原则、侵犯当事人处分权等情形通过上诉程序监督纠正。需要指出的是，监督纠正并非等同于所有释明不当的行为都需要对法官进行追责，应设置豁免机制，只有存在故意或重大过失的情形下才能追责。

### (四)整合调解和解程序

实质解决行政争议对于庭审实质化而言是一把“双刃剑”。一方面，实质性解决行政争议以行政主体与行政相对人的关系为视角，而不仅局限于行政主体作出行政行为一个方面，进而使直接言词原则、法庭充分辩论、证据充分质证等考虑双方主体“互动关系”的庭审实质化要素显著增加。另一方面，也比较容易造成追求“案件事了”，忽视对于行政行为的监督纠正的消极后果。实际上，法院发挥自身在协调各方力量方面的优势，进行协调进而和解的做法在实践中比比皆是。对协调、和解方式解决争议大可不必谈之色变。从争议解决角度看，调解、和解程序会起到非常明显的纠纷解决效果。为了避免上述弊端的产生，可考虑将调解、和解程序置于庭审程序之中，接受庭审程序的规制，改变目前庭外协调—撤诉的处理方式，通过庭审程序查明案件事实，分清是非的情况下进行调解、和解，避免“和稀泥”，尤其要避免以使当事人处于更为不利的地位而强制和解，或以牺牲公共利益为代价勉强和解的情况。

#### 1.合并调解与和解程序，整合合意型争议解决方式

根据《行政诉讼法》的规定，合意型纠纷争议方式具体表现为有限调解[1]+

---

[1] 《行政诉讼法》第60条规定：“人民法院审理行政案件，不适用调解。但是，行政赔偿、补偿以及行政机关行使法律、法规规定的自由裁量权的案件可以调解。调解应当遵循自愿、合法原则，不得损害国家利益、社会公共利益和他人合法权益。”

撤诉[1]的模式。鉴于前文分析,两者均存在制度缺陷。实际上,调解与和解在行政诉讼程序中表现为基本一致的构造,区别仅在于调解书与和解协议的效力不同。鉴于《行政诉讼法》规制调解、和解程序的立法本意,比较合理的做法是将调解与和解制度合并,即调解范围不做限制,用调解制度吸收协调和解撤诉的实践方式,根据行政诉讼制度的特殊性对行政诉讼调解的原则、条件、程序等作出明确的规定,规制调解方式的应用。在《行政诉讼法》关于调解规定的基础上,笔者认为,调解程序应设置于庭审辩论终结后,在查明案件事实、明确法律适用、分清是非的前提下进行调解。调解可以不公开进行,但是调解书应予公开,以便监督调解进程及保障案外利害关系人的救济权。

2. 创新调解方式

调解是在法官的主持下争议各方达成争议解决合意的过程,在此过程中当事人双方需要让渡利益,因此,调解结果的达成并非总是一蹴而就的,很多时候需要法官付出创造性劳动。在调解的启动方面,既可以由当事人向法院申请启动调解程序并提出调解方案,也可以由法官根据当事人的调解意愿和案件情况提出适合的调解方案。在调解的参与主体方面,一般而言是诉讼参加人参与调解,但并非一成不变。比如,调解程序中引入社会组织,借助社会组织的专业优势促成调解。再如,通过司法行政良性互动的方式推动调解的进展,此时参与主体就可能包括被诉行政机关、被诉机关的上级机关等,可以有效解决诉讼参与主体(代理人)的权限问题,增加调解成功的概率。

(五)落实行政机关负责人出庭应诉制度

1. 负责人出庭应诉制度的功能及问题

负责人出庭应诉制度是现行《行政诉讼法》的制度创新,目的在于实质性解决行政争议。"行政首长出庭应诉制度自然就搭起了官民之间平等对话与理性沟通的平台,无论是对于法院通过协调促进双方和解,还是原告寻求行政纠纷的实质性解决,抑或被告改善自身形象、破解信访困局,都具有重要的推动作用。"[2]

---

[1] 《行政诉讼法》第62条规定:"人民法院对行政案件宣告判决或者裁定前,原告申请撤诉的,或者被告改变其所作的行政行为,原告同意并申请撤诉的,是否准许,由人民法院裁定。"

[2] 章志远:《行政诉讼中的行政首长出庭应诉制度研究》,载《法学杂志》2013年第3期。

负责人出庭应诉的制度设计对于规范和加强行政机关负责人的法治意识，有效化解行政争议大有裨益。但是实践中涉中央国家行政机关行政诉讼中，负责人出庭应诉的制度实践并不是很理想，其他层级的行政机关负责人出庭亦未实现常态化。

2. 落实负责人出庭应诉制度的方法

将负责人出庭应诉制度落到实处需要三方共同努力。对于法院而言，建立出庭案件裁量机制，选取典型案件要求负责人出庭应诉。适用中需重点理解司法解释中应当出庭案件的选择判断。同时对于负责人出庭应诉案件的庭前准备、法庭审理、秩序维护、庭审效果等方面应该有详细的应对方案。对于行政机关而言，应该认识到负责人出庭应诉的重要意义，制定考核机制推动负责人出庭常态化，做好负责人出庭应诉的准备工作。对于原告而言，摆正心态，合理诉求。三方合作，才能解决负责人出庭制度的实践困境。

(六)提升庭审规范化、强化仪式感

1. 庭审规范化与仪式感的功能

庭审的规范化和仪式感与法官权威密不可分，完备的庭审程序及具有仪式感的细节是对法官的基本要求，也是增加法官庭审驾驭能力的重要外部保障。法官“不仅要主持正义，而且要人们准确无误地、毫不怀疑地看到是在主持正义，这一点是重要的，而且是极为重要的”。[1] 庭审公开的主要目的虽是通过社会监督规范庭审程序，但法官也可以充分利用庭审直播的广泛性、实时性特点，将庭审过程作为宣讲法律文化，增加法官权威的普法平台，充分利用庭审公开平台，让社会了解法庭的规范审判过程，以达社会教化效果。正如亨廷顿所言：“社会参与的程度越高，参与的意愿就越高，而参与的制度化程度越低，则政治就越不稳定。”[2] 只有在司法与民众的良性互动中，法律才能渗透到社会的每个角落，深入到每个民众的心中。

2. 庭审的规范化需要正当程序的控制

“一切有权力的人都容易滥用权力，这是万古不易的一条经验。有权力的

---

〔1〕 [英]丹宁勋爵：《法律的训诫》，刘庸安、杨百揆、丁健译，法律出版社1999年版，第186页。

〔2〕 [美]塞缪尔·亨廷顿：《变化社会中的政治秩序》，王冠华等译，华夏出版社1988年版，第5页。

人使用权力一直到遇到界限的地方才休止。"[1]法律对于庭审程序的规定就是界限。庭审程序的设置是立法者对于司法规律的深刻认识的总结，在规范化的庭审程序中，作为诉讼主持人的法官的职权得到了监督和控制，其他诉讼参与人的诉讼行为同样也将受到规范。换言之，审判权与诉权的滥用都将会得到不同程度的规制。庭审规范化意味着行政审判程序参与主体，在庭审程序中符合法律规定及程序理性，正确行使权力（权利），同时承担应尽的程序职责（义务）。尤其是"裁判者据以制作裁判的程序必须符合理性的要求，使其判断和结论以确定、可靠和明确的认识为基础，而不是通过任意或者随机的方式作出"[2]。

正当程序第一个层面的含义是必须遵守法律明确规定的法定时间和空间的要求，符合法定的步骤和方式。"倘若当事人觉得用来作出判决的程序是不公正的，那么无论是在心理上还是在行动上，他们都不太可能接受解决其争执的判决。"[3]因此，庭审程序应该严格遵守法律规定及程序理性，不仅让当事人、代理人感受到庭审的规范化及严肃性，也要让法律职业共同体成员对庭审程序作出符合正当程序原则的积极评价。

正当程序第二个层面的含义是司法裁量需要符合正当程序原则。"在庭审程序过程中，司法裁量是存在的，例如，行政诉讼法规定了当事人有辩论权，但是在庭审辩论环节，当事人陈述观点的时间和次数却是法官自主决定的，裁量结果往往会影响到当事人的表达及情感宣泄。为此，法官对于程序性问题的裁量应该受到正当程序的控制。正当程序原则中的中立、保障陈述申辩、公开等子原则恰好体现了对司法裁量的控制。法官中立，即法官应该是居中裁判者，应该平等地对待各方当事人；保障陈述申辩，即法官应该保障当事人陈述申辩权，引导当事人针对案件争议焦点问题充分发表意见；程序公开，即对庭审程序性事项的决定应该及时告知当事人并听取其意见，将庭审程序的进程向全社会

---

[1] [法]孟德斯鸠：《论法的精神》，张雁深译，商务印书馆1993年版，第154页。

[2] 陈瑞华：《程序正义理论》，中国法制出版社2010年版，第105页。

[3] [美]迈克尔·贝勒斯：《法律的原则一个规范的分析》，张文显等译，中国大百科全书出版社1996年版，第36页。

公开。"[1]

3. 庭审规范化要求庭审过程注重司法礼仪

"司法礼仪作为一种司法程式性要求，与实体法或程序法独立，通过裁判者的思维、行为、活动以及各种仪式表现出来，旨在强化法律之神圣和公众之虔诚，提高司法公信力，树立司法权威。"[2]能够体现庭审程序规范化及仪式感的具体步骤及注意事项有：着装规范[3]；法官入庭退庭途径、时间[4]；入庭、当庭宣判全体起立[5]；书记员宣读法庭纪律[6]；正确及时使用法槌[7]；语言表达规范、行为举止规范、情绪控制得当、严守法庭纪律。[8]

实际上，关于司法礼仪已有相关规定，关键是在庭审过程中，法官应该充分认识到司法礼仪的重要性，将司法礼仪内化于心、外化于行。

（七）庭审方式智能化

最高人民法院《关于加快建设智慧法院的意见》提出："智慧法院是人民法院充分利用先进信息化系统，支持全业务网上办理、全流程依法公开、全方位智能服务，实现公正司法、司法为民的组织、建设和运行形态。"[9]在此大背景下，庭审方式智能化成为转变庭审方式，助力庭审实质化的必要、可行措施。就庭审程序智能化而言，应该在线上庭审、庭审直播、电子证据出示、法庭记录等重点方面持续推进，在审判实践需求的基础上，加大基础设备投入、持续更新升级系统、广泛展开实践应用。

---

〔1〕 肖克：《试论行政争议的实质性解决与行政裁判文书的改革》，载卞建林主编：《诉讼法学研究》（第22卷），中国检察出版社2018年版，第273页。

〔2〕 邓志伟：《符号学视角下的司法礼仪——透视法院文化的表达与实践》，载《河北法学》2014年第4期。

〔3〕 详见《人民法院法庭规则》第12条、《法官行为规范》第8条、第29条第2款。

〔4〕 详见《法官行为规范》第29条第3、4款。

〔5〕 详见《人民法院法庭规则》第15条、《法官行为规范》第36条第2款。

〔6〕 详见《人民法院法庭规则》第14条。

〔7〕 详见《人民法院法庭规则》第18条、《人民法院法槌使用规定（试行）》。

〔8〕 详见《人民法院法庭规则》第17条、《法官行为规范》第30～34条、《法官职业道德基本准则》第24条。

〔9〕 最高人民法院《关于加快建设智慧法院的意见》（法发〔2017〕12号）。

## 七、小　结

所谓实质化，是指通过类型化的方法和精细化的操作，避免庭审过程中的空转和裁判内容的空洞，从而达成及时有效化解行政争议的目标。[1] 行政审判庭审实质化是在“以审判为中心”的诉讼制度改革背景中，体现行政审判“实质性解决行政争议”的独特价值取向，充分发挥庭审程序对裁判正当性的基础性作用及合意解决争议的平台作用，通过在保障公民诉权、推进诉讼程序民主、审判程序完备规范透明等方面设置精细化的措施，以便实现司法公正、司法权威、司法效率、争议解决等目标。对此，应从目的论、制度论、机制论、价值论四个视角明确庭审程序的价值取向，打造目的均衡、模式协同、刚柔并济、兼顾公平与效率的行政诉讼庭审程序。以诉讼类型化思维厘清类案审理规则和庭审思路，以争议类型化思维完备程序类型并适用有针对性的程序或争议解决方式，并在庭前准备程序、争议焦点制度、法官释明制度、调解和解程序、负责人出庭制度、庭审规范化和仪式感、庭审智能化等方面进行精细化的设计。庭审实质化有赖于改革者的精细设计与实施者的精心落实，只有在制度设计者与制度参与者的共同协力下方能实现。

[1] 高家伟主编：《行政行为合法性审查类型化研究》，中国政法大学出版社2019年版，第591页。

# 第三章　行政裁判文书说理充分化

“人民法院审理案件后制作的裁判文书，是反映案件争议和诉讼请求，记载司法审判活动过程，明确当事人权利义务的司法产品。”[1]如果说庭审程序是各方当事人以口头的方式进行观点碰撞交锋、各方主体围绕案件涉及的法律问题、背后的社会问题及公共政策问题交流协商过程的主要载体之一，那么裁判文书就是另一个重要的协商载体。不同的是裁判文书体现为法院对案涉法律问题的判断及论证，以国家强制性权力(司法权)为保障，判断争议问题、引导价值观念，并以书面形式体现。前者更侧重于司法民主，是包括当事人在内的社会公众参与司法程序的主要途径，即提供表达的平台，而后者更体现司法理性，即为司法判断提供正当性来源。“法院裁判文书具有解决案件纠纷的直接功能，向公众开展法制教育的社会功能，为法学理论研究提供素材的学术价值，以及向社会公开裁判过程及结果的监督功能。”[2]上述功能的充分实现，均离不开裁判文书的“灵魂”部分，即充分说理。从 1999 年人民法院一五改革纲要开始，到 2018 年最高人民法院出台《关于加强和规范裁判文书释法说理的指导意见》，裁判文书制度规范性与裁判文书说理充分化的改革从未间断过。在裁判文书说理改革的进程中，行政裁判文书说理结合自身特点不断探索完善，说理理论与说理实践均取得了长足进步。

[1] 胡云腾：《论裁判文书说理》，载《法律适用》2009 年第 3 期。

[2] 傅郁林：《民事裁判书的风格与功能》，载《中国社会科学》2000 年第 4 期。

## 一、行政裁判文书说理充分化概述

(一)行政裁判文书说理的含义

1. 裁判文书说理的内涵

关于裁判文书说理,学界并无统一的概念。不同观点从不同的角度阐释裁判文书说理的内涵:

(1)总体上分广义说和狭义说。广义说认为,裁判文书说理是诉讼主体为表明和论述自身观点而论述的各种理由的总称。狭义说认为,裁判文书说理仅指裁判理由部分,是规范化裁判文书格式中的"本院认为"部分。[1]

(2)两大法系关于判决理由的界定。"英美法系国家的判决理由可以指具有约束效力的抽象法律原则和具体案件的法律规则,亦可以指不具有约束效力的法官的附带意见和对案件主要事实的认定。……大陆法系国家和地区对判决理由的界定基本限于两个方面,即法官对当事人主张的事实所做出的具有法律意义事实认定的说明和根据认定的事实所做出的适用法律的说明。范围较为清晰,立法统一。"[2]

(3)以说理内容来界定裁判文书说理。学界对于以说理内容说明裁判文书说理的概念形成了多种观点,包括"两种含义说"[3]"三部分说"[4]"四种类型说"[5]

---

〔1〕 夏克勤:《民事裁判文书说理探究——"结构要素说理指引模型"之证成与应用》,中国政法大学2017年博士学位论文,第10页。

〔2〕 王合静:《民事判决理由研究》,法律出版社2016年版,第19~20页。

〔3〕 "两种含义说"认为,"判决理由这一术语应该包括两种含义,一是指判决所依据的理由;二是指作出判决的心理动机。"江伟、肖建国:《论既判力的客观范围》,载《法学研究》1996年第4期。

〔4〕 "三部分说"认为,裁判文书说理可以分为"程序事项说理""事实认定说理""法律适用说理"三个部分。孙华璞、王利明、马来客主编:《裁判文书如何说理——以判决说理促司法公开、公正和公信》,北京大学出版社2016年版,第47页。

〔5〕 "四种类型说"认为,裁判文书说理包括"审查判断证据说理""认定案件事实说理""法律适用说理""自由裁量权说理"四种类型。潘自强、邵新:《裁判文书说理:内涵界定与原则遵循》,载《法治研究》2018年第4期。

"四种观点说"[1]"五类说"[2]"内容及逻辑关联说"[3]"推理依据说"[4]"原则规则解释说"[5]。官方文件在学界关于说理内容的学说的基础上,简明扼要地将裁判文书释法说理理解为四个方面的内容,即阐明事理、释明法理、讲明情理、讲究文理。[6]

(4)以说理与裁判结论之间的关系来界定裁判文书说理。有观点认为,裁判文书说理是"论证裁判主文的合法性和正当性的活动"[7]。有观点认为,"裁判文书说理是指裁判者对案件事实的认定与裁判结果的逻辑演绎"。[8] 有观点认为,"判决理由是法官根据其所认定的案件事实和选用的法律规范得出判决结论的证立过程"[9]。有观点认为,"判决理由是法官对其所作出决定(判决)的正当性进行解释的一种诉讼活动"[10]。有观点认为,"判决说理就是为判决结果提供一般性的依据,并阐明援引、选择这些依据的依据"[11]。有观点认为,"裁判文书说理是通过说理证明裁判结果的正当性,在相当程度上说与法律

---

[1] 龙宗智教授总结了刑事判决理由含义的四种观点,即支持裁判主文的全部根据,即判决所依据的事实和法律,以及事实认定、法律适用的缘由;仅指支撑裁判所认定的事实和所适用的法律的理由;限于对裁判决定的法理分析;就某种特殊的法律制度,如英美法系的判例法制度,判决理由是指对判决中所适用的法律原则和规则的论证。龙宗智:《刑事判决应加强判决理由》,载《现代法学》1999年第2期。

[2] 胡云腾大法官认为,"裁判文书中说理的理可分为五类,即事理、法理、学理、情理、文理"。胡云腾:《论裁判文书说理》,载《法律适用》2009年第3期。

[3] "判决理由具体包括对案件事实的认定、对法律规范的适用、判决结果同法官认定的事实和适用的法律之间的逻辑关联性。"王合静:《民事判决理由研究》,法律出版社2016年版,第17页。

[4] "推理依据说"认为,"判决理由包括法律推理及法律推理所依据的建立在证据基础上的事实、法律条件、价值判断和政策选择。"田平安、陈彬主编:《民事诉讼法学》,法律出版社2010年版,第275页。

[5] "判决说理是判决意见书当中对有关法律原则、规则进行解说、分析、批判,对有关公共政策和基本价值进行阐发和讨论的文字。"秦前红、黄明涛:《法院如何通过判决说理塑造法院的权威——以美国最高法院为例》,载《中国刑事法杂志》2012年第3期。

[6] 最高人民法院《关于加强和规范裁判文书释法说理的指导意见》(法发〔2018〕10号)。

[7] 潘自强、邵新:《裁判文书说理:内涵界定与原则遵循》,载《法治研究》2018年第4期。

[8] 孙华璞、王利明、马来客主编:《裁判文书如何说理——以判决说理促司法公开、公正和公信》,北京大学出版社2016年版,第1页。

[9] 王合静:《民事判决理由研究》,法律出版社2016年版,第17页。

[10] 万毅、林喜芬:《从"无理"的判决到判决书"说理"——判决书说理制度的正当性分析》,载《法学论坛》2004年第5期。

[11] 陈林林:《裁判的进路与方法——司法论证理论导论》,中国政法大学出版社2007年版,第5~9页。

推理、法律论证存在交叉，且主要是适用法律推理进行法律论证”。[1]

2. 行政裁判文书说理

上述观点从不同角度展示了裁判文书说理的不同面向，均有助于揭开裁判文书说理的面纱，了解其全貌。受上述观点启发，本书认为，行政裁判文书说理是指行政审判法官以行政裁判文书为载体，围绕审查判断证据、认定事实、适用法律等事项，回应当事人对行政行为、公共政策、具体制度设计等不同层次的诉求，以证明作为司法判断的裁判结果正当性的司法治理行为。

对此可从以下几个方面理解：

(1)说理的主体。在我国现行的司法体制中，裁判文书的制作主体是人民法院，并非法官个人，裁判文书作为法院的判断结果体现的是法院的整体意志，然而这并非否定法官个人在裁判文书说理中的主体地位。笔者认为，裁判文书说理的主体是法官。一方面，裁判文书说理的执笔人是承办法官，说理部分是展示法官思维过程的主要载体，这是“审理者裁判、裁判者负责”的内在要求。另一方面，相较于文书格式的固定性、裁判结论的相对稳定性、两造意见和证据的既定性，说理部分是最能够反映出不同法官个性化的部分。正因如此，同样结论的案件，不同的裁判文书说理呈现给受众的却是不同的论述风格，也从侧面反映出不同法官的思维方式与业务能力的差异。

(2)说理的内容。行政裁判文书说理的内容包含三个方面、两个层次。三个方面，是指审查判断证据说理、认定事实说理、适用法律说理。两个层次，是指每方面的说理中可区分为实质说理与形式说理。具体而言，审查判断证据说理包括举证与质证过程的记载、证据能力的取得与排除等形式说理与证据的证明力、证明责任负担、个案中证明标准的确定等实质说理。认定事实说理包括当事人主张事实和证据事实(证明主张事实的事实)的整理与提炼、争议事实的梳理与总结等形式说理与争议事实的回应、裁判事实的认定等实质说理。适用法律说理包括当事人主张的法律适用观点及案件中的争议法律适用问题的总结、具体适用法律的选取等形式说理与争议法律适用问题的回应、具体适用法律条文中不确定法律概念的解释、立法目的与法律原则的阐释、裁判事实与适

[1] 罗灿：《司法改革背景下裁判文书说理繁简分流研究》，法律出版社2018年版，第2页。

用法律(条文、目的、原则)之间的逻辑关联性等实质说理。

(3)说理的本质。行政裁判文书说理的本质可以从两个方面来理解。一方面,说理是证明裁判结果正当性的诉讼行为。裁判结果是对原告的起诉条件与被告的行政活动的评判,是行政审判权运行的结果,此种判断结果是否正当涉及行政争议解决效果、相对人权利救济效果和公法秩序维护效果。而说理正是证明裁判结果正当性的论证过程,解释裁判结果的合法性与合理性,表明裁判结果并非“主观臆断”,这也是司法权作为判断权本质的体现。同时,裁判文书说理作为一种以裁判文书为载体的诉讼行为,需要符合裁判文书的规范要求及公文性质,符合诉讼规律,体现司法理性,不能天马行空,不受规制。另一方面,说理是裁判者与受众之间以对话方式协力解决纠纷的一种司法治理方式。行政裁判文书说理是司法权、行政权与公民权三者围绕被诉行为进行的互动,不仅涉及被诉行为合法性与合理性,还涉及背后的公共政策事项,指向某些具体制度设计。其中既包括各方当事人对于上述问题的主张及理由,也包括行政审判权对上述问题的态度。因此,行政裁判文书说理中需要准确全面地记载各方当事人的意见,并对其进行回应,在采纳与反驳中彰显司法判断与价值取舍的正当性。从治理的角度看,行政裁判文书说理是行政审判权参与政府治理与社会治理的途径,也是作为国家治理组成部分的司法治理方式之一。

(二)行政裁判文书说理的特点

1.行政裁判文书说理的层次性

由于行政审判的审理对象和审查标准存在不同的层次,行政裁判文书说理也呈现出层次性。具体表现为:一是说理既涉及被诉行政行为的形式合法性问题,又涉及被诉行政行为的实质合法性(合理性)问题。二是说理既涉及行政行为本身,又涉及行政行为背后的公共政策的合法性与合理性。“虽然法院的存在就是为了判定权力,而国家行政部门则主要负责实施政策,但法院的判决可以被看作是对社会政策的司法观念的一种表达。”[1]三是说理既涉及对过去行政行为的评价与纠正,还涉及对未来行政行为的示范、规制与引导。换言之,行政裁判理由包含对作为过去时的行政行为的是非判断,对已经受损的行政法律

〔1〕 何海波:《司法判决中的正当程序原则》,载《法学研究》2009年第1期。

关系的矫正与恢复，也包含通过对立法目的、法律原则等进行解释，通过价值判断的方式指引行政机关在未来做出行政行为和制定实施公共政策时更符合法治的基本价值，符合社会主义核心价值观的要求，提升政府治理的有效性，塑造良性的官民关系。

2. 行政裁判文书说理对象的复杂性

裁判文书说理对象就是说理的受众。按照比利时哲学家佩雷尔曼的观点，在法学场域中，法官说理有三个层级的受众对象，即直接接受裁判后果的当事人、法律职业者和社会的一般民众。[1] 法官在裁判文书说理时应当对裁判文书不同受众的反应有基本的预期，因为听众决定了裁判文书说理的可接受性。

有学者用"法民关系"[2]来概括说理双向主体的关系，并认为中国法官说理处于"积极的法民关系"之中。用上述观点和概念非常有助于理解行政裁判文书说理对象的复杂性。行政裁判文书的说理对象包括当事人、法律职业共同体成员（法官、检察官、律师、学者）与社会公众，而说理则需要面临"积极的法民关系"和"消极的法民关系"的双重压力。

对于前者而言，行政诉讼的当事人具有复杂性。一方面，双方当事人的诉讼能力有明显差异，且双方处于"官民"矛盾之中，法官需要平衡实体公正与司法中立的关系。另一方面，作为原告方的当事人具有诉讼心理的戒备性、诉讼理由的多层次性、诉讼目的的多重性等特点，而行政裁判的"诉判关系"的偏离又引发了制度供给与实践需求之间的张力。作为被告的行政机关拥有强势的行政权，法官需要考虑司法权对行政权审查的限度和方式，徘徊于"能动司法"与"克制司法"之间。另外，行政案件的社会关注度高，社会公众的监督往往带着"放大镜"，加之媒体报道的倾向性观点，使得行政裁判文书说理极易引发舆情。

---

〔1〕 王合静：《民事判决理由研究》，法律出版社2016年版，第53页。

〔2〕 法民关系不是法与人的关系，而是人与人的关系，是司法参与者之间特别是法官与当事人和律师之间的主体关系。典型的法民关系有两类：一类称为"消极法民关系"，法官主要的说理对象是法律同行，当事人以及一般公众通常处于"消极"状态。另一类称为"积极法民关系"，法官主要的说理对象是法律外行，受到当事人（有时还要扩展为一般公众）的"积极"影响。凌斌：《司法公正的公信基础》，载《华东政法大学学报》2013年第6期；凌斌：《法官如何说理：中国经验与普遍原理》，载《中国法学》2015年第5期。

对于后者而言,法律职业共同体的共识较难达成。一方面,囿于中国行政诉讼理论发展历程尚属短暂,有很多问题缺乏理论共识;另一方面,行政审判制度实践还不完善,比如,行政诉讼证据规则体系与裁判规范标准体系(法律解释方法与自由裁量基准)还比较粗放;另外,法律职业共同体的成员处于不同的业务领域,自然会偏重从不同视角对行政裁判文书说理进行监督或评价,也加剧了裁判文书说理的难度,所谓"众口难调"。

3. 行政裁判文书说理内容的类型化

我国行政诉讼法采取判决类型化的思路设计,规定了"撤销判决""履行判决""给付判决""变更判决""确认判决""责令被告采取补救措施判决""赔偿判决""驳回诉讼请求判决"[1]等几种判决方式。每种判决方式设定了不同的"法定判决理由"。例如,《行政诉讼法》第69条[2]规定了驳回诉讼请求判决的适用条件,第70条[3]规定了撤销判决的情形。"这种法定判决理由由法而定,不是由法官依据事实和法律推理的过程,更不包括法定事实和相关的法律。它承上启下,介于一般判决理由与最终判决之间,既是法院对事实和法律推演的结果,又是法院作出最终判决的明确的法定裁判标准。"[4]上述"法定判决理由"既可能以原告的诉讼理由或被告的答辩理由的形式出现,也可能以裁判文书说理内容的形式出现。行政诉讼审理标的的特殊性决定了采取法定判决方式时需要围绕"法定判决理由"的一项或几项展开。另外,最高人民法院《关于适用〈中华人民共和国行政诉讼法〉的解释》第69条规定了十项裁定驳回起诉的情形,行政裁定书说理需要围绕列举的法定裁定理由并结合具体案件事实进行说理。一般而言,行政裁定书的说理要比行政判决书说理更简洁,某些驳回起诉裁定的说理可能较为复杂,例如,对当事人是否具有"利害关系"的判断

[1] 江必新、邵长茂:《新行政诉讼法修改条文理解与适用》,中国法制出版社2015年版,第256~288页。

[2] 驳回诉讼请求判决的适用条件包括证据确凿,适用法律、法规正确,符合法定程序,或者原告申请被告履行法定职责或者给付义务理由不成立。

[3] 撤销判决的情形包括:主要证据不足;适用法律、法规错误;违法法定程序;超越职权;滥用职权;明显不当。

[4] 田勇军:《行政判决既判力扩张问题研究——兼与民事判决既判力相关问题比较》,武汉大学2011年博士学位论文,第143页。

说理。

4.行政裁判文书说理依据的多元性

行政裁判文书说理依据的多元性源于行政法律规范体系的复杂性。主要表现为:第一,多种形式的法律规范致使法律适用时对法律规范的寻找比较复杂。我国特有的立法体制〔1〕使立法种类繁多、形式多样,包括权力机关立法与行政立法、中央立法与地方立法。法律规范种类包含了法律、行政法规、地方性法规、自治条例和单行条例、部门规章和地方政府规章等多种形式。法律规范之间可能存在规范竞合、规范冲突、规范空白或模糊等问题。根据《行政诉讼法》的规定,行政审判法律适用依据法律、法规,参照规章。繁杂的法律规范导致法官在寻找行政裁判文书说理依据时需要费些功夫,需要法官掌握法律规范不一致时的选择适用规则。第二,行政法律规范法典化程度低,寻找说理依据时需要法官在行政实体法、行政程序法、民事法律规范之间来回关照。行政裁判文书针对被诉行政行为合法性的说理既涉及适用行政实体法,又涉及适用行政程序法,还涉及适用民事法律规范(如行政协议案件)。而目前,我国并没有统一的行政实体法典,也没有统一的行政程序法典,行政实体法律规范和程序性法律规范混合载于大量的行政法律、法规、规章中,甚至数量更多的规范性文件中。法官说理时需要根据案件法律适用的需求,关照数量极多的法律规范,想要找法提速,需要审判经验积累。第三,行政审判法律适用的审查性适用特征〔2〕,涉及对规章和规范性文件的审查判断,需要熟练掌握法律解释方法。行政管理领域广泛、行政事务纷繁复杂,法律、法规不一定能照顾到所有细节,行

---

〔1〕在我国"一元、两级、多层次"的立法体制中,有立法机关享有立法权,同时立法权从纵向上依据管理事项的重要程度以及影响范围的广度为标准被划分为中央立法与地方立法,即所谓的两级立法。多层次是指我国法律体系中包含法律、行政法规、地方性法规等不同效力等级的规范性法律文件。亦有学者认为我国的立法体制可以概括为"二元、两级、多层次",从立法主体上看,传统的立法权本意是特指立法机关享有立法权,但是在近代社会行政权快速蔓延的背景下,通过行政权建立法律规范从而加强社会管理的作用逐渐被人们所重视,借助行政立法能够让政务工作更有效率。在宪法明确赋予国务院行政法规的立法权之后,行政机关开始具有一定程度的立法权。立法权被分配至立法机关与行政机关各自享有,即所谓的二元立法。董皞:《论法律冲突》,商务印书馆2013年版,第16页。

〔2〕一般来说,行政诉讼中的法律适用,是人民法院对被诉行政行为的第二次法律适用。行政机关在行政程序中作出行政行为的法律适用成为第一次适用。人民法院对行政机关的法律适用的审查,就是第二次适用,也称审查适用。马怀德主编:《行政诉讼法学》,北京大学出版社2019年版,第234页。

政机关为此制定了大量的规章和规范性文件。实践中,被诉行政行为往往会援引规章、规范性文件,甚至内部的裁量基准性文件。因此,行政裁判文书法律适用说理部分需要对拟参照的规章、涉及的规范性文件的合法性与合理性等问题进行阐述,此时需要法官回到立法法的规定、法律解释性文件(权威解释、参考解释),有时还要回到法律目的、原则及精神,探寻行政法学理论。行政裁判文书法律适用说理的复杂性也可从浩繁的解释文件中窥见一斑,如大量的立法解释、行政解释、司法解释、针对具体法律适用问题的批复与答复、审判解释等。

(三)行政裁判文书说理充分化的内涵

从行政裁判文书说理的特点出发,本书认为,行政裁判文书说理充分化,意指说理内容完整、结构清晰、逻辑融贯、表达恰当。

具言之,行政裁判文书说理充分化包含以下四个层面的含义:

1. 内容完整

前文所述,行政裁判文书说理内容包含三个方面、两个层次。说理充分化意味着审查判断证据说理、认定事实说理、适用法律说理均应具备形式说理与实质说理的内容,三个方面、两个层次并无遗漏。

2. 结构适当

结构适当,意指本院认为部分要有合理的谋篇布局。行政裁判文书说理,尤其是行政判决书说理的本院认为部分不仅涉及对行政行为合法性与合理性的解析评价,还涉及对当事人诉讼观点的分析回应,甚至可能涉及对双方当事人及社会公众未来行为的引导塑造。各部分内容之间并非均匀着墨,而是根据案件情况,突出争议焦点问题和论述的重点内容,论证说理详略得当。

3. 逻辑融贯

逻辑融贯意指,灵活运用多元化的论证方式和法律解释方法,充分展开论证方式和解释方法在具体案件中的运用过程,通过融贯的说理证成裁判结果的正当性。

4. 表达恰当

表达恰当意指,说理的语言表达应周至考虑行政裁判文书说理对象的复杂性,法官根据具体案件特点及说理内容确定说理的语言表达,平衡法言法语的专业性与裁判文书表达的可及性之间的关系,克服专业语言的局限性和日常语言的非规范化。

需要指出的是说理充分化是一个程度的问题,面对纷繁复杂的案件不易形成统一的标准。长篇大论并不等同于说理充分化,充分化应当以科学合理的繁简分流为基础,但秉承“言多语失”的观念导致应当说的不说或说不清肯定不是说理充分化。行政裁判文书说理充分化这个命题需要法官结合具体案件中的说理情形审慎地把握,可以说裁判文书说理充分化是法官的“能力活”,也是“良心活”。

(四)行政裁判文书说理充分化的功能与意义

1. 裁判文书说理的功能

所谓功能,是指事物或者方法的功效或者作用。〔1〕裁判文书说理的功能从狭义上理解是指说理的功能,从广义上理解还包含裁判文书的功能,从最广义上理解还可能包含审判的功能。

在裁判文书说理功能研究的既往成果中,论者从不同的角度对裁判文书说理的功能进行了总结归纳。有论者认为,裁判文书理由的基本功能表现为,在国家与社会系统中的沟通功能;在诉讼系统中的说服功能;在判决书系统中的逻辑功能。〔2〕有论者认为,行政裁判文书具有“宣示功能、说服功能、公开功能、审级功能、预测功能、先例功能”。〔3〕有论者从裁判文书的可接受性角度提出,裁判文书说理根据说理对象的不同表现为感受公平正义、统一裁判尺度、提升司法公信、理论实践统一等功能,行政裁判文书说理的特殊功能在于监督依法行政。〔4〕有论者认为,判决理由在民事诉讼运行状态中的主要功能有“说服败诉者与获取社会民众之认可”“限制法官滥用自由裁量权”“创设法律规范”“指引主流社会之秩序”等。〔5〕有论者认为,裁判文书说理具有“约束肆意裁判、提升司法权威、提高法官素质与促进法律发展”〔6〕四大功能。有论者将判

〔1〕《辞海》(上),上海辞书出版社1999年版,第1464页。

〔2〕胡桥:《判决理由的概念和功能》,载《浙江省政法管理干部学院学报》2001年第6期。

〔3〕李广宇:《行政裁判文书的功能》,载《人民司法》2006年第8期。

〔4〕孙海龙:《“充分说理”如何得以实现——以行政裁判文书说理为考察对象》,载《法律适用》2018年第21期。

〔5〕王合静:《民事判决理由研究》,法律出版社2016年版,第23～32页。

〔6〕陈文丽:《裁判文书说理的法理分析》,苏州大学2009年硕士学位论文。

决理由的功能归纳为十二种,包括恣意制约功能、辩论保障功能、公开保证功能、独立维护功能、增加接受功能、错判防范功能、矛盾过滤功能、笔录实效功能、上诉裁量功能、法治宣传功能、监督便利功能、素质提升功能。[1] 也有论者以否定的视角论述了裁判文书具有“服判息讼”的功能是对裁判文书可接受功能的误读,认为“判决理由的可接受性功能不是指判决结果的可接受性,而仅仅是指沟通意义上的可接受性”。[2] 有论者总结了对于裁判文书说理功能存在两种极端误区——“说理无用论”与“说理万能论”,认为前者必须摒弃,后者不切实际。同时认为裁判文书说理的功能在于沟通,法官应该将裁判文书说理视为与当事人和公众进行公共沟通的重要途径。[3]

笔者主张行政裁判文书说理应当充分化,在充分化说理的目标下理解行政裁判文书说理的功能,应当做多角度的、最广义的理解,才能为充分说理提供更多的必要性视角。需要指出的是,最广义的理解也不是不着边际的“生拉硬拽”,要避免落入“说理万能论”的极端。

2. 行政裁判文书充分说理的意义

只有充分理解行政裁判文书说理的意义,行政法官才能够在实践中尽可能地充分说理。如果法官秉持司法虚饰论[4]的立场,或是导致只重视结果不说理,抑或是为预设的裁判结果勉强寻找理由,致使因果倒置,影响公正结果的产出。实际上,在结果预判—理由—最终结果的裁判逻辑中,理由起到了修正预判结果的功能,是保证最终结果公正性的关键因素。在多角度认识裁判文书说理功能的基础上,行政裁判文书充分说理具有以下意义:

(1)增强行政裁判文书的可接受性,提升司法公信力。“理由构成之目的有

---

[1] 韩邦舜:《判决理由的功能及其完善路径》,南京师范大学2007年硕士学位论文。

[2] 李滇:《当代中国判决理由合理性标准研究》,吉林大学2010年博士学位论文,第63页。

[3] 罗灿:《司法改革背景下裁判文书说理繁简分流研究》,法律出版社2018年版,第5、14页。

[4] 司法虚饰论认为,判决书中提供的判决理由不是真实的判决原因,因而只是粉饰判决的工具。此观点有两个方面的理据,一方面是现实主义法学的规则怀疑论,另一方面源自现实主义法学主张的理由与原因等置论。杨贝:《论判决理由与判决原因的分离——对司法虚饰论的批判》,载《清华法学》2016年第2期。

二：一为说服自己；二为取信他人，可供复制，克制恣意及专擅。”[1]说服自己关注的是得出裁判结果的论证过程，此时的可接受性指向裁判的法律效果，即法官运用法律论证方法从裁判的事实根据与法律依据中符合逻辑地推导出裁判结果的证立过程，以及对事实根据与法律依据的正确性的论证，前者涉及法律推理方法，后者涉及证据规则及法律解释方法。取信他人则关照了裁判的听众（裁判受众和社会大众），“如果一种论证为论辩者所指向的听众所接受，那它就是正当的”[2]，此种裁判的可接受性指向裁判的社会效果。行政裁判文书的可接受性是上述法律效果与社会效果的共同实现。我国行政判决属于职权行政判决[3]，是以对被诉行政行为进行合法性评价为中心，不依赖于当事人的诉讼请求。此种相分离的诉判关系模式容易导致“判非所请”的困境。此时的法律效果较容易实现，但由于对原告的回应性较差，而影响其可接受性。为消弭上述困境所产生的消极后果，说理就显得尤为重要，通过充分说理既可以对行政行为的合法性判断给出理由，让被告知道行政行为的问题所在，又可以对原告的诉讼理由给予回应，就双方争议的事实和法律问题给出解释。同时充分的说理也向社会公众证明，法官作出的判断并非主观臆断，而是有理有据的。事理清楚、法理明确、情理动人、文理通畅的裁判文书说理既符合规范的法律理性，又体现了司法对当事人诉求的回应与关注，加强了裁判的社会亲和力，也必将增强裁判的可接受性。通过个案说理积累起来的对司法个案裁判的可接受性，将逐步汇集为司法权的整体公信力的提升，毕竟司法公信力或者说人民群众对于司法的信任是基于其对个案的信任累积而成的。

（2）弥合行政法律规范与社会生活之间的差距，维护行政法律规范的统一性。法条由规范语言和专业概念构成，当它与社会事实相遇便产生了法律事实，这个过程是固定的法条与鲜活的生活互动的过程。在此期间，法条的内涵和外延不断明确，有些法条还会根据社会发展需要被修改、废止。上文论及行

---

[1] 王泽鉴：《法理思维与民法实例：请求权基础理论体系》，中国政法大学出版社 2001 年版，第 301 页。

[2] [荷]伊芙特·T. 菲特丽斯：《法律论证原理》，张其山等译，商务印书馆 2005 年版，第 46 页。

[3] 所谓职权行政判决，是指人民法院不以当事人诉讼请求为基础，不受当事人诉讼请您求范围的拘束，而是根据公共利益（包含国家利益）保护的需要作出的行政判决。张旭勇：《行政判决原论》，法律出版社 2017 年版，第 174 页。

政法律规范体系的复杂性,法律规范之间可能存在规范竞合、规范冲突、规范空白或模糊等问题,此时需要法官在适用法律过程中,依托法律解释方法进行选择、填补和界定,以弥合行政法律规范的抽象性、安定性与社会生活的具体性、开放性之间的差距。正如美国大法官格雷所言:“法官的判决就是法律,是活生生的法律。每一份判决书都是法官运用司法职业技能正确适用司法程序、正确分析推理认定事实、正确解释和适用法律所作出的裁判,是法律在社会生活中的具体运用。”〔1〕我国虽属成文法国家,“法官的固有角色注定其不能替代立法者,其必须在边界虽然较为模糊但毕竟相对正确的正当活动空间内进行规则选择”。〔2〕法官解释法律是依托于个案法律适用来解释法律规范,以个案裁判文书的充分说理为载体,具有“个别规范”的品性,然后通过行政判决的溢外效力而产生事实上的约束力。在此基础上,成熟的行政判例会通过指导性案例的形式在更大的范围内发挥作用,进而影响到行政法律规范的修订或新法的出台,上升为一般的行政法律规范,达到法官造法的效果。另外,行政法律规范体系中包含大量的规范性文件,行政诉讼法赋予了行政审判对规范性文件的附带性审查功能,这意味着法官在行政裁判文书说理中需要阐明规范性文件不合法的依据和理由,如此一来,充分说理起到了纠正规范性文件与上位法相抵触的作用,保持规范性文件与上位法的协调统一的积极效果。总之,在上述过程中,行政裁判文书说理起到了在具体案件中连接法律与生活、维护法制统一的功能。

(3)为政府治理提供有效指引,保障公法秩序。“司法审查之所以必要不是因为法院可以代替行政机关做理想的事,而是因为法院可以促使行政机关尽可能不做不理想的事。”〔3〕行政诉讼的功能并非仅局限于救济法层面,亦因其客观诉讼属性而具有监督行政机关公权力行为的功能。行政裁判文书是对行政行为合法性与合理性的评价,裁判结果只能使行政机关知道行为的是非对错、合理与否,充分的说理则让其知道具体的问题所在,“知其然,亦知其所以然”。

---

〔1〕[美]本杰明·N. 卡多佐:《法律的成长——法律科学的悖论》,董炯、彭冰译,中国法制出版社2002年版,第67页。

〔2〕沈岿:《公法变迁与合法性》,法律出版社2010年版,第174页。

〔3〕[奥]凯尔森:《法与国家的一般理论》,沈宗灵译,中国大百科全书出版社1996年版,第93页。

在行政裁判文书说理中解说法律规范，运用行政法原理，乃至于批评教育或是肯定提倡的价值引导，均可在个案中形成针对行政行为是否具备法律效力的司法评价，实现了司法权对行政权的监督、规范和引导。“法治主要是使权力服从法律规制的事业，核心内容在于国家权力行为、规范与制度的持续性，是规则形成和实现的过程”[1]。正是裁判文书的充分说理强化了法治规则，也具体细化了法治规则，在使法律规则体系完善的基础上，通过纠正违反法律规则的公权力行为，使得行政审判参与到了公法秩序的建构和运行中，保障了公法秩序的协调、稳定与发展。

(4)实现行政审判专业化及法官职业化。行政裁判文书的充分说理既需要关注法律规范和法律职业共同体的法理认同，也需要关照公共政策和社会主义核心价值观，既涉及行政审判权与强大的行政权的关系，又涉及行政审判权与人民群众的感受公正的关系。因此，充分说理必将倒逼行政法官的专业化，或者说在两者之间形成互相促进的关系。尤其是在裁判文书公开的影响下，使得裁判文书说理在社会公众之间获得了更大范围的关注与讨论，更增加了裁判文书充分说理的必要性。

(5)推动行政法与行政诉讼法理论实现新发展。英美法系中发达的判例制度之所以能够经久不衰，除了法官们的实践智慧外，学者对先例的解读评价与归纳总结也起到了非常重要的作用。对于判例的长时间的关注研究不仅丰富了理论资源，也对之后法院如何遵循先例提供了强有力的智力支持。我国虽不是判例法国家，但是近年来最高人民法院对指导性案例制度的重视，以及各级法院对典型案例的梳理总结、宣传推介也使得类案检索成为法官撰写行政裁判文书时常用的重要方法之一。与此相应，行政审判典型案例研究亦成为行政法学研究领域中的一种趋势，这种研究方法采取从审判实践到理论生成的研究进路。有学者统计，2005～2014年的十年间，《法学研究》和《中国法学》发表的27篇关于行政诉讼法的专题论文中，有13篇论文秉承了“裁判整理”的立场。此种研究立场拉近了理论研究与审判实践之间的距离，有助于在“个案—规范”的

---

〔1〕 陈新民：《德国公法学基础理论》(上)，法律出版社2001年版，第91页。

互动之中生成行政法学说,推动行政法学的中国化。[1] 学者们关注审判实践,梳理相关典型案件,或提取裁判文书中的裁判要旨为理论创新提供素材,或批评相关裁判中存在的问题为类案裁判标准提供合理化建议,或通过案例梳理从司法判决中抽象出行政管理或行政审判中的制度性问题并提出理想对策,均对实践起到了重要的指导作用,促进了理论与实践的良性互动。然而,法官的所有思考并非均体现在裁判文书中,也造成了案例研究的局限性,即法官和学者之间由于思考方式和所处位置的不同而出现理解误差。而裁判文书的充分说理正是弥合误差的有效途径之一,充分的理由说明能够减少学者对裁判文书说理内容的诸多猜测,减少了说者与听者之间的误会。可以预见,随着行政裁判文书说理充分性的不断提高,将为行政法学理论研究提供更为丰富的实践素材库。

## 二、行政裁判文书说理改革的历程

行政裁判文书说理改革是随着裁判文书说理改革的整体要求及特殊要求展开的,全面了解行政裁判文书改革的历程需要结合一般意义上的裁判文书说理的改革文件和改革文件对于行政裁判文书说理的特别规定综合理解,在一般性的基础上重点理解特殊性。

### (一)文书说理的改革文件梳理

1999 年,最高人民法院发布一五改革纲要提出,“加快裁判文书的改革步伐,提高裁判文书的质量。改革的重点是加强对质证中有争议证据的分析、认证,增强判决的说理性;通过裁判文书,不仅记录裁判过程,而且公开裁判理由,使裁判文书成为向社会公众展示司法公正形象的载体,进行法制教育的生动教材”。一五改革纲要拉开了裁判文书说理改革的序幕,这一阶段裁判文书说理改革的目标是展示司法公正,重点强化争议证据的认证说理。2002 年施行的最高人民法院《关于行政诉讼证据若干问题的规定》对行政裁判文书的证据认证说理部分进行了明确,法院对证据的认证应从证据的关联性、合法性、真实性等

[1] 章志远:《社会转型与行政诉讼制度的新发展》,北京大学出版社 2019 年版,第 215 ~216 页。

方面阐述说明，说理应当考量法律规定、职业道德、逻辑推理、生活经验等[1]。2004年，最高人民法院发布《一审行政判决书样式（试行）》，就一审行政判决书提供了作为类、不作为类和赔偿类三种文书样式，对于规范一审行政判决书说理起到了重要的指导作用。2004年，最高人民法院发布《关于审理行政案件适用法律规范问题的座谈会纪要》提出，“人民法院可以在裁判理由中对具体应用解释和其他规范性文件是否合法、有效、合理或适当进行评述”。2005年《法官行为规范（试行）》中对裁判文书说理提出了“胜败皆服”的目标，“客观、全面、充分”的说理标准。2006年，最高人民法院发布《关于妥善处理群体性行政案件的通知》提出，“要增强群体性行政案件裁判文书的说理性，注意裁判的导向作用”。

2009年，最高人民法院发布三五改革纲要提出，“增强裁判文书的说理性，提高司法的透明度”，建立了裁判文书说理与裁判文书公开制度的连接。同年年底最高人民法院印发《关于司法公开的六项规定》强调，“裁判文书应当充分表述当事人的诉辩意见、证据的采信理由、事实的认定、适用法律的推理与解释过程，做到说理公开”。同年，最高人民法院印发《关于依法保护行政诉讼当事人诉权的意见》提出，“不予受理或驳回起诉裁定中要给出令人信服的理由”。同年，最高人民法院发布《关于当前形势下做好行政审判工作的若干意见》强调，司法建议对于行政裁判文书说理的补充作用。2010年，最高人民法院发布《法官行为规范》，将裁判文书说理确定为法官应当履行的职业义务，并提出了裁判文书说理“胜败皆明”的目标，“准确、客观、简练”的说理标准，其中第46～53条对于审判程序说理、认定事实说理、适用法律说理、定性及审理结果的分析论证说理进行了详细的规定。同年颁布的《关于案例指导工作的规定》确立了指导性案例对于裁判文书说理的参照指导作用及事实上的拘束力。

2013年，党的十八届三中全会通过的《关于全面深化改革若干重大问题的决定》提出，“增强法律文书说理性，推动公开法院生效裁判文书”；2014年，党

[1] 最高人民法院《关于行政诉讼证据若干问题的规定》第54条规定：“法庭应当对经过庭审质证的证据和无需质证的证据进行逐一审查和对全部证据综合审查，遵循法官职业道德，运用逻辑推理和生活经验，进行全面、客观和公正地分析判断，确定证据材料与案件事实之间的证明关系，排除不具有关联性的证据材料，准确认定案件事实。”

的十八届四中全会通过的《关于全面推进依法治国若干重大问题的决定》再次强调,“加强法律文书释法说理,建立生效法律文书统一上网和公开查询制度”。上述两部文件对裁判文书说理的强调,对于裁判文书说理制度改革而言,具有里程碑意义。2014年修正的《行政诉讼法》延续了行政诉讼判决方式类型化的思路,完善、增补了判决方式,相关司法解释明确规定了驳回起诉裁定的适用情形,进一步丰富和完善行政裁判的“法定裁判理由”,为行政裁判文书说理提供了类型化的说理重心。2015年,最高人民法院发布四五改革纲要,提出了“感受公正”的说理目标,确立了庭审程序对于裁判理由形成的关键作用,并提出“根据不同审级和案件类型,实现裁判文书的繁简分流”“完善裁判文书说理的刚性约束机制和激励机制”等的裁判文书改革措施。同年发布的《行政诉讼文书样式(试行)》提供了判决类(含调解)文书、裁定类文书、决定类文书、通知类文书等96个规范文书样式;与之前的文书样式相比,更加注重通过庭审程序发现争议问题并对其重点说理,注重说理的繁简分流,注重说理的规范化的同时结合个案保持灵活性。[1] 同年,最高人民法院发布《关于在人民法院工作中培育和践行社会主义核心价值观的若干意见》提出,裁判文书说理应该符合社会主义核心价值观。

2018年最高人民法院出台《关于加强和规范裁判文书释法说理的指导意见》,从裁判文书说理的功能与价值(第1条)、内容范围(第2条)、基本原则(第3条)、说理类型及要求(第4~7条)、说理的繁简分流(第8~10条)、说理的规范化与个性化(第11~15条)、说理的配套机制(第16~19条)等方面对裁判文书说理进行了系统的规定,是新时代强化裁判文书释法说理的重要举措,也是现阶段裁判文书释法说理改革的重要指导性文件。

### (二)文书说理改革评析

从上述法律、司法解释和改革文件的规定中我们可以发现,裁判文书改革由点及面、由粗糙到精细、由单兵推进到系统集成,不断与时俱进的整体发展脉络。从一五改革纲要拉开序幕,逐步形成了说理内容(法律适用、证据认证)、说

---

〔1〕 最高人民法院行政审判庭编:《行政诉讼文书样式(试行)》,人民法院出版社2015年版,第1页。

理目标、说理标准、特殊案件说理、说理形式规范等“四梁八柱”。从三五改革纲要开始,逐步探索说理与文书公开、司法建议、指导性案例、法官职业义务的关系,并修正了之前关于说理目标和标准的理解。两部党的中央文件将说理改革的重要性进一步凸显,之后文书说理改革进入了更精细化的阶段,感受公正成为说理的目标,说理的形式规范更加丰富包容,说理改革与庭审程序、审级功能、繁简分流、说理类型化(法定化)、社会主义核心价值观等协同推进。到2018年系统全面的指导意见出台,为裁判文书说理提供了更完备的指引。

## 三、行政裁判文书说理实践中存在的问题

随着改革的持续推进,行政裁判文书说理取得了长足的进步。观察行政裁判的实践,仍存在一些需要重视的旧问题和需要解决的新问题。

### (一)内容完备性不足

1.审查判断证据说理

审查判断证据说理主要涉及对证据的证据能力、证明力的评价及对当事人质证意见的回应。

(1)对证据能力判断缺乏说理。只给出了是否具备关联性、合法性和真实性的认证结论,缺乏结合证据规则的阐述,尤其是关于证据能力排除方面的论证更显欠缺。裁判文书中常见诸如“上述证据来源合法、内容真实,与被诉行为的合法性审查具有关联性,本院予以采信”“该证据与被诉行为的审查缺乏关联性,本院不予采纳”等公式化语言。

(2)证据的审查判断职权主义倾向明显,缺乏对于当事人质证意见的回应,尤其是对当事人主张的证明目的是否可以达成缺乏论证,未能体现出对于当事人程序性权利(质证权)的充分尊重。

(3)对证据的证明力缺乏认证分析。缺乏对于证据的证明力及不同证据证明力大小方面的理由说明,换言之,缺乏法官对证据审查判断的心证过程。

2.认定事实说理

(1)认定事实与证据认证之间缺乏联系。行政裁判文书认定事实部分指向“经审理查明”部分,主要包括被诉行政行为的内容(查明事实、法律适用)的记

载、行为的作出程序及结论；或当事人提出履行法定职责申请及给付申请的内容，行政机关是否处理及如何处理等。实践中，事实认定与证据认证相脱离，文书的“经审理查明”部分与证据认证之间看不出关联，认定的事实与证据之间如何对应推导缺乏论述。

(2)推定事实论证不足。其中涉及法律推定和事实推定。前者要求从基础事实得出推定事实符合法律规定，后者要求从基础事实得出推定事实符合经验法则。推定过程需要证明基础事实的存在，充分说明从基础事实到推定事实的理由及心证过程。实践中，对得出推定事实的说理往往失之于笼统概括。

(3)对为何确定本案证明标准的说理不充分。行政案件中行政行为的性质多样，不同行为对于当事人合法权益的影响程度不同，因此，证明标准也不同。加之行政诉讼法及司法解释、证据规则等对于证明标准没有明确的规定，需要法官根据个案情况，在排除合理怀疑(上限标准)和合理可能性(下限标准)形成的裁量空间中作出选择。正因如此，证明标准的确定及在案证据是否达到证明标准需要强化说理，既是对法官裁量行为的有效规制，也是防止当事人不理解、不认同的应有之义。实践中，证明标准说理多现主观臆断的情况。

3. 法律适用说理

(1)缺乏对法条规定的适用解释。法律规范的规定往往比较抽象，而个案事实又是具体多样的，因此，司法裁判说理中必须要对法律规范的规定作出解释说明，形成个案的裁判规范以对应于具体的个案事实。只援引法条，然后列明案件事实就得出结论的裁判文书，显然没有在法律规定与案件事实之间建立有效链接，没有尽到完整的说理义务。此种情况主要多发于法院内部已形成了裁判标准的适用法律问题上，法官往往将裁判标准预设为不需要说理论述的内容。

(2)法律解释方法运用不当。法律的抽象性、滞后性与社会生活的具体性、变化性之间的差距是不可避免的，法律漏洞和规范存疑也在所难免，因此，需要法官在裁判文书说理中通过法律解释方法予以补漏与释明。法官运用的法律解释学方法主要包括文义解释、体系解释、目的解释、类推解释等，正确地运用法律解释方法是法官释法能力的重要体现。行政裁判文书说理实践中，望文生义、断章取义、曲解立法目的、不合逻辑的类推等不当运用法律解释方法的情况常见,导致裁判文书适用法律错误。

(二)方式多样性匮乏

1.重视说理合法性,忽视说理正当性

基于行政权与司法权关系的考量,《行政诉讼法》设置了合法性审查原则。囿于该原则的限制,行政裁判文书说理主要对行政行为是否合法进行说理,而对于行政行为的合理性问题往往言词寥寥。实际上,《行政诉讼法》在合法性审查原则之外,对法院审查行政行为的合理性问题提供了规范空间,即滥用职权和明显不当。笔者认为,司法权在行政行为的合理性问题上并非无所作为,案件中遇到法律规定的上述情形或者明显有违常理的问题,可以从法律原则和精神的角度展开文书说理,以兼顾裁判文书说理的法律效果和社会效果。

2.重视说理的规范性,忽视说理的个性化

行政裁判文书作为公文的一种,在文书格式规范、引用法律规范、语言规范等方面符合规范性要求,是公文书庄重性、权威性的必然要求。然而过于强调裁判文书的规范化和模式化,忽视文书说理的个性化,则会导致法官说理逐步固化,影响说理方式的创新,很难出现面向未来的引导塑造型说理。审判实践中,笔者还没有发现过采取附表、附图、附录等方式进行说理的行政裁判文书。除了依据法律法规、司法解释、指导性案例、审判业务规范性文件外,应用其他说理渊源,如公理、情理、法理、经验法则、交易惯例、民间规约、职业伦理、立法材料、学理通说等进行说理的也并不常见〔1〕。语言风格上,很少见到运用修辞方法或学术论证方法等以便增强裁判文书可接受性的说理方式。

3.重视说理对行政行为要件的涵盖性,忽视说理对各方观点的论辩回应性

我国行政审判中职权主义诉讼模式浓重,基于监督职能和合法性审查原则,行政判决书说理主要围绕《行政诉讼法》规定的法定理由,形成了围绕“行政职权、行政行为认定事实、行政行为适用法律、作出程序、处理结论”的说理结

〔1〕 最高人民法院《关于加强和规范裁判文书释法说理的指导意见》(法发〔2018〕10号)第13条规定:“除依据法律法规、司法解释的规定外,法官可以运用下列论据论证裁判理由,以提高裁判结论的正当性和可接受性:最高人民法院发布的指导性案例;最高人民法院发布的非司法解释类审判业务规范性文件;公理、情理、经验法则、交易惯例、民间规约、职业伦理;立法说明等立法材料;采取历史、体系、比较等法律解释方法时使用的材料;法理及通行学术观点;与法律、司法解释等规范性法律文件不相冲突的其他论据。”

构。原告的诉讼请求往往只作为诉讼的触发点,行政判决书说理缺乏对其诉讼请求及主张理由的实质关注,有些判决书对于当事人主张的事实和理由概括得过于简单,没有能够完全展示当事人的诉讼意图,有些判决书对于各方当事人提出的事实和理由并没有完全进行回应,有些判决书没有总结争议焦点问题,或是对焦点问题不进行说理回应,形成了封闭独白式说理,“你说你的,我论我的”。

4. 重视说理的专业性,忽视说理的可接受性

行政审判是专业性特点极强的诉讼方式,为突出专业性、符合行政法及行政诉讼法原理、得到法律职业共同体的认同,使用专业概念、学理通说进行说理是必要的。但是行政裁判文书说理中应用专业性较强的概念、理论及裁判标准时,应该用非专业人士可以理解的语言和方式进行解释,以便提升当事人的可接受性。比如,《行政诉讼法》及相关司法解释对于起诉条件的限制较多,规定了大量的专业概念,如“受案范围”“利害关系”“权利义务不产生实际影响”等,很多行政裁定书说理中并未对上述情形的认定标准、具体案件中为何不具备上述起诉条件进行充分且易于理解的解释,非常影响裁判的可接受性。

(三)方法有效性欠佳

1. 文书制作与庭审程序缺乏有效衔接

庭审程序对于裁判文书理由的形成发挥着重要作用。比如,庭审中双方充分陈述观点,进而产生双方的争议焦点问题,裁判文书的论辩回应性恰恰体现在对争议焦点问题进行论证、作出结论。再如,庭审程序中举证、质证过程对法官的证据认证十分关键,这也是庭审需要法官亲历的重要原因。实践中,裁判文书说理与庭审程序存在脱离现象,庭审程序中审理的焦点问题不一定在论理中有所体现,对当事人的证据意见的回应也没有充分体现于说理中。

2. 类案检索方法未得到充分利用

以往生效裁判文书确立的裁判标准和说理内容对于之后的同类案件的说理有重要的指导或参考作用。利用好现有的大数据资源对同类型案件进行检索对于提升裁判文书说理的充分性和类案裁判标准的一致性有重要意义。实践中,或因数据资源的有限性,或因检索方式的非便利性,或因法官缺乏检索的主观意愿等原因,类案检索方法并未得到有效的利用。

3. 合议庭作用大打折扣

合议制度对于裁判文书说理的重要作用在于"集思广益""去伪存真""确定标准"。囿于每位法官的职业经历、案件经验、专业积累等方面的差异,合议过程中可能产生很多关于说理的观点和思路,不同观点相互碰撞论辩、相互强化认同,才能得出事理、法理、情理兼具的裁判文书说理。实践中,时间和精力有限,法官主要会关注自己主审的案件,加之缺乏即时合议的工作规范,时间一长,合议庭其他成员很难清晰地记得具体案情。上述原因导致合议经常出现走过场、不全面深入、缺乏论辩、低效率等情况,影响裁判文书理由的形成。另外,合议庭合议多侧重于案件中涉及的事实、法律问题及裁判结果,缺乏对文书制作具体表述的合议。出于对承办法官撰写文书的尊重,合议庭其他成员一般不会对裁判文书说理部分的表述进行推敲修改。

## 四、行政裁判文书说理充分化的改革措施

### (一)思路的转变

"我国审判方式以至整个司法制度改革取得成功的一个重要前提,是司法主体的观念的现代化"[1]。行政裁判文书说理充分化改革也是如此,受既往行政审判理念、模式、方式的影响,说理思路形成了强大的思维惯性。而改变以往不符合时代发展需求的思维惯性,恰恰是行政裁判文书说理现代化的重要前提。然而观念的改变也是最难的,它涉及一个领域内的法律职业共同体的既有思维习惯、价值观念等主观性非常强的因素,已经长期根植于行政法官的思想和行为之中。因此,行政裁判文书说理改革首先应从思路上改变,它既是起点,也是难点。正如以研究社会现代化问题而著称的学者阿历克斯·英格尔斯所言:"如果一个国家的人民缺乏一种能够赋予这些制度以真实生命力的广泛的现代心理基础,如果执行和运用着这一些现代制度的人,自身还没有从心理、思想、态度和行为方式上都经历一个现代化的转变,失败和畸形发展的悲剧结局是不可避免的。再完美的现代制度和管理方式……也会在一群传统人的手中

---

〔1〕 苏力:《变法、法治建设及其本土资源》,载《中外法学》1995年第5期。

变成废纸一堆"[1]。

1.从闭门造车到开放协商

传统的行政裁判文书说理围绕着行政行为的构成要件,对行政行为的合法性作出评判。裁判文书的执行力主要是依靠国家强制力为后盾,法官凭借自己在法律适用方面的专业知识垄断优势关起门来对行政行为的合法性作出独断。"司法的过程被视为国家意志的实现过程,当事人和利害关系人的意思表示只有在符合并且被吸纳进国家意志的范围之内,才被视为具有法律上的意义。与法律不一致的甚至相反的主张会被法官自觉地过滤掉。与国家意志的绝对性和主导地位对应,裁判内容的形成完全取决于法官单方面的认识。"[2]如此产生的行政裁判文书往往在可接受性方面大打折扣,尤其是对争议问题进行判断方面表现明显。

一方面,行政法律规范的复杂性和专业性,导致仅有法律判断难以满足行政管理实践的需求,导致司法权和行政权的关系紧张。另一方面,随着公民权利意识的增长,对原告诉讼请求和事实理由不加回应的裁判说理也会受到当事人的质疑,形成"案结事不了"的情况。再一方面,随着裁判文书公开制度的逐步推行,裁判文书说理也受到了法学学者、社会公众越来越多的关注。如果对社会的关注不重视或不回应,也会受到来自法律职业共同体成员的诟病。行政裁判文书说理是整个行政诉讼程序的最终产品,应该体现诉讼程序中各方针对行政行为合法性与合理性、政策依据的妥当性,乃至制度设计的合理性等方面表达意见的综述,这就要求裁判文书中应该详细记载各方观点,抽象总结出围绕被诉行政行为延伸出来的问题,而说理正是司法判断主体对于各方争议焦点问题的回应,对于案件反映出来的各种社会关注问题的司法判断及司法导向。唯有如此,才能够发现充分说理的着力点,以司法判断的形式总结各方共识,回应各方诉求,解决争议问题,充分展示法官裁判的心路历程,增强裁判文书结论的可接受性。如此才能构建审判权与诉权的平等关系,而不是审判权主导诉权的高权关系,才能在行政审判中树立充分尊重当事人诉讼权利和诉讼地位的司

[1] [美]阿历克斯·英格尔斯:《人的现代化》,殷陆群编译,四川人民出版社1985年版,第4页。

[2] 高家伟:《公正高效权威视野下的行政司法制度研究》,中国人民公安大学出版社2013年版,第186页。

法为民理念。“使那些受裁判结局直接影响的人与代表国家进行裁判的司法官员一起，拥有平等的诉讼主体地位，能够平等地进行理性的辩论、说服和交涉，并对裁判结果发挥积极的影响和作用，而不是被动地等待官方对自己命运的判定，消极地听从国家权力机构对自己权益的处置，由此使其作为人的尊严得到承认和尊重”〔1〕，深刻地影响整个社会对相关问题达成共识，推动法律规范与时俱进。

2. 从形式法治思维到实质法治思维

司法裁判的形式法治思维主要受分权学说的影响，立法机关制定明确清晰的法律规范，司法者适用法律于具体案件，在司法裁判的过程中，法官只是产出案件结果的“自动售货机”，将个案事实对应于具体法条得出裁判结果，形成了经典司法三段论的法律推理模式。“法院只需要也只能忠实地适用由法律制定者、解释者和监督者提供的现成规则，法院解释法律（法条有疑问时）、选择法律（法条有冲突时）和创造法律（法条有漏洞时）的权能受到严格限制。”〔2〕然而，司法实践的复杂性往往超出了形式法治思维的设想。“基于法律的不确定性、未完成性及可辩驳性等特征，法律推论得以成立的大前提必须经过解释、权衡乃至论证才能得以成立，才能顺利地完成大小前提之间的逻辑涵摄。”〔3〕这就需要法官在对行政行为进行合法性判断说理时，不能仅局限于法条的具体规定，还应该积极主动地行使司法裁量权，从法律体系的整体上，乃至于从政治、经济、社会的发展需要角度，寻求立法本意，回归法的精神和原则，创制出适合本案公正裁判的裁判标准，在满足个案公正的同时，实现政治、经济和社会等方面的发展目标。在此过程中需要法官掌握多样化的司法方法，有学者将司法方法分为三种类型，即法条至上、原则裁判和后果权衡〔4〕，法官需要根据不同案件中的法律规范的供给程度灵活运用不同的司法方法。

除上述合法性审查外，行政诉讼中树立实质法治思维还意味着，需要对行

---

〔1〕 陈瑞华：《程序正义论》，载《中外法学》1997 年第 2 期。

〔2〕 何海波：《实质法治：寻求行政判决的合法性》，法律出版社 2009 年版，第 59 页。

〔3〕 王彬：《逻辑涵摄与后果考量：法律论证的二阶构造》，载《南开学报（哲学社会科学版）》2020 年第 2 期。

〔4〕 任强：《司法方法在裁判中的运用——法条至上、原则裁判与后果权衡》，载《中国社会科学》2017 年第 6 期。

政行为的合理性进行审查,依托上述方式,行政审判将会与行政机关之间真正形成监督—合作的良性互动关系,在法治政府建设中发挥更重要的作用。

3. 从增强个案裁断结果的正当性到输出司法规则

从案件当事人的角度看,裁判文书主文部分是对被诉行政行为或原告诉讼请求的司法判断的最终结果,裁判文书说理部分就是为说服各方当事人,尤其是败诉者提供理由,增强裁判结果的正当性。从司法治理维度看,则涉及行政裁判文书是否得到社会公众认可,从行政裁判文书与社会公众的关系角度,行政裁判文书说理的功能作用将得到极大的拓展,即输出司法规则。说理并不必然局限于被诉行为或原告诉讼请求的判断,亦可抽象出其中的法律问题、政策问题,抑或制度设计问题,形成对于上述问题的司法规则,“司法作为维护公平正义的最后一道防线,显然不只是对个案是非曲直进行评判,更是对社会的规范指引和宣示”。

一方面,可以预防同样违法或不合理的行政行为的发生,亦可推动政策的改进、立法的进步或制度的完善。另一方面,通过输出司法规则,宣示司法价值导向,影响潜在的诉讼主体积极主张权利,同时理性行使诉权,进而影响社会公众的行为规范。个案裁判说理通过输出司法规则的方式,影响其他类似案件中的裁判,逐步形成“法官法”,进而激发社会的广泛讨论,推进社会对于法律问题达成共识,对立法者产生影响,完成从“法官法”到制定法的转变。就是在这种广泛的互动和影响下,作为国家治理重要环节的司法治理通过个案司法裁判文书说理将在更广泛的空间中发挥作用,推动国家治理现代化的进程。

(二)内容的转变

1. 审查判断证据说理

我国行政诉讼法奉行证据裁判主义,依据证据规则对涉案证据进行审查判断是认定事实的前提基础。因此,审查判断证据说理是行政裁判文书说理的重要内容。举证、质证和认证均是审查判断证据说理的关键因素。以当事人的举证行为为先导,而后以当事人质证为过渡,法院得出认证意见就显得顺理成章,实现了从证据材料到证据再到定案证据的转变过程。第一,裁判文书中应列明各方当事人举证情况。第二,裁判文书中应列明当事人的质证情况。庭审中需要法官通过释明,引导当事人针对对方提供证据的证据能力(关联性、合法性、真实性)及证明力(有无、大小)逐一发表意见。裁判文书中的质证意见应该结合当事人提交的书面质证意见和庭审中的表达归纳总结要旨并予以如实记录。第三,裁判文书中应列明认证意见。此部分是审查判断证据说理的重点,是在举质证的基础上,对证据材料是否具备证据能力作出判断说理,进而将证据材料转化为证据。而后对证据是否具有证明力及证明力大小进行分析判断,使证据变为定案证据。该部分中,对于缺乏证据能力而不予采纳的证据材料、缺乏证明力而不予采信的证据、当事人存在争议的证据,应详细说明理由。第四,对于当事人自认、调取证据、涉密证据等特殊情况予以说明。

2. 认定事实说理

认定事实说理主要分为两个部分:第一部分是“经审理查明”中对案件事实的表述,叙述清楚行政行为的起因、程序和内容;第二部分是“本院认为”中对认定事实的根据予以说明,此部分主要是对争议事实进行说理,表现为结合证明责任、证明标准、推定规则等认定法律规定的要件事实的心证过程。笔者认为,认定事实说理部分需要注意的问题是对于认定的事实应该有相应的证据支持,对于争议事实,尤其是事实真伪不明时,根据证据规则详述法官的心证过程(价值衡量)是该部分说理的重点,也是难点。

3. 适用法律说理

行政裁判文书适用法律说理是围绕行政诉讼法规定的裁判方式的法定理由展开的。在此范围内展开以下几方面的说理内容:第一,选定说理依据。主要包括具体法律规范(法律、行政法规、规章、司法解释、规范性文件)、法律原则、立法目的、社会主义核心价值观、国家政策、行业惯例、法律专业术语、常识与经验法则等。第二,说理依据的解释。主要是指根据法律解释方法、学说(通说)、指导性案例等对说理依据进行解释说明,进而得出本案裁判规范。第三,本案裁判规范与根据证据查明的案件事实之间的对应性论证。法官适用法律,在法律明确具体且与法律原则、精神不冲突时,体现为依照法律条文的“照本宣科”,此时裁判者是立法者的执行人。而当法律规定模糊或立法条文与法律原则、精神相冲突时,则体现为将裁判文书适用法律说理作为一个参与到融贯一致的法律建构中的裁判行为,此时裁判者成为了立法者的合作者,两者共同的目标指向为法律规范的完备性、融贯性和实质合法性。

4. 具体案件中说理内容的拓展创新

行政裁判文书说理除上述内容之外，还应根据具体案情增加以下部分：

(1)回应性内容。行政诉讼的审查对象是行政行为的合法性与合理性。审判实践中，容易出现裁判文书说理仅围绕行政行为的合法性与合理性展开，而忽视当事人的诉讼理由，出现"你诉你的，我论我的"的情形。实际上，回应当事人的诉讼理由是裁判文书可接受性的关键因素，涉及当事人对司法裁判的感受正义。当事人在诉讼中提出的诉讼理由必然是其深信不疑的，代表着其本人持有的公平正义观念，对于当事人言之凿凿的诉讼理由不予回应，无法使其从内心真正接受法院的判决，尤其在当事人面对败诉的结果时，更是如此。裁判文书说理中的回应性内容是对当事人所持公平正义观念的认同或矫正，此种认同或矫正并非以法官本人的正义观为标准，而是以法律整体所体现的正义观为标准，即各方对公平正义观念的基本共识。行政裁判文书中增加回应性的内容，不仅体现在对于被诉行为合法性的各个要素的论述，而且要对双方当事人的核心论点予以回应，尤其是对于双方争议的焦点问题，让当事人明白其所持观点是否成立，诉讼请求是否可以得到支持。需要说明的是，回应并非回应所有的主张，对于纯恶意的主张或者与案件完全偏离的主张并不需要回应，也不应当给予回应，因为此时法官的回应任务无法完成或过重，有过分苛责之嫌，会有损法官回应性说理的积极性。

(2)引导塑造性说理内容。行政裁判文书不仅要解决过去的行政争议，更应该面向未来，塑造良好的官民关系。从发展学的角度看，行政裁判文书说理中应该包含引导塑造性说理内容。对此，主要可以区分为三种情况：

第一，建议性内容。目前审判实践中承担此部分说理功能的主要方式是司法建议。有学者将司法建议区分为裁判引导型、裁判补充型、纠纷预防型和裁判执行型四种。[1] 作为有中国特色的方式，司法建议在法院延伸审判职能方面发挥了积极作用。然而，司法建议局限于法院与被建议行政机关之间，具有一定程度的封闭性，案件当事人、其他机关和社会公众并不了解。笔者认为，为扩展司法建议的影响范围、增强建议性内容的社会效果，可以考虑将目前部分

[1] 章志远：《社会转型与行政诉讼制度的新发展》，北京大学出版社 2019 年版，第 29～34 页。

类型的司法建议直接表述到裁判文书中或者作为裁判文书附录的方式一并向社会公开。比如,个案中反映出的行政执法漏洞和相关行政管理制度方面的问题。之后逐步将司法建议所承载的建议性功能转化到裁判文书说理中,在裁判文书说理中开辟出建议性内容的部分。

第二,指正性内容。对于不影响行政行为结论的程序性问题或文字瑕疵等内容,可以采取指正性说理,指出问题所在。比如,行政机关作出的行政行为认定事实清楚、证据确实充分,且庭审中行政机关明确了法律依据,但行政行为本身未援引具体法条或援引法条存在错漏,此时撤销该行政行为并不能达到最佳的效果,更合适的方式是指正性说理。

第三,指引性内容。指引性内容就是在裁判文书说理中指导当事人如何规范、有效的行为,可以区分为对原告方的指引和对被告方的指引。前者比如,在一起信息公开案件中,当事人向被告的法定代表人邮寄信息公开申请,导致该申请未被及时处理。虽然法院判决原告胜诉,但在裁判文书说理中告知当事人在今后信息公开申请时应该按照《政府信息公开条例》规定的途径向行政机关负责信息公开的工作机构提出申请。后者比如,作出撤销重作判决时,裁判文书说理中应该尽可能地对行政机关是否具备义务或作出何种给付等给出尽量具体的指引。在很多涉及行政机关裁量权或者需要其进一步调查事实的情况中,判决说理无法提供具体明确的指引,但是仍应对被告履行其作为义务提供方向性指引。

此外,需要指出的是,行政裁判文书各部分说理内容的规范完备并不代表所有说理内容都必须均等用力、洋洋洒洒,而是法官根据案件具体情况,有繁简、有侧重地说理。笔者认为,重点说理的内容包括涉及实质性争议的案件(存在法院可以解决的争议)、裁判标准创立型案件(新类型案件)、法律适用解释型案件(规范不清晰)、法律规范空白或矛盾型案件(回归法律原则、精神及立法目的)、事实存疑型案件(证据不足导致事实认定难以确定,需要通过证明标准、推定规则等确定案件法律事实)、社会(媒体)广泛关注的案件。

### (三)方式方法的转变

方式方法的多元化与灵活运用是法官拥有丰富的法律专业知识、娴熟的司法技能和优秀的裁判能力的表现,是增强司法裁判理性因素、提升裁判合理性的必然要求,灵活运用法律方法是在相关方面的系统训练和司法实践中不断的体悟积累中获得和强化的。

1. 论证方式的多元化

“司法裁判就是一种法律推理(legal reasoning)或法律论证(legal argumentation)的过程。”[1]因此,掌握法律推理或法律论证的方法是行政裁判文书说理充分化的必要条件。

(1)司法三段论。“司法三段论是一种以逻辑学的原理作为法官推断判决结果的证立模式”[2]。经典的司法三段论模式是以法律规范为大前提,以本案事实为小前提,发现两者的一致性,进而在两者间建立涵摄关系,应用演绎推理方法得出符合法律规范意旨的本案裁判结论的推理过程。推理过程见图1[3]。

大前提　T→R(当具备T的要件时,即适用R的法律效果)
小前提　S=T(特定的案件事实符合T的要件)
结论　　S→R(特定的案件事实S适用T得到法律效果R)

**图1　经典司法三段论推理模式**

在这种法律形式逻辑中,从前提到结论的推理是有效的。因此,司法三段论被简化为两个问题:一是法律规范的发现,二是案件事实的涵摄。但是作为推理的大前提必须是真命题且可识别,作为小前提的案件事实具有确定性方能推导出具有正当性的结论。正因如此,司法三段论也并非总是自给自足的论证方式,“我们总会遇到两个相关联的障碍。第一个障碍是我们对于事实的无知;第二个障碍是我们对于目标的不确定”[4]。从这个意义上看,“司法三段论只是一种内部正当性的证成,在法律规范与事实之间建立一种有效的推导关系,而外部正当性的任务在于对所使用的前提进行说明”。[5]

司法三段论模式在行政裁判文书说理中的应用。司法三段论体现出法官对于立法的服从,严格限制法官造法。采取司法三段论的论证模式能够有效规

---

[1] 雷磊:《从“看得见的正义”到“说得出的正义”——基于最高人民法院〈关于加强和规范裁判文书释法说理的指导意见〉的解读与反思》,载《法学》2019年第1期。

[2] 王合静:《民事判决理由研究》,法律出版社2016年版,第77页。

[3] 舒国滢:《法理学》,北京大学出版社2006年版,第216页。

[4] [英]哈特:《法律的概念》,许家馨、李冠宜译,商周出版社2000年版,第169页。

[5] [德]魏德士:《法理学》,丁晓春、吴越译,法律出版社2005年版,第300页。

制司法裁量权,保障法的安定性,进而提升裁判文书说理的理性化程度。在此种模式中,法官被设定为“自动售货机”,否认了法官的主观因素,容易造成机械司法,因此广受诟病。尽管如此,由于大陆法系国家受“立法至上”的传统和完善的制定法体系的影响,法官裁判时仍以司法三段论为基础。行政裁判文书说理中应用司法三段论应注意避免机械司法。为了克服其弊端,在寻找大前提和确定小前提时可适当加入法官的能动性因素,以便消解机械司法的缺陷。

(2)类比推理。“类比推理是一种非演绎推理,根据两个或两个以上事物在某些属性上的相同,从而推出它们在其他属性上也相同。”[1]推理形式见图2。

A有属性a1，a2，a3，…，b
B有属性a1，a2，a3，…
所以，B也有属性b。

**图2　类比推理模式**

类比推理中需要识别大前提中事物的属性与小前提中事物的属性,两者相同的属性越多,结论的可信度越高。此种推理方法在判例法国家的司法判决中应用广泛。我国虽不属于判例法国家,但是随着指导性案例的法律渊源地位的逐步确立及其他判例对法官裁判事实上的效力影响,类比推理在司法判决说理中的作用也在逐步提升。

类比推理在行政裁判文书说理中的应用。在行政裁判文书说理中,类比推理的应用有助于判决说理的充分性。法官裁判时引用指导性案例或者其他案例,需要通过案例检索方法,首先识别出类案。而后比较在先裁判与本案裁判的相同点和不同点,依照公平正义的要求和案件审理的需求等因素,对相同点和不同点的重要程度进行比较,进而决定适用或不适用在先判例规则。从说理充分化的角度看,识别相同点和不同点及两者之间的比较分析是运用类比推理进行充分说理的着力点。如果当事人诉辩意见中提及了在先判例,此部分说理也是回应当事人诉辩主张,提升裁判文书说理可接受性的关键因素,否则将面临“同案不同判”的质疑。

---

〔1〕 舒国滢:《法理学》,北京大学出版社2006年版,第219～220页。

(3)图尔敏模式。[1] 英国哲学家斯蒂芬·图尔敏被称为"当代论证理论的创始人之一",在对形式逻辑提出批评之后,他提出了"评价性推论"模式。该理论主要体现在其著作《论证的使用》[2]中。该书的主题是"实践推理的标准与价值"[他称之为"实质考量"(substantial considerations)或"实质论证"/非分析论证],以及在评价论证的过程中必须使用何种规则。图尔敏模式不同于数理逻辑或形式逻辑,而是一种论辩者之间的"社会辩证(逻辑)",一种对论证者的断言(主张)和判断进行证成的理论,通过论证使主张(结论)是可接受的,涉及主张的"可靠性"、根据(理由)的"坚实性"、支撑(佐证)的"牢固性"。[3] 在该书中他提出了著名的论证六要素说,即"图尔敏模式"(见图3)。

六要素包括:D(data)事实,是指作为论证基础的事实证据。C(claim)主张,是指在论证中的结论。Q(qualifier)模态限定,是指从事实得出结论的模态,如"一定""可能"等。W(warrant)凭证,是指从事实能够推导出结论的一种推理规则。B(backing)支持,是指对凭证的强化,指出凭证的规范力或规范功能而赋予其权威性,如法律依据。R(rebuttal)反驳,是指阻止从事实得出结论的因素。论证过程见图3。

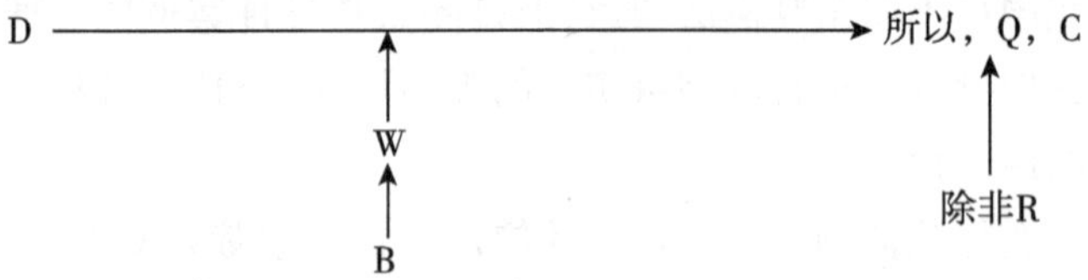


**图3 图尔敏六要素论证**

结合图尔敏所举的例子(见图4)可以帮助我们理解论证的过程。首先,提出一个特定的主张(C),其次提出支持该项主张的事实(D)。例子中,"哈里是英国人"是主张,通过事实"哈里出生于百慕大"加以证立。简述为若"哈里出生于百慕大",则"哈里是英国人"。此时,反对意见可以对"哈里出生于百慕

〔1〕 王合静:《民事判决理由研究》,法律出版社2016年版,第79~80页;蔡琳:《裁判合理性理论研究》,法律出版社2009年版,183~190页;舒国滢:《法学实践知识之困与图尔敏论证模型》,载《国家检察官学院学报》2018年第5期。

〔2〕 [英]斯蒂芬·图尔敏:《论证的使用》,谢小庆、王丽译,北京语言大学出版社2016年版。

〔3〕 舒国滢:《法学实践知识之困与图尔敏论证模型》,载《国家检察官学院学报》2018年第5期。

大”的事实(D)提出疑问,也可以对“哈里出生于百慕大”是否足以推出“哈里是英国人”提出质疑。对于后者,主张者需要对此进行证成,这种证成不能通过进一步陈述事实推导出来,需要有一个有说服力的论证规则,使得主张事实能够推出结论。此时主张者提出了凭证(W)“凡在百慕大出生的人,一般会是英国公民”。这个凭证和事实相加,推出了结论,但是其中包含模态限定(Q)“一般会”,因此,该推论规则也可能受到质疑。反对者可能提出反驳(R)“哈里的父母是美国人或哈里已经改变了国籍”。此时,则主张者需要提出对凭证的支持(B)以强化凭证的权威性,比如,援引英国关于国籍的法律规定。

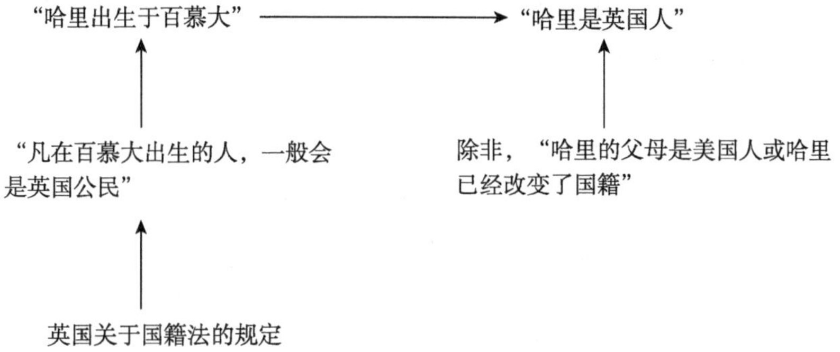


**图4　图尔敏模式例证**

图尔敏模式在行政裁判文书说理中的应用。尽管学界对于图尔敏模式有很多批评,如场域依赖的观点导致的相对主义、过于简单静态等,但它确实提供了一种具备可操作性的论证方式,在行政裁判文书说理中,尤其是对提升回应当事人主张(支持或反驳)的说理部分的充分性提供了重要的论证思路。

(4)阿列克西的理性论辩理论。阿列克西将法律论证分为内部证成和外部证成。“内部证成是判断是否从为了证立而引述的前提中逻辑地推导出来,外部证成是论证前提的正确性问题。”[1]“内部证成的逻辑推论只能保证结论的有效性,却不能保证结论的正确性。结论的正确性有赖于其前提的正确性,而前提的正确性是内部证成无法解决的,只能诉诸外部证成。”[2]

〔1〕［德］阿列克西:《法律论证理论——作为法律证立理论的理性论辩理论》,舒国滢译,中国法制出版社2002年版,第274页。

〔2〕范春莹:《法律思维研究》,法律出版社2012年版,第267页。

阿列克西认为,内部证成的大前提是一个普遍性规范,对于这个普遍性规范,需要尽可能多地展开逻辑推导步骤,以使某些表达达到无人再争论的程度,使其完全切合有争议的案件,应尽最大可能陈述逻辑的展开步骤。[1] 内部证成实质上是司法三段论的变形,要求按照逻辑法则从作为前提的法律规范中推导出裁判结果。外部证成是对内部证成的前提是否正确的证立,主要包括实在法规则、经验命题和既非经验命题亦非实在法规则的前提的证立。对于大前提的实在法规则,可以通过指出它符合法秩序的有效标准,为有效的法律规范即可。对于经验命题,可以通过证据法的规则予以证立。而对于内部证成中需要的既非经验命题亦非实在法规则的前提,阿列克西提出了六大类证立规则,即法律解释的规则、法教义学的论证规则、对判决先例的评价、普遍性实践论证、经验论证和特殊法学论证。[2]

法律论证理论在行政裁判文书说理中的应用。从裁判文书说理充分化的角度看,阿列克西的法律论证理论提供的启发在于,一方面要通过尽可能展开逻辑推导步骤,保障内部证成的逻辑性达到饱和状态;另一方面要通过外部证成的过程,运用不同的论证方法,来证立内部证成中的前提。尤其是其提出的语义学、发生学(与立法者意图相吻合)、历史、比较、体系、目的六种法律规范解释规则,对于裁判者在具体案件中进行法律适用或弥补法律空白提供了指导,而非简单地引法条,摆事实,出结论。

(5)佩雷尔曼的新修辞学论证理论。比利时哲学家佩雷尔曼围绕听众、对话、说服和辩论等核心内容建立了新修辞学理论,它是“一门实用学科,它的目的并不是想创作一幅艺术珍品,而只是想通过语言(或文字)对听众(或读者)进行说服的一种活动”。[3]

新修辞学理论关注接受论证的对象,即听众。新修辞学理论将听众分为“普泛听众”“特殊听众”“特定听众”三个类别。普泛听众是指有理智和人性的成年人,说服普通听众主要是通过理性论证的方式得以实现。特殊听众是指说

---

〔1〕 [德]阿列克西:《法律论证理论——作为法律证立理论的理性论辩理论》,舒国滢译,中国法制出版社2002年版,第274~285页。

〔2〕 蔡琳:《裁判合理性理论研究》,法律出版社2009年版,第198~202页。

〔3〕 沈宗灵:《佩雷尔曼的“新修辞学”法律思想》,载《法学研究》1983年第5期。

话者沟通的具体对象,说服特殊听众依赖于个人之间的对话。特定听众是指论者本人,说服自己实质上就是自我思辨的过程。

新修辞学理论关注对于听众的说服,而说服的前提是说者与听众之间的共识。此种共识不同于逻辑中的规范性命题或证据的陈述,而是说者与听众所认同的事实性或价值判断性的信念。佩雷尔曼的共识可以是关于现实的也可以是一种偏好,前者包含事实、真理与认定,可以寻求有效性;后者包含价值、层级和论题,只能诉诸听众的认同。[1]

新修辞学理论在行政裁判文书说理中的应用。新修辞学理论对行政裁判文书说理的启发在于:第一,关注不同层次的说理对象,社会公众、案件当事人、法律职业共同体、法官自身等均是裁判文书说理涉及的听众。不同的听众的素质和需求是不同的,裁判文书说理面向的听众不同,说理的功能定位、层次内容、语言风格等也应有所不同。具体而言,说服当事人的目的是案结事了人和,关照当事人的感受正义。说服法官的目的是塑造法律职业共同体,统一裁判标准,突出法官群体的专业认同。说服学者的目的是理论与实践良性互动,弥合理论与实践的间隙,推进法治进程。说服社会公众的目的是提升司法公信力,塑造司法权威,引导主流价值,彰显社会公平正义。照顾不同的说理对象能够为说理的充分性提供多维视角。第二,行政裁判文书说理不仅要关注合法性,也要关注可接受性。“司法判决必须被当事人和社会大众接受才能产生实际效用。法律的生命也在于此,只有产生实际效用的法规则,才是有实际效力的法,否则法律规则就很难成为行为中的法,在社会生活中没有实际意义”[2]。可接受性的来源即说理者与说理对象的共识,此种共识可以表现为社会公众所普遍认可的价值。裁判文书说理可以从社会主义核心价值观出发,法官也有责任在文书说理中宣扬社会主流价值,“通过对话、辩论来说服听众(或读者)尽可能地使他们相信自己提出的命题,在持有各种不同意见的公众中争取最大限度的支持”[3]。以便从共识出发,也促进共识的达成,减少甚至避免司法裁判与主流民意的冲突,实现裁判文书法律效果与社会效果的统一。第三,行政裁判文书

[1] 蔡琳:《裁判合理性理论研究》,法律出版社2009年版,第150页。

[2] 陈绍松:《司法裁判的合理可接受性》,中国政法大学出版社2017年版,第218页。

[3] 沈宗灵:《佩雷尔曼的“新修辞学”法律思想》,载《法学研究》1983年第5期。

说理中加入法官的价值判断，发挥法官的能动性。新修辞学理论将价值判断引入了法律逻辑，认为法律逻辑不仅是单纯的形式逻辑，而是辩证逻辑、关于目的的逻辑、价值判断的逻辑，其中充满了主观判断的内容。因此，行政裁判文书说理不仅要研究形式逻辑，也要研究价值判断，在立法的客观局限性的情景中，法官在裁判文书说理中的角色功能不是“自动售货机”，而是能动性地适用法律、寻求各方听众共识并引导共识符合社会主流价值观的能动自觉的说理主体。

(6)哈贝马斯的法律商谈理论。“哈贝马斯的法律商谈理论在司法中主要集中于司法裁断过程中事实性和有效性之间的关系。司法实践中，事实性和有效性的内在张力主要表现为法的确定性原则和对法的合法运用(正确性)之主张之间的张力。”〔1〕哈贝马斯认为，要消解这个张力，需要借助交往理性，在司法过程中引入法律商谈，以便实现司法判决的合法性与正当性。“审判的过程也位于事实和规范之间，适合个案事实的裁判规范需要当事人通过对话、协商才能发现，议会制定的普遍法律规范因抽象、宽泛、模糊、过时、片面等原因，不能直接地成为本案的裁判规范。”〔2〕在这个过程中，裁判文书说理的合法性与可接受性得到了提升，因为服从这个裁判规范相当于服从了自己的意志。“所有诉讼过程的参与者，不管其动机是什么，都对一个从法官的视角来看有助于得到公平判断的商谈过程做出了贡献”〔3〕。

法律商谈理论在行政裁判文书说理中的应用。法律商谈理论对于行政裁判文书说理充分化的启发在于：第一，行政裁判理由的形成并非法官独断的过程，而是参与主体商谈的结果。这就要求行政裁判文书中对于当事人各方的意见陈述要进行详细的表述，不能有所遗漏。同时，行政裁判文书说理部分要充分地回应各方观点，在规范与事实之间、在不同的论点与论据之间来回关照，支持哪些观点、支持的理由，反对哪些观点、反对的理由都应在裁判文书说理中予

---

〔1〕［德］哈贝马斯：《在规范与事实之间：关于法律与民主法治国的商谈理论》，童世骏译，台北，三联书店2003年版，第244页。

〔2〕高家伟：《公正高效权威视野下的行政司法制度研究》，中国人民公安大学出版社2013年版，第323页。

〔3〕［德］哈贝马斯：《在规范与事实之间：关于法律与民主法治国的商谈理论》，童世骏译，台北，三联书店2003年版，第283页。

以表述。案件当事人在裁判文书说理中看到了自己正确观点对于裁判结果形成的作用,也能明白自己未被采纳观点到底问题出在哪里,以便对自身观念进行反思。第二,行政裁判文书说理与庭审程序密不可分。只有在庭审程序中创造“理想的交流语境”,让各方当事人充分发表意见,认真倾听各方意见,乃至于通过庭审公开让社会公众也参与到案涉问题的讨论中来,才能在裁判文书说理中准确记载和有效回应当事人的意见,强化裁判文书的回应性,回应社会关切,避免法官“自说自话”的独断。

2. 法律解释方法的多样性

法律解释方法是审理案件的法官对法律规范进行解释以便形成本案裁判规范而使用的方法。法律解释方法存在的必要性在于克服制定法之于社会生活的滞后性、立法技术之于司法实践需求的有限性、法律语言的开放性与适用法律的精确性之间的张力。法律适用的过程是一种在规范与事实之间的双向交流的过程,一方面从案件争议出发,选取可能适用的法律规范,在法律规范的指引下,查明要件事实;另一方面也要考虑已经查明的案件事实,将应适用的法律规范内容精确化和具体化。法官在规范与事实之间往复关照中完成裁判的过程离不开对具体应用法律规范的解释,在审理具体案件时,法官会将他认为语义不清的法律条文通过解释方法使其变得易于理解。法律解释方法一方面为法官在个案中适用法律提供了多元有效的工具,另一方面也为法官在解释法律时划定了规则范围。

从行政裁判文书说理角度看,法官要充分展示其运用法律解释方法对个案适用法律问题进行解释的过程,尤其是在运用不同的法律解释方法产生了不同的解释结果时,充分说明其选择的解释结果的考量因素,以增强裁判文书的说服力。

系统研究法律解释方法始于萨维尼提出的“语法”“逻辑”“历史”“体系”四要素。[1] 之后不同的学者对于法律解释方法的分类和体系构建也提出了不尽

[1] [德]考夫曼等:《当代法律哲学与法律理论导论》,郑永流译,法律出版社 2002 年版,第 158 页。

相同的观点。[1] 本书的目的是为行政裁判文书说理提供法律解释方法的借鉴,不深究法律解释方法的体系性,下文重点介绍文义解释、体系解释、法意解释、目的解释和社会学解释五种解释方法及其项下的子方法。

(1)文义解释[2]。"解释的标的是承载意义的法律文字,解释就是要探求这项意义"[3]。法律条文是通过文字展现的,理解条文的含义,首先要尊重文字的通用性含义,严格按照字面意义进行解释。否则,借助语言文字的通用性和可沟通性来实现法律条文指导规范作用的目标就无法实现。"字义具有双重任务:它是法官探寻意义的出发点,同时也划定其解释活动的界限"[4]。

文义解释在行政裁判文书说理中的应用。文义解释的方法主要有:一是以日常用语的含义确定法律条文的文字含义。强调依社会日常经验确定文字的普遍含义。二是通过语境来确定法律规范的文字含义。在一词多义的情况下,选取适合案件情景的义项。三是专业含义。行政审判中涉及的专业含义主要包括行政专业术语和法律专业术语。需要法官运用法律上(广义)的定义条款、行政惯例、学理通说等作为解释字面含义的依据。对于法律规范文义的理解,一般情况下按照普通含义理解,在文字存在多种含义的情况下,根据语境选择特定含义理解,在涉及专业背景时,有特殊专业含义的,则优先适用专业含义来理解。

(2)体系解释[5]。体系解释不同于文义解释局限于单个法条,而是通过法

[1] 拉伦茨将解释的标准分为:字义、法律的意义脉络、历史上的立法者之规定意向、目标及规范想法、客观的目的论的标准、合宪性解释的要求五类,对应于文义解释、体系解释、法意解释、目的解释和合宪性解释五种法律解释方法。[德]卡尔·拉伦茨:《法学方法论》,陈爱娥译,商务印书馆 2003 年版,第 200 ~ 219 页。杨仁寿将法律解释方法分为文义解释、体系解释、法意解释、比较解释、目的解释、合宪解释、社会学解释。杨仁寿:《法学方法论》,中国政法大学出版社 2013 年版,第 138 ~ 184 页。舒国滢教授将法律解释方法分为文义解释、历史解释、体系解释和目的解释。舒国滢:《法理学导论》,北京大学出版社 2006 年版,第 236 ~ 238 页。梁慧星教授将法律解释方法分为文义解释、论理解释、比较法解释和社会学解释,其中论理解释包括体系解释、法意解释、扩张解释、限缩解释、当然解释、目的解释、合宪性解释。梁慧星:《民法解释学》,法律出版社 2015 年版,第 216 页。

[2] 文义解释是指从法律条文所运用的语言的含义来说明法律规定的内容的一种法律解释方法。

[3] [德]卡尔·拉伦茨:《法学方法论》,陈爱娥译,商务印书馆 2003 年版,第 194 页。

[4] [德]卡尔·拉伦茨:《法学方法论》,陈爱娥译,商务印书馆 2003 年版,第 202 页。

[5] 体系解释是指将被解释的法律条文置于整部法律中或整个法律体系中,通过法律条文所处的上下文位置关系,或者相关法条的含义,来解释法律的一种法律解释方法。

条之间的相互关系来解释法律。它考虑的是整部法律的逻辑性与一致性以及法律体系的融贯性。体系解释“首先要求考虑上下文脉络的关系,这是理解任何意义相关的谈话或文字不可或缺的。此外,它也意指规整脉络中许多条文间事理上的一致性、对法律的外部安排及内在概念体系的考虑”。[1]

体系解释在行政裁判文书说理中的应用。将体系解释运用到行政裁判文书说理之中的关键是准确理解体系解释范畴内的具体解释方法。体系解释的方法主要有:一是扩张解释,即在外延上扩张日常使用中较狭窄的文义。二是限缩解释,即在外延上收缩日常使用中较宽泛的文义。两者与文义解释密不可分,因此也有学者将两者归入文义解释的范围[2],笔者更倾向于将两者纳入体系解释的范围,因为两种解释方法得出的解释结论与通常文义有别,是通常文义与立法真意不符时,对前者的扩张或限缩。扩张解释是在“文义可能性”[3]的范围内进行的,超出这个范围则属目的性扩张。而限缩解释的限度也止于文义的“核心含义”[4],否则构成目的性限缩。三是类推解释,即通过其他法律条文的用语含义与待解释概念比对来澄清其含义,因为同一规范体系中的不同规范应保持一致性。四是反推解释,即通过逻辑分析方法,得出待解释法条的逆反命题,以便得出清晰的解释结论。类推解释和反推解释其实可以理解为两种逻辑推理方式,前者的机理在于“同样情况,同等处理”,后者的机理在于“不同事项,不同处理”。五是合宪性解释,即依宪法及位阶较高的法律规范,解释位阶较低的法律规范的方法。其机理是法律秩序的阶层结构及不同阶层结构的

---

[1] [德]卡尔·拉伦茨:《法学方法论》,陈爱娥译,商务印书馆2003年版,第207页。

[2] 舒国滢:《法理学导论》,北京大学出版社2006年版,第237页。

[3] 文义可能性,又被称为“文义预测可能性”“文义射程”,其与概念构造理论有关。概念的构造分为核心和轮廓两个部分。核心非常明确,不致产生歧义。轮廓则是模糊地带,边界难以辨认。文义可能性止于概念轮廓外缘。王振宇:《行政诉讼制度研究》,中国人民大学出版社2012年版,第204页。拉伦茨认为,扩张解释应以文义的射程为限,超出部分则不属于扩张解释。[德]卡尔·拉伦茨:《法学方法论》,陈爱娥译,商务印书馆2003年版,第202页。博登海默认为,扩张解释的扩张程度不得超出法律规定所用语言的所有可能的文义范围。[美]博登海默:《法理学:法律哲学与法律方法》,邓正来译,中国政法大学出版社1999年版,第487页。

[4] 概念的“核心含义”通常指的是大众在日常生活中对语言所具有的普遍认知。这种核心含义的特点在于,它是指一定范围的群体在日常生活中对某一语词的含义达成了相互理解认同的共识。董梦晴:《法律解释中的扩张解释与限缩解释研究》,安徽大学2019年硕士学位论文。

法律规范的效力不同,简言之即“上位法优于下位法”。

(3)法意解释〔1〕。“法意解释与解释目标相关,法解释学上关于解释目标存在主观解释论与客观解释论的对立。依主观说,法律解释之目标在于探求立法者立法当时的主观意思;而依客观说,则在探求法律所具有的合理意思。”〔2〕两者当然都具有合理的成分,从法官适用法律解释的角度,笔者更倾向于后者,毕竟法官解释法律的工作本质是在个案中弥合法律与社会生活的间隙。立法者在立法时并不能全部预见不断变化的社会生活,而立法者的本意也是想使法律尽可能地容纳社会生活,更加合理。由是观之,作为解释者的法官在历史上立法者提供的方向上,已经超越了历史上立法者的意志,而以法律具有的合理意思来解释法律。然而,这并不意味着法官可以只凭司法感受探寻法律的合理意思,否则就会出现“操纵法律的风险”〔3〕“赤裸裸地篡夺立法职责”〔4〕。只是在规范环境发生变化时,在个案中增加法律对社会生活的容纳性,而且做客观法意的解释结论时应该有相应的立法材料支持。

法意解释在行政裁判文书说理中的应用。运用法意解释意味着“进入了解释的历史性因素”,需要借助立法时的相关立法材料来理解立法本意,比如,指导起草的政策性文件、起草及审议过程材料、立法和起草机关的解释性文件、立法和起草机关的指导和咨询意见、参与立法人员的个人意见〔5〕等。行政法官使用法意解释方法解释法律规定时,上述材料的权威程度、形成时间、一致性程度以及被解释法律的形成时间、规范环境的变迁等均成为对材料中观点进行取舍的重要因素,同样也影响法意解释方法的有效性。

(4)目的解释〔6〕。法律规范是由目的支配的制度体系,理解法律规范的真意离不开对立法目的的理解。法律漏洞出现时不能拒绝裁判,法律规范与立法价值出现紧张关系时不能机械司法,此时目的解释成为法官行使司法裁量权的

〔1〕 法意解释,又称立法解释、沿革解释、历史解释,是指探求立法者或准立法者于制定法律时所作的价值判断及所欲实现的目的,以推知立法者的意思的一种法律解释方法。

〔2〕 梁慧星:《民法解释学》,法律出版社2015年版,第221页。

〔3〕 [德]卡尔·拉伦茨:《法学方法论》,陈爱娥译,商务印书馆2003年版,第224页。

〔4〕 [英]丹宁勋爵:《法律的训诫》,杨百揆、刘庸安、丁健译,法律出版社2011年版,第16页。

〔5〕 王振宇:《行政诉讼制度研究》,中国人民大学出版社2012年版,第225~226页。

〔6〕 目的解释是指通过法律规范的目的来阐释法律规范含义的一种法律解释方法。

有效手段,同时,“目的总是与法律价值联系密切,被法官等选定的用于解释法律目的应该是那种符合正义的目的”[1],法律目的的内在规律性也展示出目的解释具备规范司法裁量权的功能面向。

对于何为目的解释之目的,学界有不同观点。杨仁寿先生认为,目的解释中的“目的”是指某法之整个目的。探求目的有三种途径:第一,法律明确其目的;第二,虽未明定,可从法律名称觅得其目的;第三,前两种方式不可得时,则必须以“逆推法”,先发现个别规定或多数规定所欲实现之目的,然后再予以分析、整合,得出多数个别规定所欲实现之目的。[2] 王泽鉴先生则认为,目的解释之所谓目的,除法律之整个目的外,似应包括个别法条、个别制度之规范目的。[3] 舒国滢教授则认为,目的可指原先制定该法律时的立法目的,也可以指该法律在当前条件下所应包含的客观目的,可指整部法律的目的,也可以指个别法条、个别制度的目的。[4]

目的解释在行政裁判文书说理中的应用。笔者认为,法官在个案适用法律中采取目的解释的方法,应该将目的做广义的理解,以便为法官提供多样的解释依据,但问题的重点似乎应该放在各种目的的衡量取舍上。多数情况下,各种目的是具有统一性和关联性的,并不产生冲突,法官做具体适用法律解释时应先从明定目的出发,而后关注隐含目的,从个别法条、个别制度的目的出发,而后及于整体目的,从立法者的目的出发,而后及于客观目的。然而,理想的状态并不总是出现,当上述目的存在紧张状态时,需要法官综合考虑整部法律的立法目的(多数法律存在多个立法目的)、法条涉及的制度目的、法条目的之间的关系,尤其是各种目的与具体法律问题之间的联系,在个案正义与法的安定性之间衡量取舍,以求得解释结论的实质合理性为标准,赋予解释对象具体化的含义。

---

〔1〕 陈金钊:《目的解释方法及其意义》,载《法律科学》2004 年第 5 期。

〔2〕 杨仁寿:《法学方法论》,中国政法大学出版社 2013 年版,第 172 页。

〔3〕 梁慧星:《民法解释学》,法律出版社 2015 年版,第 229 页。

〔4〕 舒国滢:《法理学导论》,北京大学出版社 2006 年版,第 237 页。

(5)社会学解释[1]。该种解释方法在司法实践中应用广泛,尤其是在疑难复杂的案件中,文义解释、体系解释等方法不能够有效应对时,社会学解释的方法往往会发挥意想不到的良好效果。社会学解释的要义在于,在法律效果的范围内追求社会效果,强调两者的协调统一,需要法官在审判中统筹考虑社会、政治、经济、道德等非法律因素。

社会学解释在行政裁判文书说理中的应用。在行政裁判中实现法律效果与社会效果的统一,使得法律得到遵守,法的精神得到信仰,同时裁判结果得到社会公众的认可与接收,以增强司法的权威。法官需要从法律规范出发,在法律解释过程中考虑贯彻党的路线、方针、政策,考虑社情民意,维护社会稳定秩序、防范化解重大风险,服务国内国际双循环、致力于维护良好的营商环境,弘扬社会主义核心价值观等因素。以上因素的考量均需借助于社会学解释的方法落实在行政裁判文书说理中。

3. 法律漏洞补充方法的适当应用

法律漏洞是一种法律"违反计划的不圆满性"。[2] 漏洞补充意指"法律规范对于应规定之事项,由于立法者之疏忽、未预见,或情况变更,致就某一法律事实未规定时,审判官应探求规范目的,就此漏洞加以补充"。[3] 法律漏洞补充方法实质上就是法官造法,超越了狭义的法律解释学方法,为避免司法权对立法权的侵夺,需要法官审慎适当的应用。

(1)适用条件和范围

第一,需要存在法律漏洞时方可使用。对于法律漏洞的认定,"需以法律本身的观点、法律的根本规整意向、借此追求的目的以及立法者的计划为准"[4]。此时需要排除法漏洞和法外漏洞两种情况。法漏洞不是个别法律规范缺失或规范含义无法表达立法意旨的情况,而是"整体法秩序的不圆满性,这或者源于法律对整个应予规范的范围未加规范,或者其欠缺某种——依不可反驳的交易

---

[1] "社会学解释是指将社会学方法运用于法律解释,着重于社会效果预测和目的衡量,在法律条文可能文义范围内阐释法律规范意义内容的一种法律解释方法。"梁慧星:《民法解释学》,法律出版社2015年版,第239页。

[2] [德]卡尔·拉伦茨:《法学方法论》,陈爱娥译,商务印书馆2003年版,第251页。

[3] 杨仁寿:《法学方法论》,中国政法大学出版社2013年版,第191页。

[4] [德]卡尔·拉伦茨:《法学方法论》,陈爱娥译,商务印书馆2003年版,第251页。

需要,或一般法意识认可的法原则——确属必要的制度”。[1] 比如,一部法律或一系列法律规范的缺失。此种情况下,立法者应享有补漏的权限,此种权限属立法者规范制定特权。法外漏洞是立法者有意对特定问题不作规定,即“有意义沉默”。立法者认为某些问题并不需要法律规范来调整,属于法外空间,如属政策、道德等行为规范的范畴,法官亦不应介入此类法外空间。需要说明的是,法外空间并非一成不变,即便随着社会环境的演变,需要将某些法外空间的事项纳入法律调整的范围内,也应属立法者的工作。

第二,法律漏洞补充方法是法官在个案审判中行使的创设法律的权利。法官不能拒绝裁判原则使得法官在案件中有义务解释法律,尤其是在法律漏洞出现时,有义务进行漏洞补充。法官在审理具体案件时需要检索查询法律规范,确定法律适用的大前提。法律解释与漏洞补充是确定本案适用法律规范的两个阶段,通过狭义的法律解释学方法能够确定本案的裁判规范,则法官径行裁判即可,如仍不能确定,法官则需要运用法律漏洞补充的方法,两个阶段界分于法律文义可能性范围。法律漏洞补充针对个案的特点决定了其并非立法活动,而是一种确定个案裁判规范的“造法的尝试”,是以个案裁判文书为载体呈现出的司法机关对特定问题的司法意见。这就决定了法官进行法律漏洞补充所产生的是一种对类似案件事实上的影响力,而非形成一种一般性规范。作为判例,经有权机关认定后,方可成为指导性案例,具备针对类案的一般性指导效力。或者被最高人民法院司法解释所吸收而成为一般性的裁判规范,或者被立法者承认而转化为制定法,形成一般性法律规范。

(2)法律漏洞补充的方法

①类推适用。意指“法律未规定之事项,比附援引与其性质相类似之规定,以为适用”。[2] 类推适用的法理是“类案同判”。类推适用与类推解释不同,前者是法律未规定情况下,通过类比推理的方法,将类似的法律规范应用于具体案件中的法律漏洞补充方法,而后者是存在法律规定,但规范语义不明,通过体系解释的方法,释明规范含义的法律解释方法。类推适用在公法中受到比较严

---

〔1〕［德］卡尔·拉伦茨:《法学方法论》,陈爱娥译,商务印书馆2003年版,第253页。

〔2〕杨仁寿:《法学方法论》,中国政法大学出版社2013年版,第194页。

格的限制,应根据案件情况具体判断。有论者认为,“类推适用的结果是扩大行政职权时应当慎用,但明确行政职权行使的条件和程序时应积极适用。限缩相对人权利或减少权利保障时应当慎用,但扩大相对人权利或增加权利保障时应积极运用”。[1] 笔者深表认同。

②目的性限缩。指由于立法者的疏忽,没有排除法律规范核心文义所涵盖的某种情形,导致与立法目的不符,而予以排除的方法。法理依据是不同情况,不应做相同处理。

③目的性扩张。指由于立法者的疏忽,没有将法律规范文义可能性范围外的未某种情形纳入适用范围,导致与立法目的不符,而予以增加的方法。适用目的性扩张与目的性限缩时应与立法目的相契合,注意与扩张解释和限缩解释之间的区别(前文已论及)。

④创造性补充。指没有法律规范的情况下,依据法律原则、事理或情理创造出本案裁判规范的方法。主要包括:依据法律原则,如合理性原则、比例原则、正当程序原则、信赖利益保护原则等引申出裁判规范;依事理,就是区分事物的性质,根据事物的本质得出裁判规范,需要注意判断事物的本质应符合一般人的常识;依情理,就是根据法律规范外的其他行为规范得出裁判规范,如社会道德规范、风俗习惯等。使用此种解释方法时需要注意,解释对象中应当包含法律问题,法官可以从法律的角度给出答复,与法律秩序没有任何关联的问题并不受法官不得拒绝裁判原则的限制,法官不应也不适合应用创造性解释的方法作出司法判断。

法律漏洞补充方法在行政裁判文书说理中的运用。在行政裁判文书说理中适当运用法律漏洞补充方法首先应当准确把握其适用条件和范围。并结合个案情况,适当选择上述具体的解释方法。需要注意的是,运用法律漏洞补充的方法极易造成司法权侵夺立法权的情况,行政法官必须以维护个案公平正义为目标,把握能动司法的界限。同时,在行政裁判文书中充分说理。在此意义上,充分说理既是增加裁判文书说理可接受性及裁判结论正当性的要求,也是法官自我保护的一种有效手段。

---

[1] 王振宇:《行政诉讼制度研究》,中国人民大学出版社2012年版,第243页。

4. 不确定法律概念及一般条款的具体化——价值补充

不确定法律概念表现为该法律概念的内涵与外延均具有不确定性。比如，公共利益、利害关系等。一般条款是指立法者仅作出概括性规定，需由法官在具体案件中根据公平正义的要求予以具体化的条款。比如，法律规定中的原则条款、兜底条款等。在上述情况下，概念或条款的外延具有开放性，处于法律解释和漏洞补充的中间地带，需要法官结合个案事实作出价值衡量与判断，使条款的外延具体化，这种具体化方法称为价值补充。学界对于价值补充的定性有三种不同的见解，即"法律解释说""漏洞补充说""折中说"。[1] "法律解释说"认为，此种情况中法律已有规定，不构成法律漏洞，价值补充是法律解释方法之一。"漏洞补充说"认为，不确定法律概念及一般条款属"法内漏洞"或"授权补充的漏洞"，价值补充是法律漏洞补充方法。"折中说"认为，可将价值补充作为一类独立的方法。笔者认为，价值补充与法律解释方法和漏洞补充方法既有区别，也密切联系，法官在进行价值判断时，法律解释方法和漏洞补充方法或提供了判断的方向、范围，或提供了方法论方面的借鉴，因此，笔者更倾向于折中说。

价值补充在行政裁判文书说理中的应用。行政法官在价值补充时需要注意：第一，准确认定案件事实，以案件事实为价值补充的基础考量因素。第二，法官"须使用存在于社会上可以探知认识之客观伦理秩序、价值、规范及公平正义之原则，不能动用个人主观的法律感情"。[2] 第三，注意规范环境的变化。"不确定概念和一般条款之主要功能之一，在于使法院能够适应社会经济发展及伦理道德价值观念之变迁而适用法律，以使得法律能够与时俱进，实践其规范功能。"[3]因此，根据规范环境的变化，价值判断可能有所不同。第四，应该详细说理。价值补充是"随各个具体案件，依照法律的精神、立法目的，针对社会的情形和需要，予以具体化，以求实质的公平与妥当。"[4]因此，个案裁判文书说理尤为重要。第五，要关照以往行政判例中的具体化实践。虽然价值补充具有个案性，但是实践情况并非截然不同，相关案件中对某些不确定法律概念

---

〔1〕 梁慧星：《民法解释学》，法律出版社2015年版，第295~297页。

〔2〕 杨仁寿：《法学方法论》，中国政法大学出版社2013年版，第185~186页。

〔3〕 梁慧星：《民法解释学》，法律出版社2015年版，第299页。

〔4〕 杨仁寿：《法学方法论》，中国政法大学出版社2013年版，第186页。

及一般条款的具体化实践可资借鉴,甚至某些不确定法律概念经过司法实践的积累已经要件化了,法官对号入座即可。

(四)语言的转变

大卫·休谟曾说:“法与法律制度是种纯粹的语言形式,法的世界肇始于语言,法律是通过语词订立和公布的。语言是表述法律的工具,法律不能脱离语言而独立存在。”〔1〕此语揭示了法律与语言密不可分的关系,裁判文书作为法律在实施过程中的重要载体,与语言运用密不可分,或者说裁判文书本身就是法律语言。

行政裁判文书说理应该是对集真、善、美于一身的司法正义的集中体现。民国法学家吴经熊认为:“正义是真善美的复合体,而正义是与法律、司法紧密相连的,所以法律、司法也是真善美的复合体,真是正义的基础,善是正义的材料和目标,美是正义的品质。”〔2〕如果说准确地认定事实和适用法律是真,体现人文关怀、社会核心价值指引为善,那么裁判文书的美则主要体现为语言美,即完整的结构、严谨的逻辑、规范的语言。

法律语言是一个独立自洽的系统,如同其他社会系统一样,拥有自己系统特有的语言表达方式和价值标准。统一的语言有助于系统内部交流沟通,达成共识。法律语言的专业性在一定程度上将法律系统独立于其他社会系统,进而形成专业屏障,增加法律本身的神秘感,进而制造出“法不可知则威不可测”的情境,也在一定程度上增加了法律人的专业权威。“法律语言就是一座四面环绕的围墙,把法律文化、司法公正紧紧圈封在其中。法律语言不仅为司法公正构筑了一道极限墙,而且在人类心理层面上建立起一种限制性的‘视界’,一种世界观,一种掌握世界和人类自身的文化眼光。”〔3〕

另外,由于法律语言的专业化特征,其也可能成为裁判文书传递公平正义的一道障碍,影响当事人和社会公众感受正义的实现。司法机关与社会大众之间横亘着法律语言,造成了两者之间的认知差距,在一定程度上影响“司法为民”理念的实践效果。因此,如何定位行政裁判文书中的法律语言、平衡法律语

---

〔1〕 舒国滢:《战后德国法哲学的发展路向》,载《比较法研究》1995年第4期。

〔2〕 吕世伦:《法的真善美——法美学初探》,法律出版社2004年版,第554页。

〔3〕 潘庆云:《略论法律语言与司法公正》,载《法治论丛》2002年第5期。

言专业化和大众化的关系、克服专业语言的局限性和日常语言的非规范化，对于行政裁判文书说理充分化至关重要。

1. 专业化与大众化

行政裁判文书中的法律语言是专业语言还是生活语言？此问题涉及裁判文书语言的专业化和大众化的关系问题。裁判文书是通过书面语言展示表达的，语言是承载裁判文书功能的主要载体。行政裁判文书说理中涉及的法律语言，既包含专业语言，又包含生活语言。一方面，行政裁判文书中的专业语言包括两个方面内容：一般性的法律专业语言和行政审判领域中专业理论、专业概念等专业语言，后者构成了行政裁判文书区分于其他法律文书的特殊性语言。另一方面，行政裁判文书中的生活语言是书面语，其区分于生活中的口语表达，是剔除了生活语言中模糊的、容易引起歧义的、口语化的表达，用规范的、精确的语言表达阐述相关问题。换言之，法官在裁判文书说理中使用的法律语言，既包含大量的专业语言，也包含日常的书面语言，专业的法律理论和规范分析、日常语言对专业问题的转化解释与生活事实描述、法律事实的对应阐释。上述语言形式交织在一起，共同构成了行政裁判文书中的法律语言。

鉴于前文所述行政裁判文书说理对象的多元性，行政裁判文书说理充分性应该是论理专业性与说理大众化的有机统一。“作为法律精神的体现，法律语言必须是严谨、准确、简洁、庄重的；同时，法律作为全体社会成员的基本规范和准则，它也应该是为大众所能理解的。”[1]裁判文书必然使用法言法语，但需要进行必要的解释，不能以专业用语建构专业壁垒，成为一般公众与法律之间的隔阂。如此一来，既体现法律职业的专业性，有助于形成行政裁判的中立性、普适性的形象，又提升文书说理的可接受性，有助于行政裁判文书产生广泛而积极的社会影响效果。换言之，“司法为民”要求行政裁判文书说理中的法律语言应该是法律规定的抽象语言、艰深晦涩的法学理论、宏观的价值导向与大众化语言之间转换沟通的桥梁，保持与大众化语言之间的有效沟通。同时也应该是维持专业化权威的屏障与促进法律职业共同体沟通与共识的平台，防止公众认知和情感过度介入影响司法裁判，保持与大众化语言之间的适度区别。

---

〔1〕 赵世举：《语言与国家》，商务印书馆2015年版，第135页。

2. 封闭性与开放性

行政裁判文书的语言风格应是封闭性的还是开放性的？有学者比较了大陆法系与英美法系裁判文书说理的异同后，指出大陆法系法官在语言运用上具有封闭性，重视专业性语言之运用，裁判文书讲究法言法语，极尽抽象之能事，而罕用或降低普通语言之运用，呈现一种公文化、法条化、专门化的风格。而英美法系的裁判在语言运用上具有开放性，更为强调论理的充分性与缜密性，不惜用优美典雅的修辞手法与普通语言来增强其说服力。[1] 总体而言，以法国为代表的大陆法系裁判文书呈现出理性、抽象、严肃、简短的“权威—命令式”风格；以美国为代表的英美法系裁判文书呈现出具体、开放、生动、细致的“论辩—对话式”风格。[2] 两大法系的裁判文书说理的语言风格特征是由其不同的法律传统、法治文化、司法功能等因素决定的，各有优劣。

笔者认为，我国行政裁判文书的语言风格应该摒弃两种极端，根据说理对象的特点和说理内容的不同，兼容上述两种风格。具体而言，从说理对象角度看，说理对象大体可以区分为当事人与普通公众、法律职业共同体成员两类人群。对于前者而言，涉及当事人和普通公众对司法活动的体验和感知，行政裁判文书语言应更倾向于开放性的语言风格；对于后者而言，即对法律职业共同体成员（法官、学者、律师）而言，行政裁判文书更多地体现为一种专业语言和法理分析，构建一种专业的法律语言生态，此时的行政裁判文书语言应更倾向于封闭性的语言风格。

从说理内容角度看，可以将行政裁判文书大体区分为两个部分：一是对行政行为合法性的法理分析部分；二是对当事人诉讼理由的回应部分。对于前者而言，行政裁判文书说理体现为法定理由（行政行为的构成要件），此时应侧重于封闭专业式的语言风格，强调专业化语言的运用。对于后者而言，“写说本是一种社会现象，一种写说者同读听者的社会生活上情谊交流的现象。从头就以传达给读听者为目的，也以影响到读听者为任务。对于读听者的理解、感受乃

---

〔1〕 蔡杰、程捷：《封闭与开放：裁判文书论理风格之类型化检讨》，载《法学论坛》2006年第2期。

〔2〕 王聪：《我国司法判决说理修辞风格的塑造及其限度——基于相关裁判文书的经验分析》，载《法制与社会发展》2019年第3期。

至共鸣的可能性,从头不能不顾到"。[1] 回应当事人的诉讼理由部分更突出地表现出了裁判文书的开放性特征,为了增强当事人的可接受性,此部分说理风格应更倾向于具体、开放、生动、细致的开放对话式语言风格。

3. 规范化与个性化

行政裁判文书说理在规范化与个性化之间如何选择?如果说规范化的裁判文书说理体现为运用法律语言释明法理,即用语精确易懂(规范、准确、严谨、正式)、叙事说理简明切要(清楚、简洁、符合逻辑),那么个性化的说理则体现为依据学理注重学术论证(学理性)、道德规劝说明情理(伦理性)、注重修辞文采飞扬(人文性)。

对于两者的选择涉及法理与学理、法律与道德、法律语言与文学修辞之间的关系。笔者认为,两者是基础与升华的关系,规范化是行政裁判文书语言的必备要素,是底线要求,而个性化是法官根据不同案件的具体情境,提升裁判文书可接受性、价值引导性和语言文学美的升华部分,应该在规范性的基础上适当的提升个性化,不能为了"哗众取宠"而"画蛇添足"。

(五)说理充分化的激励机制

促进裁判文书说理充分化需要健全激励约束机制,以强化外部驱动力和优化说理环境来激发裁判文书制作法官的主观能动性。促进裁判文书说理充分化不应走"错案惩戒"的老路,而是应从正面激励的角度构建激励机制,通过合理分配资源和利益的方式鼓励法官向官方倡导的优秀裁判文书的标准靠拢,提升说理的充分程度。对此,笔者认为可以从以下几个方面着手:

1. 增强说理专业认同

法官作为一个专业化的职业,职业尊严感源于专业认同,认可法官的专业水平会对裁判文书说理充分化起到重要作用。将优秀的裁判文书选用为指导性案例或不同层级法院的参阅案例是对法官文书撰写能力认同的有效措施。从这个角度看,建立中国特色的案例指导制度的意义又增加了一项,即体现为对法官个人的专业认同,强化法官充分说理的内生性因素。

---

[1] 陈望道:《修辞学发凡》,复旦大学出版社 2008 年版,第 5 页。

2. 拓宽说理奖励方式

奖励方式有物质奖励、精神奖励和晋升奖励等，将优秀的裁判文书评选工作同法官遴选、职级晋升、评奖评优、奖金发放等考评制度结合起来，将充分说理作为考评加分指标，能够增加法官说理的动力。

3. 设置说理责任豁免

司法责任制改革要求法官个人对错案承担终身追究的责任。就裁判文书说理而言，苛以较重的责任很容易造成法官在说理方面“言多语失”的顾虑，阻碍裁判文书说理充分化目标的实现。绝不能“弄得法官一边用颤抖的手指翻动法书，一边自问‘假如我这样做，我要负赔偿损害的责任吗？’”[1]的情况出现，不能既要求法官充分说理，又准备随时追责。对此，应进一步明确法官依法说理享受完全的豁免责任，不能因为案件改判发回或当事人缠访、闹访等追究责任，只有因故意或重大过失导致说理不当的，方才承担相应的审判责任。

4. 健全说理评价机制

对于优秀裁判文书的奖励是建立在科学有效的评价机制的基础上的，完备的说理评价机制能够增加奖励的说服力和含金量。对此，可以从评价主体、评价标准、评价公示等方面予以完善。一是评价主体方面。多元化的评价主体能够增加评价的客观性和周至性。目前主要评价主体局限于法院内部的领导和审判业务专家，可以考虑引入法学教授、律师等外部专家或第三方机构作为评价主体，甚至可以考虑一定范围内接受公众评价。二是评价标准方面。将裁判文书说理作为评选优秀裁判文书的重点，同时兼具考虑裁判文书形式、结构、语言等要素。明确并细化优秀裁判文书说理的标准，以便让评委在评价裁判文书时有明确的指引。三是评价公示方面。评选优秀裁判文书应当公开透明，且对评价结果予以公示。公示的内容不仅包括优秀裁判文书全文，而且应当包括对优秀裁判文书的剖析评价报告，让阅读者知道获奖优秀裁判文书的优秀之处，以便学习借鉴。

---

〔1〕 [英]丹宁勋爵：《法律的正当程序》，李克强、杨百魁、刘庸安译，法律出版社2015年版，第75页。

## 五、小　　结

拉伦茨曾说过,“(法学)所关心的不仅是明确性及法的安定性,同时也致意于:在具体的细节上,以逐步的工作来实现‘更多的正义’”。[1] 行政裁判文书说理充分化正是通过在法律实施的细节上进行改革完善以便更好地实现公平正义。对此,需要从“人的进路”与“制度的进路”两方面协同推进。

从人的角度看,行政审判法官应认识到裁判文书说理的必要性和重要性,从审判实践中体悟行政裁判文书说理的特点和着力点,不断学习更新说理的理念与方法,提升说理能力,以法律工匠精神对裁判文书精雕细琢,将每一个行政裁判文书打造成行政审判的“亮丽名片”。

从制度的角度看,实现行政裁判文书说理充分化是一个系统的工程,需要说理规制与激励制度、裁判文书公开制度、繁简分流制度、合议制度、法官遴选和培养制度等综合推进,以司法智能化为助力、以审判团队合理分工为动力,持续不断的推进改革进程。从不说理到说理,从说理不充分到规范说理,从规范说理到充分说理,从充分说理到有重点的充分说理,以符合事物发展规律的方式方法,逐步提升行政裁判文书质量,充分实现其应有功能。

---

〔1〕［德］卡尔·拉伦茨:《法学方法论》,陈爱娥译,商务印书馆2003年版,第77页。

# 第四章　行政审判主体关系均衡化

行政审判过程中有一个贯穿始终的问题,就是如何定位行政审判的主体关系。行政审判不仅是程序平台,更重要的是在行政审判这个程序平台上各个参与主体之间的互动关系。完美的审判程序设计是遵循着行政审判主体之间的理想互动关系进行的,同时也只有行政审判的各个参与主体角色定位明确、主体间能够实现理性良性互动、各主体均具备实现角色定位的平等武装,审判程序的功能才能有效发挥,因为把人物关系捋顺了,很多问题就会迎刃而解。行政审判中的参与主体包括法官、原告和被告,背后反映的是司法权、公民权和行政权。是法官与原告形成合作关系一起监督行政机关,或是法官、行政机关与原告形成一种高权关系,或是法官高居法台裁断原告与被告之间的争议,还是法官与双方当事人形成三方合作关系共同实质性解决行政争议?行政审判主体关系实际上就是行政诉讼的结构如何设计的问题,涉及角色定位、角色互动、角色保障等一系列问题。理想的行政审判主体关系应当反映行政审判制度的本质,符合行政审判制度的目的,匹配行政审判的程序和规则。

## 一、审判者与当事人的关系定位

本质决定目的,目的决定结构,结构决定程序模式和规则。审判者与当事人的关系定位涉及的理论问题是行政诉讼结构理论。有关行政诉讼结构理论的观点对于行政审判主体关系定位有重要的借鉴意义。

### (一)行政诉讼结构理论观点梳理

行政诉讼结构理论研究并不如民事诉讼结构和刑事诉讼结构理论研究一

样枝繁叶茂,并未得到行政法学界的普遍关注。但仍有部分专家学者关注这一行政诉讼法的重要理论问题,并提出了真知灼见。

谭宗泽教授认为,“行政诉讼结构是指原告、被告、法院三方在行政诉讼中的不同地位和关系。它是行政诉讼活动的基本框架,反映了行政诉讼中原告、被告、法院三方的不同地位以及国家权力之间以及国家权力与个人权利之间的关系,决定了行政诉讼制度的基本构架和整个行政诉讼程序的基本运行样态,反映社会结构和行政诉讼目的对行政诉讼结构的深刻影响。行政诉讼的功能在于保障相对人的合法权益不受行政机关违法行为的侵害”〔1〕。在上述概念和功能的基本定位的基础上,他进一步提出,我国行政诉讼结构的真实样态是以公民—法院—行政主体、原告—法院—被告、被告—法院—行政主体、原告—行政主体—被告四重关系为基础,形成的立体三角形结构,其中诉权与审判权、行政权与审判权的关系是行政诉讼结构的基本关系,而后者又构成了行政诉讼结构区分于民事诉讼结构的特点。〔2〕

宋炉安博士认为,“行政诉讼结构,是指由解决行政纠纷这一诉讼目的所决定的并由主要诉讼程序所体现的原告、被告、裁判者三方的法律地位和相互关系”。〔3〕他认为,我国目前的行政诉讼结构表现出典型的职权主义特征,法院为解决行政争议而具有调查取证权,提出法院适当行使调查权并借鉴吸收当事人主义诉讼模式的优势因素的行政诉讼结构优化措施。

刘善春教授认为,“行政诉讼结构就是在诉讼过程中的每个步骤或环节中控方、辩方和裁判方依据诉讼法则所呈现的权利义务配置关系”,“行政诉讼结构是正三角关系,其中法院居于顶点,行使审判权,指挥并主导诉讼进程。原告与被告是平等对抗的两方诉讼当事人。三方关系反映的是行政审判权、公民诉权与行政权之间的关系”。〔4〕

---

〔1〕 谭宗泽:《行政诉讼结构研究——以相对人权益保障为中心》,法律出版社 2009 年版,第 21 页。

〔2〕 谭宗泽:《行政诉讼结构研究——以相对人权益保障为中心》,法律出版社 2009 年版,第 187 ~ 190 页。

〔3〕 宋炉安:《评我国行政诉讼结构》,载《中央政法干部管理学院学报》1997 年第 2 期。

〔4〕 刘善春、肖艳菲:《论行政诉讼结构》,载应松年、马怀德主编:《当代中国行政法的源流——王名扬教授就是华诞贺寿文集》,中国法制出版社 2006 年版,第 747 页。

邓刚宏、马立群教授认为,行政诉讼模式(结构)反映了行政诉讼程序中诉讼主体即原告、被告以及人民法院在诉讼法律关系中的地位与作用。诉讼模式对诉讼程序的架构与运行,原告、被告、法官彼此之间的关系,法官的审判权限以及证据调查等方面都有决定性影响。我国行政诉讼模式是职权主义模式,主要体现在程序的架构与运行上的法院指挥权、主动调取证据、行政判决超越诉讼请求三个方面。[1]

黄启辉博士认为,从法院的审判方式、庭审程序和取证规则看,我国行政诉讼的模式与民事诉讼模式大体相当,是辩论主义模式。并认为行政诉讼应当采取职权探知主义模式,因为行政诉讼中原告与被告实力不等,强化行政诉讼监督行政的目的,且符合行政诉讼的潮流。使用该模式重点在于法官依职权调取证据和法官释明权的行使。[2]

刘东亮教授认为,"所谓行政诉讼结构,是指由一定的诉讼目的所决定,并通过诉讼程序和证据规则所体现的原告、被告和裁判者三方主体在行政诉讼中的法律地位及其相互关系。在行政诉讼中,控诉、辩护和裁判这三项基本的诉讼职能,分别由原告、被告和法院三方主体承担。三方主体根据其诉讼职能分别进行各项诉讼行为,相互间发生复杂的法律关系"。他认为,"行政诉讼目的与诉讼结构之间的关系是目的与手段的关系,后者是实现前者的形式和手段且对前者有制约作用"。因此,他反对脱离目的片面强调结构的独立性与稳定性、忽视结构本身发展的内在规律性而强调实现目的的需要两种倾向。[3]

(二)观点评析

本书的重点不在于准确给出行政诉讼结构的定义,而是在关于行政诉讼结构的代表性观点中总结出基本共识,并在此基础上提出本书关于行政诉讼结构的设想。从以上观点中,笔者得到以下启发:

---

[1] 邓刚宏、马立群:《对行政诉讼之特质的梳理与反思——以与民事诉讼比较为视角》,载《政治与法律》2011 年第 6 期。

[2] 黄启辉:《行政救济构造研究——以司法权与行政权之关系为路径》,武汉大学出版社 2012 年版,第 145～149 页。

[3] 刘东亮:《行政诉讼目的研究》,中国法制出版社 2011 年版,第 16～19 页。

1. 行政诉讼目的决定行政诉讼结构

“目的是全部法律的创造者。每条法律规则的产生都源于一种目的,即一种事实上的动机。”[1]“行政诉讼目的,就是以观念形式表达的国家进行行政诉讼所要期望达到的目标,是统治者按照自己的需要和基于对行政诉讼及其固有属性的认识预设的关于行政诉讼结果的理想模式。”[2]学界一般认为,行政诉讼的目的决定行政诉讼的结构。正是基于对我国行政诉讼目的[3]的不同认识,产生了对行政诉讼结构的不同结论。

2. 行政诉讼结构通过行政诉讼程序设计来体现

在对行政诉讼结构提出理想构建后,下一步的问题集中于如何让行政诉讼结构在行政诉讼制度中发挥作用。如果将行政诉讼结构理解为行政诉讼中的诉讼主体的地位和关系,诉讼程序模式选择和程序规则设计就是上述地位与关系的载体。换言之,行政诉讼结构中诉讼主体的地位和关系是通过行政诉讼程序模式及程序规则中不同主体的权利(力)义务设计具体表现出来的。

3. 原告、被告与法院之间的权利(力)义务关系

行政诉讼结构中原告、被告以及法院等诉讼主体的权利(力)义务配置是其核心内容。一方面,行政诉讼结构的主体构成要素就是当事人、其他诉讼参与人以及法院(法官)等诉讼主体;另一方面,行政诉讼结构以诉讼主体的诉讼权限配置为内容。其中法院配置行政审判权,原告、被告双方配置诉讼权利,一方权利(力)对应对方的义务。正是当事人及裁判者在诉讼程序中的权利(力)义务关系,产生了行政审判参与主体之间的相互作用,使得各诉讼主体均能够实质性地参与到诉讼程序中来。

4. 公民权、行政权、行政审判权之间的互动关系

将行政诉讼程序中原告、被告与法院之间的权利(力)义务关系拓展到国家

[1] [美]博登海默:《法理学:法律哲学与法律方法》,邓正来译,中国政法大学出版社1999年版,第109页。

[2] 马怀德主编:《行政诉讼原理》,法律出版社2009年版,第65页。

[3] 目前学界主要观点包括:“保护说”“监督说”“双重目的说”“三重目的说”“依法行政说”。马怀德主编:《行政诉讼原理》,法律出版社2009年版,第66页。

和社会的互动关系中,则进一步表现为公民权、行政权、审判权之间以诉讼程序为平台展现出的互动关系。

5. 不足之处

(1)目的决定论的主观性。“在法学上,目的是指主体基于对客体本质属性和规律的认识,期望利用客体所实现的理想结果,对利用客体所达成的理想目标的主观设计和观念表达。”[1]上述关于行政诉讼结构的目的决定论观点没有充分地认识到行政诉讼结构与行政诉讼本质之间的关系。对此,高家伟教授提出应在主客观相统一的基础上设计和运行行政审判制度。具言之,本质与目的之间的关系是客观与主观之间的关系,归根结底是物质与意识的关系。就完善行政审判制度而言,诉讼目的的设定必须建立在对诉讼本质及其规律正确认识的基础上,因为后者决定前者的内容及其实现。对行政诉讼制度内部结构的设计不能偏离它的本质属性,更不能缺漏或扭曲它的本质要素。行政审判制度的设计与运作应当力求制度本质的客观性、完整性与制度目的的主观性、偏好性的协调统一。[2]

(2)对抗型思路的结构设计。在学界关于行政诉讼结构的观点中,一般均将法院置于两造对抗的评判者视角,形成一种三角形的诉讼结构,法院居于三角形的顶端,主导诉讼的进程并对诉辩两造争议作出判断。原告、被告双方处于三角形的底部,形成平等对抗的诉讼格局。笔者认为,这种诉讼结构是基于诉辩双方对抗的思路设计的诉讼结构,体现了行政诉讼作为诉讼制度的一般特征。在对抗型思路设计的诉讼结构中,当事人之间获得的是对抗的诉讼角色,法院在行政诉讼程序中对双方对抗的胜负作出评断,法院的功能定位也因此局限在了个案法律争议解决层面。然而,行政争议因此得到削减了吗?行政诉讼解决争议的效果得到提升了吗?行政审判的功能得到应有的发挥了吗?当事人提出的个案法律争议背后的制度性问题能否通过行政诉讼得以解决或得到传递、反馈?而双方对抗、中立裁断的诉讼结构并不能圆满应对上述问题,既有的诉讼结构中似乎缺少了另外一个因素,这个因素涉及的是行政审判本质的另

[1] 付子堂:《法律功能论》,中国政法大学出版社1999年版,第36页。

[2] 高家伟:《公正高效权威视野下的行政司法制度研究》,中国人民公安大学出版社2013年版,第317页。

一个侧面,即司法层面的行政审判权的属性。“它(行政审判制度)本质上是民主国家法治建设的一个宪政平衡器,它不仅需要在目的定位方面实现公民权益保护和公法秩序维护之间的平衡,而且需要在功能定位方面实现权利救济功能与民主监督功能的平衡”[1]。因此,平等对抗只是行政诉讼的形式侧面,而各方通过行政审判的制度平台协作对话,致力于民主法治建设的共同目标才是实质侧面。

(3)缺乏对于法官角色定位的描述。既有的研究中一般以法院为诉讼结构的一方主体,缺乏对法官角色的充分论述。造成这种情况也许是学界有意忽视,规避对于“法官独立”还是“法院独立”的论争。行政法官虽然处于法院组织之中,且裁判文书的意见也是以法院为名义的判决或裁定的形式对外表达的,但并不意味着法官在行政诉讼结构中的地位和作用问题可以忽略。相反,法官的主体角色定位关系到行政审判功能的发挥,因为法官才是参与和把控行政审判程序的实际主体。

(三)同心圆结构设想

笔者认为,行政诉讼结构应该是体现审判主体关系均衡化的结构,该结构是同心圆结构,内圈中是法官、原告、被告之间的权利(力)义务关系,外圈中是行政审判权、公民权与行政权三者的良性互动关系。按照第一章中笔者对于行政审判本质的理解,即从诉讼层面看,行政审判是“民告官”的对簿公堂程序、面向过去的行政法律关系矫正、对行政行为进行的消极静态规范合法性监督;从司法层面看,行政审判是“民见官”的民主诉求程序、面向未来的新型官民关系建构、积极动态的(持续进行的)公共政策协商。因此,内圈结构是由行政审判在诉讼层面的本质决定的,而外圈结构是由行政审判在司法层面的本质决定的。在这个均衡化的行政诉讼结构的建构过程中,法官的角色安排、当事人的主体地位变化至关重要,因为人的因素是决定性的因素之一。

---

[1] 高家伟:《公正高效权威视野下的行政司法制度研究》,中国人民公安大学出版社2013年版,第309页。

## 二、行政审判主体关系均衡化的理论基础

### (一)"以人为本"的传统文化理念

中华文化源远流长,其中蕴含着以"重视民意""敬民畏民""惠民裕民""与民同乐"为主要内容的民本思想,虽然其因处于特殊的社会形态中而表现为统治者的工具价值观,但是其中也表达出古代先贤圣哲的"以人为本"的理念。例如,《管子·霸言》中提到,"夫霸王之所始也,以人为本。本治则国固,本乱则国危"。[1]《管子·牧民》中提到,"政之所兴,在顺民心;政之所废,在逆民心"。[2]《孟子》中提到,"君之视臣如手足,则臣视君如腹心。君之视臣如犬马,则臣视君如国人。君之视臣为土芥,则臣视君如寇雠"。[3] 提出君臣相处之道。《荀子》中提到,"君者,舟也;庶人者,水也。水则载舟,水则覆舟"。[4] 强调尊重敬畏民众的力量。孟子提出,"民为贵,社稷次之,君为轻"[5]的君民关系的重要思想。左丘明提出,"国将兴,听于民;将亡,听于神"[6],强调要重视民意。《孙膑兵法·月战》中提到,"天地之间,莫贵于人"。[7] 强调人的重要价值。孔子也提出,"天地之性,人为贵"[8],"三军可夺帅也,匹夫不可夺志也"[9],强调尊重人的价值和人格尊严。儒家提出将"仁、义、礼、智、信"作为个人处理人际关系的道德要求和行为准则。

中华传统文化中的有益部分为司法改革输送着源源不断的"原料与养分",而在司法现代化的过程中也在不断更新传统的内涵,增加传统文化对现代社会的适应性,正是在传统与现代的融合过程中,优秀传统文化得以传承。构建行

[1] 黎翔凤撰:《管子校注》(上),中华书局2004年版,第472页。
[2] 黎翔凤撰:《管子校注》(上),中华书局2004年版,第474页。
[3] 《四书五经》(上),陈戍国点校,岳麓书社2002年版,第100页。
[4] 彭万荣:《荀子:进取人生》,长江文艺出版社2000年版,第277页。
[5] 《孟子正义》,赵岐注,孙奭疏,载《十三经注疏》,中华书局1980年版,第2774页。
[6] 《春秋左氏传正义》,杜预注,孔颖达疏,载《十三经注疏》,中华书局1980年版,第1783页。
[7] 张震泽:《孙膑兵法校理》,中华书局1984年版,第59页。
[8] 《孝经注疏》,李隆基注,邢昺疏,载《十三经注疏》,中华书局1980年版,第2553页。
[9] 《论语注疏》,何晏集解,邢昺疏,中华书局1983年版,第2491页。

政审判主体关系从“以人为本”的传统文化理念中得到的最大启示就在于，均衡化的行政审判主体关系应当反映出注重人的主体地位、发挥人的创造精神、保障人的正当权益、重视人格尊严等中国传统人文主义内涵。在“以人为本”的思维方式和行为模式基础上构建的均衡化结构，能够体现出行政诉讼的人文精神，即尊重和保障各参与主体的人格尊严、价值，打造和维护平等对话的协商环境，关切和满足不同主体的不同需求，包含着各参与主体与自己、参与主体之间、参与主体与社会之间确立起符合职业伦理和身份伦理的角色定位、行为条件、交往准则和行为规范。简言之，就是以人为本位构建制度，如钱穆先生所言，“无生命的政治，无配合的制度，决然无法成长。换言之，制度必须与人事相配合”。[1]

(二)“以人民为中心”的法律政策方针

2015 年，党的十八届五中全会首次提出“以人民为中心”的发展思想，党的十九大将其确立为基本方略之一，“以人民为中心”是新时代坚持和发展中国特色社会主义的根本立场。[2]

“中国特色社会主义司法制度，在制度本质上，坚持党的领导、人民当家作主与依法治国有机统一；在司法权来源上，司法权来自人民、属于人民；在司法形式上，坚持专门机关工作与群众路线相结合等。”[3]首先，党的领导决定了中国司法制度应坚持“以人民为中心”。中国特色社会主义最本质的特征是中国共产党的领导，中国司法制度也必须坚持党对司法工作的绝对领导。而“人民群众是我们党的力量源泉，人民立场是中国共产党的根本政治立场”[4]。因此，党的领导、以人民为中心、司法为民之间存在紧密内在的逻辑链条。其次，我国根本政治制度决定了司法制度“以人民为中心”。我国实行人民代表大会制度的政体。根据我国《宪法》的规定，国家一切权力属于人民，人民代表大会是人民行使国家权力的机关，审判机关由人民代表大会产生，对其负责，受其监

[1] 钱穆：《中国历代政治得失》，九州出版社 2012 年版，序第 1 页。

[2] 中共中央宣传部：《习近平新时代中国特色社会主义思想三十讲》，学习出版社 2018 年版，第 85 页。

[3] 江国华：《中国特色社会主义司法制度研究(理论篇)》，科学出版社 2019 年版，第 73 页。

[4] 中共中央宣传部：《习近平新时代中国特色社会主义思想三十讲》，学习出版社 2018 年版，第 85 页。

督。因此,从司法权力的来源角度看,审判机关应坚持“以人民为中心”。最后,司法机关坚持“以人民为中心”表现为坚持司法为民理念和“实体、程序、感受”三位一体的公正司法观[1]。司法为民是中国特色社会主义司法理念的重要部分,是“以人民为中心”的思想在司法领域中的具体体现,是我国司法机关长期坚持的基本价值取向。同时,中共中央《关于全面深化改革若干重大问题的决定》、中共中央《关于全面推进依法治国若干重大问题的决定》、中共中央《关于坚持和完善中国特色社会主义制度 推进国家治理体系和治理能力现代化若干重大问题的决定》等一系列的中央文件将“感受正义”确定为司法工作的目标[2],在深化司法体制改革和综合配套改革的“变”的过程中,成为中国特色社会主义公正司法观“不变”的主线。

“以人民为中心”的法律政策方针要求,将行政诉讼结构从司法权单一核心的压力型司法模式,转变为突出当事人(原告)的主体地位的协商型司法模式。在司法为民的理念导向下,重点关注当事人(原告)在参与司法过程中的感受正义。为此,法官角色更加多元,行政机关的身份需要变化,作为原告方当事人的参与能力、参与态度也需要有所改变。

## 三、行政法官的角色安排

“如果说法律程序(制度因素)与法律职业(人的因素)这两个方面对西方走上法治道路起到决定性作用;如果说在政府自上而下的推动与民间自下而上的演进两种力量之外,中国法制进路的第三种力量是法律职业这一独立的共同

[1] 江必新、程琥:《国家治理现代化与公正司法》,中国法制出版社2016年版,第52页。

[2] “深化司法体制改革,加快建设公正高效权威的社会主义司法制度,维护人民权益,让人民群众在每一个司法案件中都感受到公平正义。”中共中央《关于全面深化改革若干重大问题的决定》,载《人民日报》2013年11月16日,第1版。“必须完善司法管理体制和司法权力运行机制,规范司法行为,加强对司法活动的监督,努力让人民群众在每一个司法案件中感受到公平正义。”中共中央《关于全面推进依法治国若干重大问题的决定》,载《人民日报》2014年10月29日,第1版。“深化司法体制综合配套改革,完善审判制度、检察制度,全面落实司法责任制,完善律师制度,加强对司法活动的监督,确保司法公正高效权威,努力让人民群众在每一个司法案件中感受到公平正义。”中共中央《关于坚持和完善中国特色社会主义制度 推进国家治理体系和治理能力现代化若干重大问题的决定》,载《人民日报》2019年11月6日,第1版。

体所产生的推动力量"[1]。法官显然是法律职业共同体中的一支决定性力量，行政法治离不开行政法官的坚守、探索、权衡与实践。笔者认为，行政法官的角色安排应该是立体丰满的，以裁断者为核心角色，同时兼有心理师、教育者、关系协调者等多重角色。

（一）主体角色

1. 裁断者

经典文献认为司法权的本质是判断权，该判断权的属性决定了作为司法权具体代表的法官成为司法裁判活动中不可或缺的主体之一，也是司法活动进程的主持者，通过法官的意识、经验、知识、方法、行为实现了对在审案件中事实有无的认定以及法律适用此彼的判断，也实现了司法审判程序的流程得以顺畅、有效的展开。行政法官作为行使行政审判权的主体，其第一个身份，也是核心身份，就是裁断者。裁断者的身份要求法官通过查明案件事实、准确适用法律、在法定的程序中裁断行政争议，追求争议解决的法律效果、社会效果相统一。

裁断的法律效果体现为法官的裁判过程与裁判结果在法律的框架内。一是准确适用法律。在法律规定明确时准确适用法律并无难处，然而“今天的实体法放弃了法律完美无缺的神话，而更多地依赖于程序过程中法官的判断这一点也已经是不争的事实”。[2] 换言之，法官准确适用法律的难点在于法律规定不明时如何正确解释法律。法律解释是厘清法律条文含义的理性活动，需要法官熟练掌握并科学运用解释学方法。并结合立法目的、法律原则与精神、一般理性人的常识等因素在个案中进行具体的权衡与调适，实现法律与社会生活的衔接。二是裁判的过程符合法定的程序。对于法官而言，在法定程序中推进案件审理是法官主持庭审程序最底线的要求，是对法官自由裁量权的有效约束。对于当事人而言，符合法定程序意味着削减不满，增加当事人对诉讼程序和诉讼结果的认同度。对于社会公众而言，公开的符合法定程序的庭审过程有利于培育公众的法治意识和诉讼理性观念。三是说理的法律效果需要以能理解的方式实现。详细的法律适用说理是当事人理解裁判文书的基础，“判决必须向

---

[1] 孙笑侠：《法律人之治》，中国政法大学出版社2005年版，序言第1页。

[2] [日]谷口安平：《程序的正义与诉讼》，王亚新、刘荣军译，中国政法大学出版社2002年版，第7页。

当事人解释为什么他们输或赢,必须向律师解释为什么得出某个结果,必须为社会整体确立判例法”[1]。四是以行政法官的专业化为保障。行政法官在认定事实、适用法律及主持庭审程序、裁判文书说理等工作内容中实现法律效果,均需要掌握专业化知识和拥有行业实践经验的双重保障。

裁判的社会效果体现为实质高效解决行政争议。行政审判权力的配置和制度设计应该能够切实提高解决行政争议的实效。解决行政争议的实效体现为两个方面的内容:一是解决行政争议的效率。行政法官应具备在有限时间内解决行政争议的能力,因为“正义的第二种意义,简单来说,就是效益”[2],司法效率也是司法正义的一个组成部分,诉讼拖延在某种程度上和拒绝裁判所产生的结果并无二致。二是解决行政争议的效果。“法律源于社会,一切形式的法律效果都是以社会为其基本场域的,社会对审判结果的认同程度,在相当程度上决定了审判结果与法律预设的目标之间的缝隙宽度。”[3]在法律效果基础上实现最大的社会效果,得到包括当事人在内的社会公众的接受或认同,进而以最小的成本一次性解决行政争议,避免出现案结事不了的情形,反复诉讼占用司法资源,同时亦能够形成最优化的争议解决方案,为类似争议解决提供指引,乃至于避免类似争议的出现,进而节约解决行政争议的社会成本。换言之,效果应当从解决争议占用的整体社会资源的角度考虑,而非仅从终结一个案件司法程序所占司法资源的角度考虑。“实现‘能感受的高效’不仅要算‘人均结案’‘结案成本’的‘经济账’,而且要算程序的功效是否得到充分发挥、司法资源是否得到充分利用、司法运作的公众印象是否良好的‘法治账’”[4]。

2. 心理师

如果说裁判者的身份要求法官作出符合法律规定的非此即彼的裁判,体现为以“一切依法办事的卫道精神”“‘兼听则明’的长处”“以三段论推理为基础”

---

[1] [以]巴拉克:《民主国家的法官》,毕洪海译,法律出版社2011年版,第189页。

[2] [美]理查德·A. 波斯纳:《法律的经济分析》,蒋兆康译,中国大百科全书出版社1997年版,第16页。

[3] 江国华:《中国特色社会主义司法制度研究(理论篇)》,科学出版社2019年版,总序第2页。

[4] 高家伟:《公正高效权威视野下的行政司法制度研究》,中国人民公安大学出版社2013年版,总序第3页。

为内容的法律职业的独特思维方式。[1] 那么心理师则面向的是当事人的感受正义,促进当事人对司法裁判的内在服从与信任,强化司法在人民群众观念中的认同感。法官的判决总是存在胜诉方和败诉方之别,而实现感受正义的难点是让败诉方感受到其程序性权利得到了充分的保障,明了其实体权利未获支持的事实和法律依据。在司法为民理念的指引下,法官的角色中增加了群众工作者的角色要求。法官成为抽象的法条与案件当事人具体诉求之间的桥梁,"'为人民服务''让人民满意'具有不正自明的合法性,如果说立法是批量化的、抽象化的民意,那么法官的司法不能对个别化的、具体化的民意视而不见"[2]。行政审判中法官心理师的角色尤为明显,主要是由于行政诉讼当事人的特殊性决定的,一方是利益诉求明显的原告,另一方是掌握话语权的行政机关。行政诉讼中当事人具有明显的对抗情绪,可以想象,如果双方争议不到一定的程度,双方都没有主动选择或被动接受诉讼途径解决争议的动力。"公平越是屈从于规则的逻辑,官方法律与老百姓的正义感之间的差距也就越大"[3],应对行政诉讼特殊的法民关系,为达到良好的诉讼效果,将心比心的方法或许更应得到重视和应用。

符合心理师角色的工作方法主要包括:一是法官充分行使释明权。在行政诉讼中主动充分地行使释明权既是平衡当事人双方诉讼能力,实现双方实质平等武装的手段,同时亦包括诉讼程序终结后的判后答疑,通过大众化的语言对裁判文书涉及的法律问题进行解释,促进当事人服判息诉。当然,对于法官而言,也是减轻涉诉信访压力的现实考量。二是倾听为主,尊重表达权。很多时候,作为原告方的当事人将诉讼程序作为情感宣泄的途径,而吸收和缓解当事人的不满情绪也应当是行政诉讼程序的必备功能之一。我国传统上有着司法与行政集于地方官一身的长期实践,由于社会分工及司法理念的变化,我们现在强调法官的专业化与职业化道路,但是符合法意、慰藉民情作为传统司法观

---

〔1〕 季卫东:《法律职业的定位》,载《中国社会科学》1994年第2期。

〔2〕 陆而启:《法官角色论——从社会、组织和诉讼场域的审视》,法律出版社2009年版,第133页。

〔3〕 [美]昂格尔:《现代社会中的法律》,吴玉章、周汉华译,中国政法大学出版社1994年版,第147页。

中的精华却始终未曾改变。应对当事人及民众不满情绪的有效方法是疏而不是堵,就是要充分保障当事人的陈述申辩权,除不当言论外,与案件有关的背景信息宜耐心倾听,不宜打断。

3. 教育者

法官职业之所以能成为社会分工中一个必不可少的职业角色,是因为法官群体在专业教育背景、思维方式、适用法律的方法等方面具有同质性,通过法律解释学方法的有效运用消解了法律条文原意与丰富多彩的司法实践之间的矛盾之处,在法律原则包容性与法律规则的明确性之间找到了平衡,因此,在法律规制、引导社会生活的功能发挥上起到了非常重要的作用。“司法制度并不仅仅满足民众的需要,它还必须教育和规训民众”[1],在强调法官的行为与诉讼参与人的心理预期和行为方式相契合的同时,也应关注法官行为对规范诉讼参与人诉讼行为、合理化诉讼预期等方面的反作用。

行政法官作为教育者的角色定位首要的教育内容便是法治教育,而法治教育主要的实现方式是以具体案件为依托,以诉讼程序为场所,以裁判文书为媒介传播法治观念、行政裁判标准、诉讼行为规范和技能,让社会公众参与到司法过程中来。除了法治教育之外,是否还存在其他的教育内容呢?笔者认为,以“富强、民主、文明、和谐、自由、平等、公正、法治、爱国、敬业、诚信、友善”为内容的社会主义核心价值观也应是教育的内容。法官应通过个案弘扬社会主义核心价值观,将核心价值观融入裁判文书说理中,承担起通过诉讼案件引导社会主流价值的角色使命。

4. 协调者

行政诉讼解决的是行政争议,直接表现为“官民矛盾”。很多案件在法律上权利义务关系明确且法律上的争议并不大,与此相左,当事人之间的对立状态明显,关系激化。此时,如果仅停留在依法裁判的层面,不关注双方矛盾争议所反映出来的深层次问题,难免会如扬汤止沸,难以真正地定分止争。“审判方式改革带来了程序正义、法官独立、法官中立等现代司法理念,这对法官来说是全新的角色期望。程序正义的本质是通过程序将利益争议转变成法律技术,通过

[1] 苏力:《司法制度的合成理论》,载《清华法学》2007 年第 1 期。

程序本身的公平、正义来实现法律正义，以技术上的解决充当纠纷的解决。”[1]程序正义在规则确立方面有不可比拟的重要功能，与之相适应的是法官作为“消极的裁判者”的角色，在程序中处于形式上中立的地位。笔者理解，民事诉讼程序中当事人本就处于实质平等的诉讼地位，强调程序正义并无不妥。然而，行政诉讼中的行政法官应该在程序正义的基础上再向前走一步，将视野放在更广阔的构建良好的“官民关系”的角度，以适度能动的裁判者的角色出现，促进当事人双方诉讼地位的实质平等。

行政法官作为协调者意味着立足于程序正义，并以解决争议为导向，成为各方协商的召集者和助成者，引导各方广泛深度参与诉讼程序，促成各方信息共享，协商确定争议解决方案，以便与当事人各方形成公私合作伙伴关系，不仅解决个案争议，更能够为政策、制度、机制、体制的优化提供解决方案。这就意味着，行政法官一方面要厘清规则、监督公权力行使行为，另一方面作为国家治理体系的一环，也要维护国家建设的外部环境，维护公共利益，实现公共管理目标。为此，行政法官除是中立的裁判者的角色外，还是平衡利益冲突、整合社会力量的协调者，是国家与社会双向沟通与反馈的桥梁。

（二）主体角色的保障

司法角色有别于一般的职业角色，是以保障人权和公众服务为宗旨，拥有专业的知识和技能，受资格准入、纪律惩戒和职业保障等制度规范的自治型角色[2]。为了保证上述主体角色的实现，应本着严管与厚爱的基本原则，同步推进法官保障制度和惩戒制度，既让法官具备充分履行角色职能的环境、条件和能力，也要对法官行为进行有效的监督和规制，对违法不当的行为进行必要的惩戒。

1. 保障制度

（1）保障法官职务独立。“良好的司法环境是培育司法公正的沃土，恶劣的司法环境则是滋生司法不公的‘温床’”[3]。良好司法环境的重要方面体现为有利于法官职务独立的内外部环境。“由于法官的裁判依据是统一的法律，且

---

[1] 吴英姿：《法官角色与司法行为》，中国大百科全书出版社2008年版，第301页。

[2] 季卫东：《法律职业的定位》，载《中国社会科学》1994年第2期。

[3] 李广宇、耿宝建：《行政审判如何实现公正》，载《人民司法》（应用）2011年第19期。

法官按照诉讼法完成了塑造一个司法裁判的全过程(审理),因此,法官职业将同事的影响、上级的命令、外界的干扰、民意的喧嚣统统排斥在外。"[1]对于行政审判而言,最大的隐忧无非是对法官的不当干预,影响法官的独立判断。[2]为此,改变干预司法的外部环境,确保人民法院审判权独立,同时革除科层制的内部运行环境的不利因素,确保合议庭、独任法官等审判组织独立行权,是优化审判权独立行使的内外环境的改革方向。有学者介绍,"世界范围内保障法官独立的措施大体包括四种:一是身份独立方面,规定了法官职务的终身制、高薪制、退休制、不可更换制等制度;二是集体独立方面,加强法院对如法院的设施、经费、编制等司法行政事务的参与与控制;三是内部独立方面,规定了法官的审判免受其同事或上级的控制;四是在实质独立方面,制定了一些法官特权规则,如司法豁免规则。"[3]笔者认为,以四种措施为借鉴,结合我国法院实际情况及特点,改革中多些勇气和魄力,形成法院对外的审判权独立与法院内部的审判组织独立同步推进、互相促进、双向互动的局面,方能达到行政法官职务独立的目标。

(2)法官培训制度。笔者认为,目前的行政法官培训制度应以法官专业素质教育和法律卫士教育两个方面内容为重点。正如高家伟教授所言,"打造一支训练有素的、现代化的公务员队伍是中国现代行政法(学)的核心,关键中的关键"[4]。那么,对于行政法官而言,以法官培训制度为平台着重增强行政法官的专业性、忠诚性是关键。申言之,"司法究其本质是一门用法律解决问题的艺术,而在案件的审理过程中,法官的目光总是不断地穿梭于价值、规范和事实之间,发现规范、解释规范,甚至创造规范,使规范既能趋向于应然的价值,又能

---

[1] 蒋惠岭:《"法院独立"与"法官独立"之辨——一个中式命题的终结》,载《法律科学》2015年第1期。

[2] 行政审判面临不利于依法独立审判的体制和制度的多重制约和困难。行政法官存在明显的知行不一现象,在作出行政裁判时,更倾向于发挥行政诉讼解决纠纷的功能,会考虑是否得罪行政机关、政法委与本院领导的意见、当事人投诉信访和媒体与社会舆论等各种法律外因素。林莉红、宋国涛:《中国行政审判法官的知与行》,载《行政法学研究》2013年第2期。

[3] 陈瑞华:《刑事审判原理论》,北京大学出版社1997年版,第169~175页。

[4] 高家伟:《讲谈:现代中国行政法学体系的建构》(上),载微信公众号"天行健公法学"2020年12月9日。

得以适用于具体的案件事实。"[1]因此,专业性是优秀行政法官的必备素质。行政法官应当通过业务技能培训获得从事行政审判工作的专业能力,良好的专业能力是法官办案法律效果的保障。需要注意的是,行政法官专业性的特殊性表现为包含行政专业素养,"因受政治传统、经济、文化等因素的影响,裁决行政争议不仅仅关乎法律规则的适用,行政纠纷大多关乎复杂的公共政策问题,两大法系国家解决行政争议的机构设置虽有差异,但是各国普遍重视行政法官的行政专业素养。"[2],故行政法官的培训中应增加对行政专业素质的培训内容,如国家政策、行政管理和服务的情况、行政专业技能等。另外,法律卫士教育则关注于行政法官维护法治的信念和决心,对共和国法律的忠诚性。对法律的忠诚度对于行政法官尤为重要,是其抵御干扰、独立办案的重要保障。同时,法官的培训制度不应当是碎片化的,而应当是定期的、有计划的集中学习。这一点主要与法官的业务工作繁忙有关,定期的学习计划有助于法官规划办案与学习的时间,集中脱产学习有助于法官从繁忙的工作中暂时抽离出来,以便增强学习效果。当然,行政法官的素质培养并非仅局限于成为法官之后,将在校法学教育、法官养成教育等各个阶段的学习培训系统化的设计才是根本。

(3)履职条件及待遇保障制度。第一,工作机制的保障。对于法官的工作机制保障意味着,法院的整体运行以审判工作为中心,司法行政人员与司法辅助人员的工作应当以法官的审判工作为中心展开,为法官行权提供必要的条件,减轻法官因非司法职能形成的"功能增加型负担"[3],形成以法官为主导的法院整体本位[4]的审判权运行机制。第二,工作条件的保障。员额制改革背景下[5]如何保障充足的审判力量供给是目前亟待解决的关键问题。笔者认

[1] 刘斌:《从法官"离职"现象看法官员额制改革的制度逻辑》,载《法学》2015年第10期。

[2] 杨红:《行政法官的专业化建设及其保障》,载《西部法学评论》2020年第1期。

[3] 中国法院实际上面临两类沉重负担:一是前面述及的由于诉讼骤增而带来的"案件增加型负担";二是由于法院担负其他非司法职能而形成的"功能增加型负担"。姜峰:《法院"案多人少"与国家治道变革——转型时期中国的政治与司法忧思》,载《政法论坛》2015年第2期。

[4] 顾培东:《法官个体本位抑或法院整体本位——我国法院建构与运行的基本模式选择》,载《法学研究》2019年第1期。

[5] 有学者详细分析了员额制改革推行过程中产生的问题,如人员流失问题、办案压力大幅增加、改革目标可能异化等。陈永生、白冰:《法官、检察官员额制改革的限度》,载《比较法研究》2016年第2期。

为,可以从三个方面着手:一是强化诉源治理和繁简分流机制的功能;二是扩大司法辅助人员的队伍,法官与助理之间合理分工;三是切实提高司法智能化的实效,以技术为法官赋能。第三,业务职级待遇。法官单独序列制度与法官正常职务晋升制度是法官业务职级待遇的保障。正常的职务晋升是对法官有效的激励手段之一,也有利于避免法官群体内卷化。笔者理解的法官职业不应当是为了职位、职级互相激烈竞争,而应当是法官之间诚挚的合作,共同服务于产出良好的司法产品、提供优质的司法服务。如此,法官方能提升职业尊严,将法官职业而非领导职务作为职业理想。第四,生活条件的保障。一个还为生活疲于奔波的法官是无法将精力集中于司法审判工作的,正因如此,在许多国家,法官都享受着远高于一般水平的职业待遇,目的就是尽量排除影响法官判断的各种诱惑因素,让法官无后顾之忧地专心裁断案件。为此,收入、子女教育、住房、医疗等诸多方面都应该有系统的保障。

(4)员额法官的退出与增补机制。员额法官应当是司法工作人员中的精英,在专业教育经历、实践经验阅历、道德品行修养等方面应该有更高的标准。法官员额制改革意在打造符合审判业务要求的精英化审判队伍,然而,法官的职业化、精英化并不是目标,而是提升司法审判力量和能力的手段。强有力的、充足的优质审判力量是公正高效地处理案件的必备条件。为此,强化员额制改革的配套机制,保障审判力量的供给能够满足对司法资源的需求显得尤为重要。具言之,将不适合从事员额法官工作的人员有序的退出员额,安排到适合的岗位,同时对于有能力承担员额法官工作的新鲜血液及时吸纳进来,形成动态的法官退出与增补机制。

2. 惩戒与约束制度

(1)法官惩戒制度。以"让审理者裁判、由裁判者负责"[1]为目标的司法责任制改革是本轮司法改革的核心命题之一。就审判权而言,司法责任包含两个方面的内容,一方面审判权表现出职责面向,将审判权赋予法官意味着法官应当具有积极、正确行使审判权的法定义务。另一方面审判权表现出后果面向,

---

〔1〕 中共中央《关于全面深化改革若干重大问题的决定》,载《人民日报》2013年11月16日,第1版。

法官消极、违法行使审判权时会接受惩戒、处分等法律责任，严重者甚至因触犯刑法而被追究刑事责任。笔者理解，研究前者的落脚点在于法官履责的保障制度，前文已有论及，而后者主要在于完备法官惩戒制度。下文将就完备法官惩戒制度提出一些看法。

第一，整体设计。以往的法官问责实践中存在多种问责形式。[1] 2015 年，最高人民法院出台了《关于完善人民法院司法责任制的若干意见》，该文件用违法审判责任代替了错案责任追究，与《法官法》、最高人民法院《关于完善人民法院司法责任制的若干意见》、最高人民法院《关于严格执行〈中华人民共和国法官法〉有关惩戒制度的若干规定》、《人民法院工作人员处分条例》等规定相互补充。至此，我国目前的法官惩戒制度形成了以违法审判责任和违反职业伦理行为责任为内容的二元惩戒模式。[2] 笔者认为，以上述二元惩戒模式为基础，将目前各种规范性文件合理的部分予以吸收，将不合理的部分予以摒弃，制定一部统一的《法官惩戒法》，从整体上系统地规定法官惩戒制度是法官惩戒制度规范化、法治化的必由之路。

第二，惩戒标准。学界关于惩戒标准（归责标准）存在多种观点主张。以结果或行为为区分标准，分为"结果中心主义"和"行为中心主义"。[3] "行为中心主义"的观点成为理论界的主流观点，也得到了最高人民法院《关于完善人民法

---

〔1〕"存在错案责任追究、违法审判责任追究、纪律责任追究、案件发改责任追究等多种不同名目，问责方式重至行政责任或刑事责任，轻至开除、撤职、降级、记大过、记过、警告等纪律处分，还有通报批评、核减个人岗位目标奖、剥夺评优和晋升资格等更为细致化的内部处罚措施。"周长军：《司法责任制改革中的法官问责——兼评〈关于完善人民法院司法责任制的若干意见〉》，载《法学家》2016 年第 3 期。

〔2〕最高人民法院规定的"违法审判责任"和"纪律责任"的组合构成了最为全面系统的法官问责形式。从法官惩戒制度样态来看，我国遵守的是以错案惩戒为主、违反职业伦理的不当行为为辅的制度模式。詹建红：《我国法官惩戒制度的困境与出路》，载《法学评论》2016 年第 2 期；我国的法官责任制度逐渐形成了三种模式，即结果责任模式、程序责任模式和职业伦理模式。结果责任和程序责任都属于广义上的"办案责任"，是法官在办理案件过程中，或因造成结果错误，或因存在严重的程序违法行为，而承担的法律责任，两者可并称为办案责任模式。陈瑞华：《法官责任制度的三种模式》，载《法学研究》2015 年第 4 期。

〔3〕"结果中心主义"以错误的裁判结果为作为法官追责的根据。"行为中心主义"认为，只有存在违法或不当行为方能追究法官责任。我国的错案追究制度，曾仅仅根据所谓的"错误裁判结果"来追究法官的责任，造成了法学界和司法界的普遍抵制。陈瑞华：《法官责任制度的三种模式》，载《法学研究》2015 年第 4 期。

院司法责任制的若干意见》的吸收。以主观过错或客观行为为标准，分为“过错责任说”〔1〕“客观行为说”〔2〕“二元混合说”〔3〕。最高人民法院《关于完善人民法院司法责任制的若干意见》采取了“主观过错与客观行为相结合的标准”〔4〕。笔者认为，以违法审判责任和违反职业伦理行为责任为内容的二元惩戒模式中，违法审判责任应坚持主观过错与客观行为相结合的行为中心主义标准，且应在区分主观过错的程度及造成后果的程度的基础上采取不同的惩戒措施；而违反职业伦理行为责任中与违法审判责任竞合的部分采取上述标准即可，对于法官违反职业伦理的行为但未造成裁判错误及损害结果的，不区分是否存在主观过错，并采取与前者相比较轻的惩戒措施。

第三，惩戒主体。目前我国法律规定的法官惩戒权行使主体主要包括人大及其常委会、法院内部监察部门，对于前者的罢免权而言，主要是程序和形式意义上的，而后者则由于机构的独立性、惩戒的非公开性而备受质疑。〔5〕因此，成立法官惩戒委员会成为了学界较为统一的观点。最高人民法院《关于完善人民法院司法责任制的若干意见》中也规定了法官惩戒委员会的惩戒建议功能〔6〕。笔者认为，将法官惩戒权交由法官惩戒委员会是改革的趋势，从上海市成立全国首个法官、检察官遴选（惩戒）委员会开始，全国各地也陆续成立了法官惩戒委员会。更为重要的问题是应该关注法官惩戒委员会的独立性、代表性、专业性等问题，理顺法官惩戒委员会与法院内部纪检监察部门的关系，进一

〔1〕“过错责任说”认为，在错案情况下要看法官主观上是否有过错，无过错则无责任。李建明：《错案追究中的形而上学错误》，载《法学研究》2000年第3期。

〔2〕“客观行为说”认为，未来的法官责任制度应当彻底摒弃那种将法官的判断或认识作为处罚对象的做法，将追责的对象转向法官的不当司法行为。法官实施了任何违法审判行为，就足以认定法官对“造成严重后果”具有故意或者过失。陈瑞华：《法官责任制度的三种模式》，载《法学研究》2015年第4期。

〔3〕“二元混合说”认为，法官问责基准应当体现主客观相统一的原则。客观方面必须是法官实施了违法违纪办案行为，主观上存在过错。周长军：《司法责任制改革中的法官问责——兼评〈关于完善人民法院司法责任制的若干意见〉》，载《法学家》2016年第3期。

〔4〕最高人民法院《关于完善人民法院司法责任制的若干意见》第25条规定：“法官在审判工作中，故意违反法律法规的，或者因重大过失导致裁判错误并造成严重后果的，依法应当承担违法审判责任。”

〔5〕詹建红：《我国法官惩戒制度的困境与出路》，载《法学评论》2016年第2期。

〔6〕最高人民法院《关于完善人民法院司法责任制的若干意见》第36条第3款规定：“法官惩戒委员会根据查明的事实和法律规定作出无责、免责或者给予惩戒处分的建议。”

步明确法官惩戒委员会的职权职能、人员构成、工作程序等问题,确保法官惩戒委员会切实发挥作用。

第四,惩戒程序。法官惩戒事关法官的职业命运,兹事体大。因此,法官惩戒程序应当符合正当程序原则,具体包括调查、审查决定、救济等程序,应当保障程序的公开性和参与性,对惩戒程序进行诉讼化改造,充分保障法官的举质证权、陈述申辩权、复议复核权等权利。

第五,保障法官责任豁免权。法官责任豁免权是指,“法官对于自己在司法审判过程中依法实施的行为、发表的言论和判决的结果,享有不受指控或者法律追究的权利”。〔1〕 法官责任豁免制度也是法官惩戒制度的重要组成内容,是保障法官独立判断,降低职业风险,增强职业勇气的重要措施。因此,法官惩戒制度中应明确规定法官责任豁免的情形,并于惩戒制度中设置合理的豁免机制,保障法官豁免权。

(2)法官约束制度。保障与约束、惩戒是一体两面的问题,保障在于正向激励,约束在于有效引导,而惩戒在于规制不当行为。完备合理的法官约束机制并非法官的枷锁,其实是对法官的一种保护,也是对司法功能的一种保障。对此,可以从以下方面着手:

第一,完善绩效考核制度〔2〕。法官绩效考核制度既可以起到约束与引导法官行为的作用,也可以起到奖优罚劣的激励作用,是法院队伍管理与建设的重要手段。“一般而言,为遵循审判独立原则和身份保障制度,法官不应当以一般公务员方式来进行监督,避免行政干预审判的疑虑,但也可能因法官有上述保障,如无妥当的职务监督机制,极容易造成不知反省的法官。”〔3〕绩效考核制度完善的重点应该是设置合理的考核指标体系,一方面,遵循司法规律,不能影响法官的实质理性和独立判断;另一方面,要针对不同审判领域的特殊性,设置非一般化的考核指标,提高考核的适应性与科学性。

---

〔1〕 谭世贵、孙玲:《法官责任豁免制度研究》,载《政法论丛》2009 年第 5 期。

〔2〕 “法官绩效考核制度,又称法官质效考核(或考评)制度,是指通过一套客观化的指标来衡量法官工作努力程度以及工作能力(审判水平)的法官管理制度。”李拥军、傅爱竹:《“规训”的司法与“被缚”的法官——对法官绩效考核制度困境与误区的深层解读》,载《法律科学》2014 年第 6 期。

〔3〕 陆而启:《法官角色论——从社会、组织和诉讼场域的审视》,法律出版社 2009 年版,第 198 页。

第二,法官职业伦理。法官职业的特殊性源于该职业的专业性和关涉重大性,这就要求法官的行为不仅受限于法律规范,而且约束于职业伦理,职业伦理中既包含法律的规制,也包含道德的要求,其外延比法律规范更宽,也有别于一般的社会道德要求。“司法伦理是建立在对于司法官的职业特色清楚意识的基础上的正确处理其与当事人之间关系、跟律师之间的关系、跟法学学术之间关系的一套避免偏见、公正决策、注重效率的行为准则。”〔1〕法官职业伦理是法官自我约束的一种自律机制,强调的是法官对司法职业特点、规律的正确认识和对于法官职业的认同感。

第三,法律程序约束。正当程序原则与法定程序原则是对法官司法裁量行为约束的有效措施,“它不是以一种‘动员’机制而是以一种‘约束’或‘制衡’机制作用于司法,程序上的制裁大多通过一种‘宣告行为无效’的‘非暴力’方式进行。”〔2〕

第四,统一法律适用机制。“司法裁判最重要的角色是指向未来的,它是以个案的方式将抽象的法律具体化,在解决特定纠纷的同时,为人民指明了未来的行动标准和行为选择的恰当方向”〔3〕。尽管由于法律规定的原则性、个案情形的特殊性及社会变化的迅捷性,法官享有裁量权具有必要性,且审判过程中法官实际上享有裁量权。但是裁量权并非任意而为,仍需要受到裁判标准一致性的约束,因为裁判标准统一(或称同案同判)事关司法公信力与司法的专业权威。对此,将院庭长监督机制、法官会议制度、类案检索制度、案例指导制度等一系列的制度机制进行融合衔接,形成统一法律适用机制,能有效约束法官的裁量行为。

## 四、当事人主体地位的变化

未来中国行政法学的体系架构重点应当放在政府与人民之间的信任协作关系打造上。申言之,就是高度现代化的服务型政府与高度法治化的公民素质

〔1〕 陆而启:《法官角色论——从社会、组织和诉讼场域的审视》,法律出版社 2009 年版,第 88 页。
〔2〕 陈瑞华:《法律人的思维方式》,法律出版社 2011 年版,第 190 ~ 191 页。
〔3〕 陈景辉:《同案同判:法律义务还是道德要求》,载《中国法学》2013 年第 3 期。

之间,建立高度信任、密切合作的行政法律关系。[1] 在国家治理现代化的视角下,两者的信任协作关系表现为法治国家、法治政府、法治社会的一体建设。目前的行政诉讼制度表现为权利救济制度和权力监督制度,而未来的行政诉讼制度应该朝着关系锻造制度进行改造。通过行政审判的制度平台,在实体法层面上,矫正失衡扭曲的行政法律关系,实质解决行政争议;在程序法层面上,法官保持积极能动的中立地位,实现原、被告双方诉讼地位的实质平等;在社会法层面上,锻造官民合作伙伴关系,围绕个案展开公共政策协商,共同促进国家民主法治建设。基于此,诉讼中双方当事人的角色地位需要以下定位及转换。

### (一)行政机关工作人员的身份转换

#### 1. 管理者到诉讼者(平等对抗)

在行政程序中,行政机关享有行政权,而行政机关工作人员则以管理者的身份出现。行政权作为公权力与被管理者的私权利相较,显然处于不平等的位置。从社会契约理论的角度看,公权力来源于私权利,是公民个体通过契约将其私权利中的一部分让渡给国家。一方面,公权力存在的目的是保障全体社会成员的公共利益,进而维护个体利益,而一个个体的私人利益与公共利益相冲突时,自然应服从于代表全体成员的公共利益,此时公权力优位于私权利。另一方面,既然公权力是个体让渡的私权利的一部分,其目的是保障私权利的实现,那么作为目的而存在的私权利与保障私权利而存在的公权力相较,前者应当处于优位。无论从上述两个方面的任意角度看,公权力与私权利都处于不平等的关系中。

进入诉讼程序中,行政管理中的公权力与私权利的不平等状态获得了转变的可能性,因为双方将争议解决递交了另一个公权力机关(司法机关),行政机关成为被告,其职权行为成为行政诉讼的审查对象。此时,行政机关代理人需要转变管理者的姿态,以诉讼者的身份角色出现在行政诉讼程序中,这是双方平等论辩、平等协商的基础。否则以管理者角色代入诉讼者角色,极易导致庭审中出现两个公权力机关与一方私权利主体"对簿公堂"的局面,私权利主体很

---

[1] 高家伟:《讲谈:现代中国行政法学体系的建构》(上),载微信公众号"天行健公法学"2020年12月9日。

容易产生“官官相护”的印象,从而影响庭审和裁判的效果。

2. 对抗者到对话者(反馈意见)

如果我们把行政审判仅看作原告、被告双方平等对抗的程序,似乎双方实质上的平等对抗已经达到了诉讼的最佳状态。然而,正如前文所述,行政审判的功能不仅局限于个案争议的解决,更重要的是通过个案争议,对其中反映出来的公共政策方面的合理性问题和公民的民主化诉求提供系统的解决方案。

此时,行政机关代理人的平等对抗者身份已经远远不够了,需要其以对话者的姿态出现在行政审判程序中,将能够解释的问题通过对话的方式向对方当事人说明理由,促进双方共识的达成;将庭审中发现的力所不及的问题反馈给所在单位,承担起意见反馈者的身份角色。进而在以首长负责制为特征的行政机关内部展开对系统性问题的研讨应对,在更大的范围内解决行政争议,乃至于从源头上减少行政争议的产生。这也从侧面印证了行政机关负责人出庭应诉制度的重要性,负责人能够直接解决一部分行政争议,或者在参与庭审的过程中更直接地接收信息,在一定程度上有利于对系统性问题的反思与解决。

(二)原告方的身份转换

1. 诉讼诚信原则的遵守者

诉讼诚信原则是指诉讼参与主体在诉讼过程中必须诚实、善意地实施诉讼行为。“诚实信用原则是通过调整诉讼主体之间的相互关系,使诉讼在协作、诚实、善意的协同关系中进行,并以此实现诉讼公正。”[1]诉讼诚信原则要求避免滥用诉讼权利的行为。“滥用诉讼权利是指违背权利设置的目的,专门以损害对方当事人或国家利益为目的的行使诉讼权利行为”。[2] 例如,行政诉讼中个别原告滥用回避申请权以达宣泄情绪的目的。个别原告滥用陈述权,超出正常陈述案件事实和法律问题的范围,或发布不当言论。就行政诉讼原告而言,诉讼诚信的遵守者角色最主要体现在不能滥用诉讼权利,当然也包对禁止反言、禁止虚假陈述等诚信诉讼原则的其他子原则的遵守。

---

〔1〕 唐力:《民事诉讼构造研究——以当事人与法院作用分担为中心》,法律出版社 2006 年版,第 145 页。

〔2〕 王继福:《我国民事诉讼法应确立诚实信用基本原则》,载《燕山大学学报(哲学社会科学版)》2003 年第 4 期。

2. 理性的商谈者

削减诉讼过程中当事人的非理性行为对于行政诉讼制度的良性发展至关重要，对此哈贝马斯的交往行为理论提供了解决问题的方法。根据哈贝马斯的交往行为理论，理性的商谈者的言语行为应当符合言语行为有效性要件的要求。包括表意的现实性、记述的真实性、言语的正确性和表现的真诚性。[1]

（1）表意的现实性。主要表现为规范、明确的表达，以规范化的方式、格式和语言进行诉讼行为。规范化并不意味着必须使用法言法语，而是方便法庭和对方当事人领会即可。实践中，囿于行政诉讼原告方诉讼能力的限制以及缺乏律师强制代理制度等，常常出现原告方提交的起诉状或意见陈述逻辑不通、语句不畅等难以理解的情况。另外，表达明确意味着当事人表明自己参与诉讼的根本诉求，清晰地陈述诉讼请求，陈述事实问题时需要结合相关证据，表达法律观点时需要结合法律依据。

（2）记述的真实性。记述的真实性也是基于当事人诉讼诚信原则遵守者身份派生出来的要求，即当事人对事实和法律问题的陈述应当是真实的，或至少是当事人认为真实的，禁止对事实的虚假陈述行为和恶意诉讼、诉讼欺诈行为。

（3）言语的正确性。言语的正确性要求当事人的书面意见和诉讼程序中的语言表达应当不违反法律规定、不违背公序良俗、不违背社会主义核心价值观，禁止在诉讼过程中发表不当言论。

（4）表现的真诚性。一般而言，行政诉讼是围绕行政行为合法性展开的，原告与被告之间存在需要法院解决的行政争议，而行政争议本质上是双方利益上的纷争。为了争取本方的最大利益，当事人的言语行为往往具有一定程度的策略性。很多时候策略性的表达是与表达真诚性要件相冲突的。表达的真诚性需要当事人双方认识到达成共识对于实质性解决争议的重要性，同时认识到行政诉讼的过程中各方充分、真诚的商谈对于公共政策的形成与完善以及对于民主法治建设的重要性。当然，对于上述问题的认识是一个循序渐进的过程，是随着法治社会建设的推进，公民的民主法治意识逐步增强，而逐步深化认识的

[1] [德]哈贝马斯：《交往行为理论　第一卷：行为合理性与社会合理性》，曹卫东译，上海人民出版社 2018 年版，第 409～410 页。

过程,并非一夕之功。

需要说明的是,交往行为理论立足于主体之间的关系,为保障诉讼程序的有效推进,各诉讼参与主体均需要符合上述言语行为有效性要件的要求,此部分讨论原告方的身份转化,但并不意味着法官和被告方不需要符合言语行为有效性的要求,任何一方背离言语行为有效性的要求都不可能形成"理想的交流语境"。

3. 维护法庭秩序的协力者

无论是将行政审判程序视为对抗性的程序还是商谈性的程序,良好的法庭秩序都是必要条件,是双方充分表达和听取对方意见及法官了解各方意见的保障,尤其是商谈性程序中双方要想达成共识,心平气和地表达观点更是必不可少。一般而言,良好的庭审秩序的维护者是法官,法官通过法庭指挥行为主导并规范庭审的进程,通过行使扰序惩戒权等强制手段为特殊情况下庭审秩序的维护提供保障。然而,这并不意味着其他程序参与人对于法庭秩序和庭审程序进展毫无作为,实际上,当事人应当是维护法庭秩序的协力者,因为正如前文所述,所有诉讼参与者都是顺畅良好的法庭秩序的受益人,只有具备正义感的人才能在诉讼程序中感受到公平正义。

## 五、小　　结

实现国家治理现代化是各个参与主体共同协力的过程。具体到行政审判领域,各个参与主体均应从各自的角度完善主体角色,在共同协力下方才能够充分实现行政诉讼的制度功能。本章的重点集中于行政诉讼中"人"的角色定位。行政诉讼结构应该是体现审判主体关系均衡化的结构,该结构是同心圆结构,内圈中是法官、原告、被告之间的权利(力)义务关系,外圈中是行政审判权、公民权与行政权三者的良性互动关系。在这个结构均衡化的构造之中,行政法官具备以裁断者为核心,兼有心理师、教育者、关系协调者等多重角色。实现这个角色定位,需要从保障制度和惩戒与约束制度两个方面着手。基于法治政府建设的要求,行政机关(工作人员)应当实现身份角色从管理者到诉讼者、从对抗者到对话者的转换。基于法治社会的需求,原告亦应实现身份角色的转换,成为诉讼诚信原则的遵守者、理性的商谈者、维护法庭秩序的协力者。

# 第五章　行政审判方式智能化

在前几章的行政审判方式改革设想后，有一个重要问题凸显出来。以人民为中心的司法理念要求不断提高诉讼的可及性，对司法产品及服务的质量和水平要求不断提高，在此背景下行政审判职能不断拓展，庭审实质化、文书说理充分化等改革措施必将造成现有员额法官的工作量增长，进一步放大行政审判的人案矛盾，对行政审判造成新的挑战。如何解决这一问题，保证行政审判在实质高效解决大量行政争议的同时保持良好的"用户体验"非常关键。本章将从行政审判方式智能化改造的层面提出改革的配套措施，以便优化审判力量配置，保障前几章的改革措施顺利实施。

审判与人工智能相遇改变了传统的审判工作场景，从传统的线下庭审到在线庭审，从纸质办公环境到无纸化办公环境，从封闭的司法环境到审判流程公开，从翻阅典籍到类案检索，从人工记录到智能语音识别。"人工智能技术的运用与'智慧法院'和互联网法院建设等相结合，使我国法院逐步形成了广泛运用电子化案件卷宗、案件信息公开网站、现代办案和管理平台、类案推送或证据审查等审判辅助系统的新审判方式。"[1]工作场景的变化构成了审判方式现代化的一个维度的图景，对于提升审判质效、促进法官决策公平公正、提升诉讼参与人满意度等方面益处良多，是消解人民法院有限的审判力量供给与人民群众与日俱增的司法需求之间张力的一剂良药。正因如此，"信息化建设"成为了司法工作的"车之两轮、鸟之两翼"之一，审判方式智能化改造也成为审判方式现代化的重要方面。

---

〔1〕 郑曦：《人工智能技术在司法裁判中的运用及规制》，载《中外法学》2020年第3期。

## 一、审判方式智能化的时代必然性及意义

(一)审判方式现代化的必然要求

“党的十八大以来,人民法院紧紧抓住历史机遇,将信息化作为一场深刻的自我革命,认真贯彻落实创新驱动战略、网络强国战略、大数据战略、‘互联网+’行动计划和新一代人工智能发展规划,加快建设智慧法院,推动了人民法院审判执行方式的全局性变革。”[1]诉讼智能化改革成为审判方式现代化的一个新的重要的着力点和增长点。从世界范围内看,“以信息技术为主要载体的现代化诉讼方式建设已不同程度地成为各个国家和地区应对社会变革的必然结果和共识性选择”[2]。

(二)司法资源有限性的现实压力

在纠纷矛盾集中爆发的社会背景下,公民权利救济意识的增强及立案登记制进一步提高了诉讼救济的可及性,人民群众对以诉讼方式实现公平正义的需求明显增加。另外,以法官精英化为目标的员额制改革短时间内造成审判力量的缩减,配套制度不完备导致审判团队运行不畅、助理作用难以充分发挥。司法需求和司法资源供给之间的紧张关系如何消解成为人民法院亟待解决的现实难题。一般而言,法官的日常工作包括三个层面:一是大量的基础性、程序性的工作;二是依托高度经验性判断的事实认定和法律适用工作;三是涉及价值判断和利益衡量的工作。审判方式的智能化改造意味着通过大数据和人工智能建立审判智能辅助系统,整合无纸化办公系统、司法大数据系统、类案检索系统、文书撰写辅助系统等,将法官从上述第一类工作和部分第二类工作中解放出来,把多数精力集中于完成复杂的事实认定、法律适用和价值判断工作,降低法官负担,优化审判资源配置,提升审判效率。

(三)保障诉讼权益的有效手段

审判方式智能化不仅是为行政审判的赋能措施,也是方便诉讼参与人的便

---

〔1〕 胡昌明:《移动电子诉讼的司法实践及其限度——以中国“移动微法院”为例》,载《中国应用法学》2021年第2期。

〔2〕 张兴美:《电子诉讼制度建设的观念基础与适用路径》,载《政法论坛》2019年第5期。

民措施。

1. 有效减轻当事人的诉累

现代社会不同于传统社会封闭式的社区环境,是人口流动性强的开放式环境,纠纷双方、当事人与法院之间的空间距离可能比较大。网上立案、网络庭审等措施减少了当事人跑法院的时间成本和费用成本,整体降低了诉讼成本。

2. 满足人民群众对诉讼方式多样化的需求

比如,网络庭审赋予了当事人在传统线下庭审之外的选择权,当事人可以选择最有利于自己的庭审方式,增加了庭审方式的可及性、灵活性与适应性,保障了当事人的诉讼参与权,尤其是在新冠肺炎疫情期间,线上庭审方式对特殊情况的适应性更为显著。

### (四)实现司法公正的目标导向

审判方式智能化助力司法公正的功能主要体现在以下三个方面:

1. 以辅助法官正确决策实现实体公正

通过类案检索系统,法官可以找到与办理案件类似的指导性案例和其他案例,对于法官确定案件的审理思路和裁判过程具有指引和参考作用,类案的存在也规范了法官的司法裁量权,有助于形成法官的内心确信,促进裁判标准统一。

2. 以程序公开促进程序公正

依托审判流程公开平台、裁判文书公开平台、庭审直播平台,将审判流程进展、司法终端产品、庭审过程等向社会公众公开,拓宽了司法公开的广度和深度,消除了封闭司法环境导致公众对司法程序的不信任感,便于社会监督。

3. 满足当事人的司法需求进而实现感受公正

在线诉讼服务平台为当事人提供与传统诉讼服务相较更为优质便捷的诉讼服务,在线庭审减少了当事人诉累并提供了多样化的庭审方式,审判流程公开保障了当事人对司法程序进展的知情权,总体上智能化的审判方式优化了司法服务的“用户体验”,能够不断满足人民群众的司法需求。

## 二、审判方式智能化(信息化)的历程

从人民法院计算机信息网络建设到人民法院信息网络系统建设,再到智慧

法院建设，审判方式智能化进程不断推进，大体上经历了两个主要阶段。

（一）法院信息化建设阶段

1996年，最高人民法院印发《全国法院计算机信息网络建设规划》，召开了全国法院通信及计算机工作会议。大会确定了北京等8家高级人民法院作为试点，标志着人民法院信息化建设正式起步。

1999年，一五改革纲要发布，明确将计算机技术应用于审判方式〔1〕以及全国法院计算机网络建设〔2〕作为司法改革的内容。2002年，最高人民法院发布《人民法院计算机信息网络系统建设规划》，并召开全国法院信息化建设会议，启动国家司法审判信息系统工程。2007年，最高人民法院发布《关于全面加强人民法院信息化工作的决定》《人民法院审判法庭信息化建设规范（试行）》。2011年，最高人民法院发布《人民法院审判法庭信息化基本要求》。在这一阶段，人民法院信息化建设普遍推进，逐步系统化。

党的十八大以来，人民法院信息化建设步入了战略发展新时期。2013年，最高人民法院发布《关于推进司法公开三大平台建设的若干意见》。2014年，中国审判流程信息公开网、中国裁判文书网、诉讼服务网相继开通。2015年，人民法院信息化基础设施建设基本完成，核心应用系统日益成熟，司法信息资源的搜集整合及管理使用初见成效，信息化保障体系不断完善，以互联互通为特征的人民法院信息化2.0版建成。

（二）智慧法院建设阶段

2015年，在全国高级人民法院院长座谈会上，周强院长提出，“将司法改革和信息化建设作为人民司法事业发展的车之两轮、鸟之两翼”〔3〕。此次会议首次提出“智慧法院”的概念，标志着人民法院审判方式智能化改造进入智慧法院建设阶段。

---

〔1〕 一五改革纲要规定，2001年年底前，基本实现计算机等现代化技术手段在庭审记录、诉讼文书制作、法院人事管理、档案管理、统计数据信息处理等方面的应用。

〔2〕 一五改革纲要规定，用3年时间实现最高人民法院与高级、中级人民法院之间的计算机联网，力争5年内建立全国法院计算机网络系统，将案件的管理、信息和统计数据收集、传输等纳入网络系统，提高人民法院各项管理工作的科技含量。

〔3〕 《迎接“互联网+”时代新浪潮　推进法院信息化转型升级》，载《人民法院报》2015年7月4日，第1版。

2016年,"加快建设智慧法院"载入最高人民法院工作报告。同年7月,中办、国办印发《国家信息化发展战略纲要》提出,"建设智慧法院,提高案件受理、审判、执行、监督等各环节信息化水平,推动执法司法信息公开,促进司法公平正义"。同年年底,国务院印发《"十三五"国家信息化规划》提出,"支持'智慧法院'建设,推行电子诉讼,建设完善公正司法信息化工程"。2017年,国务院发布《新一代人工智能发展规划》提出,"建设集审判、人员、数据应用、司法公开和动态监控于一体的智慧法庭数据平台,促进人工智能在证据收集、案例分析、法律文件阅读与分析中的应用,实现法院审判体系和审判能力智能化"[1]。从宏观层面看,"智慧法院"建设入列国家信息化发展战略,成为支持善治高效的国家治理体系构建的重要内容之一。

2017年,最高人民法院发布《关于加快建设智慧法院的意见》,该意见明确了"智慧法院"的内涵、意义、目标、要求和主要思路,成为加快建设智慧法院的指导性意见,为各地法院开展智慧法院建设提供了指南。随后各地法院的智慧法院建设取得了快速进展,成果丰硕。[2] 人民法院信息化建设取得显著成效,以业务线上办理、司法流程公开、智能诉讼服务为内容的网络化、阳光化、智能化智慧法院初步建成,人民法院信息化3.0版的主体框架已然确立。

2019年,五五改革纲要提出,全面建设智慧法院,建设现代化智慧法院应用体系,从基础设施、科技手段运用、电子诉讼、电子卷宗、司法大数据等方面推进智慧法院向纵深发展。"中国智慧法院建设已经跻身世界前列,中国法院围绕智慧审判、智慧执行、智慧服务、智慧管理的智慧法院体系基本建成,走出了一条法院信息化的中国道路。"[3]

---

〔1〕 国务院《关于印发新一代人工智能发展规划的通知》(国发〔2017〕35号)。

〔2〕 据官方媒体报道,智慧法院的典型案例包括:北京法院的"睿法官"系统、江苏省高级人民法院的"法务云"系统、河北法院的"智慧审判支持系统"、上海市第二中级人民法院的"C2J法官智能辅助办案系统"、上海法院的"刑事办案智能辅助系统"("206系统")、苏州市中级人民法院的"庭审语音识别系统"等。

〔3〕 陈甦、田禾主编:《中国法院信息化发展报告(2020)》,社会科学文献出版社2020年版,第1页。

## 三、审判方式智能化之“道”

### (一)审判方式智能化的内涵与外延

从理论上看,“信息化”涵摄“智能化”,“智能化”是“信息化”的高级发展阶段,“网络化”是“信息化”的一种传播手段,强调以通信技术和计算机技术为基础技术的资源共享,而“数字化”是“信息化”过程中一种信息转换技术,即将连续信息的二进制化的技术转换过程。[1] “智能化”应当有两方面的含义:一是采用“人工智能”的理论、方法和技术处理信息与问题;二是具有“拟人智能”的特性或功能,例如,自适应、自学习、自校正、自协调、自组织、自诊断及自修复等。[2]

审判方式智能化意指,通过大数据和人工智能技术,在审判方式中融入更多的网络化、数字化和信息化的成分,促进司法人工智能与法官智慧深度融合、分工合作,司法人工智能替代职业法官负担的重复低效的审判工作,辅助职业法官更好地完成核心的司法决策任务,进而朝着以公正、高效、权威、透明、为民为内容的现代化审判方式目标演进的过程。审判方式智能化包含了新一代科学技术在审判实践中的应用,人机深度融合、分工合作的内容,审判方式现代化的目标导向,以及立足科技与审判双重发展现状为基础的循序渐进的过程论思维。

审判方式智能化在审判实践中具体表现为,以电子卷宗深度应用为内容的数字化审判运行方式,比如,电子卷宗同步生成系统、卷宗智能查询、文书自动生成系统等;以在线诉讼全面推进为内容的网络化办案方式,比如,电子送达系统、电子证据平台、网络庭审平台、纠纷在线解决平台等;以智慧法庭建设及应用为内容的智能庭审方式,比如,智能语音识别系统、庭审焦点归纳和庭审提纲自动生成系统、庭审直播系统等;以依托司法信息的类案推送为内容的司法决策辅助机制,比如,法条检索系统、类案智能推送、偏离预警系统等;以及以提升

---

〔1〕 王丹:《司法智能化问题研究》,吉林大学2019年硕士学位论文。

〔2〕 林军:《“数字化”“自动化”“信息化”与“智能化”的异同及联系》,载《电气时代》2008年第1期。

当事人诉讼体验为内容的智能化司法诉讼服务方式，比如，网上智能立案、审判进度智能推送、智慧法律咨询等。

（二）审判方式智能化的核心问题

有学者认为，“人工智能在司法审判中的应用过程实质上是法学专业知识形成的专业权力和科学技术知识形成的技术权力之间的冲突和融合的过程。”〔1〕审判方式智能化改造的核心问题在于如何消解人工智能与审判方式之间的冲突，实现两者的深度融合、精准匹配。简言之，处理人工智能与职业法官的关系。

1.理论界对于人工智能和职业法官的关系有两类代表性观点

（1）“替代说”。该说认为人工智能将取代法律人。“颠覆性的法律技术，特别是自动文件组装、电子法律集市、电子学习、在线法律指导、在线纠纷解决、智能法律检索、大数据以及基于人工智能的问题解决等这些或多或少与人工智能有关的技术，将在法律服务行业造成革命性的转变，取代法律人。”〔2〕

（2）“人机合作说”。该说认为，“人工智能难以胜任知识覆盖面大、技术含量高的司法工作，更可行的做法应是一种人机结合的司法裁判智能化辅助系统”。〔3〕现在谈机器人法官是无稽之谈，“第一要务还是辅助和服务法官办案，而不是替代司法裁决、淘汰办案法官”。〔4〕由于目前并不拥有优质且海量的法律数据资源、并未形成合适且高效的大数据算法与缺乏优秀、适格的法律与计算机人才的原因，法律人工智能在中国未来可期的中短期内只可能是一种有限的辅助办案手段，难以应用于核心的司法裁判工作。〔5〕“司法人工智能赋能司法改革还应当突出司法人员的中心地位，构建以司法人员为中心的人机协同机制。”〔6〕

---

〔1〕蒋佳妮、徐阳、萨楚拉：《智慧法院》，科学技术文献出版社2020年版，第130页。

〔2〕［英］理查德·萨斯坎德：《法律人的明天会怎样？——法律职业的未来》，何广越译，北京大学出版社2015年版，第53～63页。

〔3〕吴习彧：《司法裁判人工智能化的可能性及问题》，载《浙江社会科学》2017年第4期。

〔4〕何帆：《我们离“阿尔法法官”还有多远？》，载《浙江人大》2017年第5期。

〔5〕左卫民：《关于法律人工智能在中国运用前景的若干思考》，载《清华法学》2018年第2期。

〔6〕魏斌：《司法人工智能融入司法改革的难题与路径》，载《现代法学》2021年第3期。

2. 司法人工智能的优势与缺陷

(1)司法人工智能的缺陷。本轮人工智能最重要的技术是以大数据为基础的机器深度学习,其本质上系以大数据、算法、算力为基础和动力的机器智能,并非有机智能。[1] 基于人工智能一般技术的司法人工智能也是如此,从本轮人工智能的本质出发,司法人工智能具有以下缺陷:

一是数据依赖与司法数据缺陷。人工智能的本质在于算法和数据处理,通过机器学习,机器要对海量的数据进行自动挖掘与预测,以便形成统一的智能化算法或参考指引。[2] 司法大数据是目前司法人工智能技术的基础之一,数据投喂的质量决定着人工智能司法产品的质量,此所谓"rubbish in, rubbish out"。有学者在总结目前司法大数据的现状时指出,"法律领域并不拥有优质且海量的法律数据资源,法律人工智能在我国缺乏必要的数据基础。主要表现在法律数据不充分、不真实、不客观、结构化不足等方面。"[3]

二是"算法黑箱"[4]与"算法歧视"。大数据本身并不产生价值,需要通过算法进行数据挖掘进而发现海量数据后的规律,根据规律建模进行司法预测。因此,司法人工智能具有算法依赖的基本特征。"算法技术的复杂性、相关法律政策的缺乏、算法素养的限制、技术公司公开算法动力不足以及算法安全维护等因素耦合,形成了'算法黑箱'"[5]。另外,智能算法因其特殊编码所有的自主数据分析机制,会加速并放大现存的价值偏好、歧视认知,使得数据在经算法编码程序分析后形成的决策附有"算法歧视"[6],常见的算法歧视如偏见代理

---

[1] 陈敏光:《善假于物与审判异化:司法人工智能的辩证思考》,载《重庆大学学报(社会科学版)》2021 年第 3 期。

[2] 蔡自兴、刘丽钰、蔡竞峰、陈白帆:《人工智能及其应用》,清华大学出版社 2017 年版,第 125 页。

[3] 左卫民:《关于法律人工智能在中国运用前景的若干思考》,载《清华法学》2018 年第 2 期。

[4] "算法黑箱",是指在人工智能系统输入的数据和其输出的结果之间,存在人们无法洞悉的"隐层"。换言之,即人工智能算法不公开、不透明。许可:《人工智能的算法黑箱与数据正义》,载《社会科学报》2018 年 3 月 29 日,第 6 版;徐凤:《人工智能算法黑箱的法律规制——以智能投顾为例展开》,载《东方法学》2019 年第 6 期。

[5] 谭九生、范晓韵:《算法"黑箱"的成因、风险及其治理》,载《湖南科技大学学报(社会科学版)》2020 年第 6 期。

[6] 张莉莉、朱子升:《算法歧视的法律规制:动因、路径和制度完善》,载《科技与法律》(中英文)2021 年第 2 期。

的算法歧视、特征选择的算法歧视、大数据(算法)"杀熟"[1]。"算法黑箱"和"算法歧视"与司法所坚持的透明、说理、平等、民主等基本要求相悖,进而可能导致司法裁判的异化。

三是通用领域的人工智能技术与司法的专业性。语言识别方面。目前的人工智能技术主要是自然语言处理技术,而司法场景中集中了大量的专业语言(法言法语),通用技术与司法场景不匹配,难以解决复杂的法律场景难题。价值衡量与自由裁量方面。根据现实主义裁判理论的观点,法律规范并不是司法裁判正当性的唯一来源,法官在作出司法裁判时需要考虑经济、社会、政治、政策等因素,进而得出满足法律效果、社会效果、政治效果综合实现的妥当裁判。即便如形式主义裁判理论所言,将法律规范作为裁判唯一的正当性来源。审判实践中法律规范的空白、矛盾、模糊等情况也属常见现象,需要法官回归法律原则和精神,进行规范适用解释。可以说,司法裁判中法律适用具有主体性、主观性与变迁性,司法裁判中价值衡量和自由裁量是大量的且不可缺失的。目前的人工智能技术基本上难以胜任上述工作。因此,"人工智能对司法裁判的介入,基本上是通过建构模型的方式,将自由裁量或价值判断这个部分排除在外。"[2]事实认定方面。即便与法律适用场景相较,事实认定场景更为日常化,较少受到知识壁垒的限制,更易于同人工智能技术进行对接,便于人工智能充分发挥作用。司法人工智能仍有诸多难题,包括证据转化过程中的信息丢失、证据理解能力有限、因果推理障碍、可计算性难题、复杂性难题、深度学习难题、信念难题。[3] 裁判主体方面。"人工智能与职业法官相较,欠缺法律职业活动必不可少的要素,价值观、道德感、情感、审时度势的创造能力、联系实际的工作作风。"[4]

(2)司法人工智能的优势。一是效率优势。人工智能技术融入司法审判领域最具现实性的逻辑是提升司法效率的需要。人工智能具有不知疲倦的特点,

---

[1] 郑智航、徐昭曦:《大数据时代算法歧视的法律规制与司法审查——以美国法律实践为例》,载《比较法研究》2019 年第 4 期。

[2] 陈景辉:《人工智能的法律挑战:应该从哪里开始?》,载《比较法学研究》2018 年第 5 期。

[3] 栗峥:《人工智能与事实认定》,载《法学研究》2020 年第 1 期。

[4] 张新宝:《把握法律人工智能的机遇 迎接法律人工智能的挑战》,载《法制日报》2017 年 6 月 28 日。

只需要及时维护即可。人工智能技术的该项特点可以弥补人类法官的生理精力的有限性方面的缺点,减少法官对于重复低效劳动的时间和精力投入,将法官从非核心的审判业务中解放出来,提升司法效率。网上立案提高了诉讼服务效率,类案推送和法律法规智能检索提高了法官思考同类法律问题的效率,裁判文书智能生成提高了法官撰写裁判文书的效率,司法管理智能化提升了法院业务流转效率,网络庭审、语音记录等提升了庭审的效率。另外,通过人工智能技术分析整理司法大数据,分析类案、群体性案件的特点、成因和裁判标准,有助于从诉源治理的角度预防和减少争议的产生,进而从争议产生根源上减轻法官的案件负担。还可以帮助案件当事人预测诉讼结果,从利益权衡和心理预设方面为当事人提供服务,进而有利于法官用更少的精力处理纠纷,提高争议解决效率。

二是公正优势。首先,人工智能技术具有精准严谨和刚性运行等特性的规则,有人类法官所不及的客观性,克服了人类法官的主观偏见、不良情绪对司法公正的消极影响。其次,规范法官裁量权,促进裁判标准统一。“不患寡而患不均”,同案不同判似乎更容易引发社会公众对司法公正的误解,通过类案的精确推送,有利于保证裁判尺度的一致,避免法官裁量权的滥用。再次,司法大数据的分析、收集、整理、公开有利于掌握法官的审判行为,监督纠正违法、违纪、不当的司法行为,成为审判管理的助手、司法责任制的抓手,间接促进司法公正。最后,司法人工智能能够为当事人提供更及时、准确的司法服务,提升用户体验,进而促进当事人感受正义的实现。

3. 职业法官的优势与劣势

(1)职业法官的优势。一是司法规律符合性。司法规律体现了人类的政治文明和智慧,是经过长期的司法实践发现并总结出来的,体现在对司法目的的理解、对司法功能的认识和对司法程序的设计之中。司法审判权的独立性,被动性与能动性的个案取舍,庭审的亲历性、参与性与集中性,裁判结论的可解释性和说理性,司法判断的主体可归责性等司法规律均意味着,司法过程需要有人类法官的主持参与。

二是主体能动性。司法裁判的过程中,需要职业法官在待决案件的事实问题、法律规范问题、价值判断问题等方面发挥能动性。认定事实中的自由心证、得出内心确信的判断、熟练领会及运用经验法则,规范适用中的法律漏洞填补、法律解释、不确定法律概念的具体化、利益衡量等需要法官发挥主观能动性的司法场景中,职业法官显然更具优势。除了裁判结案外,司法解决争议的方式还包括合意型纠纷解决方式。比如,调解和解的争议解决方式在很多情况下更容易获得"案结事了"的效果,而调解和解的方式更需要具有主观能动性的职业法官。同时,"'工具理性'使得司法裁判具有客观、规范、可预测的特征,而'价值理性'使得司法成为追求真与善的统一、具有人性的温度,二者应在司法裁判的场域内实现微妙的平衡。"[1]司法裁判的过程融合了工具理性与价值理性,两者的综合实现方能使司法裁判产生良好的效果。显然,在价值理性的范畴内,具有主观能动性和主体自觉性的职业法官更具优势。

三是主体间性。司法的过程体现出主体间性的特征,表现为法官之间、法官与辅助人员之间、法官与立法者之间、法官与行政机关之间、法官与社会公众之间、法官与当事人之间的多向度的互动关系。司法的过程是整体化的、立体化的、网格化的,良好的司法服务和优质的司法产品需要所有参与主体合作共同完成。在需要合作的领域中,职业法官更具优势,他们与合作者之间有作为人类的文化、情感基础,更能快速定位、适应合作的场景,更容易审时度势地确定合作的目标、方式、方法。

四是个案的具体情况。司法裁判是针对个案作出的,而司法实践的复杂性在于每个案件各有特点,往往个案的特殊因素是决定司法裁判正当性的关键因素,因此,需要裁判者具有"不同情况、差别处理"的能力,职业法官在把握案件特殊性方面更加敏锐。

五是职业法官是享有过程干预权和最终决定权的适合主体。就现阶段的司法人工智能发展水平而言,应用人工智能技术的司法场景中,不可避免地出现各种问题,这就需要职业法官在人工智能系统出现错误时及时干预纠正。因为,对于人工智能技术的发展完善而言,问题与错误是必要成本和必经过程,而对于司法而言,裁判错误可能会侵害到当事人的生命权、自由权、财产权等基本权利,这个代价对于司法而言是"不可承受之重"。在人工智能系统提供多种司

---

〔1〕 郑曦:《人工智能技术在司法裁判中的运用及规制》,载《中外法学》2020年第3期。

法裁判方案时，选择权和司法裁判的最终决定权应当赋予职业法官，毕竟“让审理者裁判，由裁判者负责”的司法责任制将职业法官确定为司法责任的承担主体。

(2)职业法官的劣势。主要体现为：一是时间精力有限性。在诉讼爆炸与案多人少的背景下，职业法官的时间总是显得不够，精力时常不足。司法改革综合配套改革有待进一步完善落实，法官仍需要处理大量的重复性、辅助性工作，难以集中精力于审判核心业务。加之法官激励机制的不完备，思想上懈怠、工作上积极性欠佳也并不少见。上述情况严重影响案件裁判工作的精细化和周至性。二是人的情感因素、关系因素的不良影响，导致法官的独立性容易受到干扰，滥用司法裁量权，影响案件公正性。甚至出现了司法腐败等严重影响司法公正和司法公信力的问题。三是职业法官的个体因素导致裁判标准不一、裁判质量参差不齐。囿于专业素质、经验积累、主观偏见等因素的影响，不同法官、不同合议庭、不同法院之间对于同类案件可能形成不同的裁判标准，进而产生个案的不同裁判结果。庭审的把控能力不同导致庭审的流畅度、当事人的参与度和当事人的满意度受到不同程度的影响，甚至部分庭审程序有违法定程序和正当程序原则。裁判文书的制作质量，尤其是裁判文书说理的充分性方面参差不齐，影响到裁判文书的可接受性。

4. 司法人工智能与职业法官的关系定位

基于以上对于司法人工智能技术和职业法官在不同司法场景中，处理不同司法问题等方面的优劣分析，笔者认为，司法人工智能与职业法官之间的关系定位应当是司法人工智能辅助职业法官。具言之，“人工智能在司法裁判中的应用不是简单指人工智能代替法官来审理案件，而是指司法裁判活动中，通过运用人工智能等技术，建设成包括司法裁判、审判人员、法律数据、法律公开和动态监控的统一的大数据平台与电子信息设施”。[1] 司法人工智能辅助法官就是突出职业法官在司法审判中的中心地位，在不同的司法场景中，针对不同的司法问题有所区分地发挥司法人工智能的辅助作用。总而言之，司法是寻求公平正义的事业，是司法对公平正义的目标导向决定着人工智能技术在司法审

[1] 蒋佳妮、徐阳、萨楚拉：《智慧法院》，科学技术文献出版社2020年版，摘要第1页。

判领域的研发和应用。司法人工智能辅助职业法官，将职业法官从庞杂的司法事务中解放出来，做更多的自己更有优势的、有利于裁判公正的核心事务。

需要强调的是，辅助并不意味着职业法官对于司法人工智能的轻视或是主宰，职业法官应当充分认识到司法人工智能的优势，尊重科学技术。正如高家伟教授所言，“故步自封、唯我独尊的强权优越观念客观上是行不通的，但盲目狂热的科技拜物教倾向也是不可取的。抛弃这两个有害的极端化倾向，避免AI列维坦怪物的出现，选择开放、共享、均衡、协调的发展轨道，建立AI的法治理想国，是AI法治建设的总体发展方向”。〔1〕从这个意义上看，辅助关系也是分工合作关系，两者携手朝着公平正义的目标前进。

5. 司法人工智能与职业法官合作的深度如何把握

笔者认为，两者的分工合作深度至少应当考虑以下因素：

(1)司法人工智能的不同发展阶段。以智能机器与人类自主意识的对比关系为标准，“就人工智能发展的阶段而言，一般认为存在弱人工智能、强人工智能和超人工智能三个阶段”。〔2〕有观点认为，“目前AI在司法裁判领域中的应用处于弱能人工智能阶段，主要是在法规检索、类案推送、文书自动生成、办案流程规划、裁判结果预测、损害价值计算等局部环节上得到了应用，虽然范围比较广泛，但是深度不够”。〔3〕笔者持相同观点，然而就上述应用领域而言，目前审判实践中的应用体验和应用效果常常也难以保证，且上述应用具有区域性的特点，全国法院系统普遍使用上述应用也需要时日。因此，司法人工智能的发展水平可以说是其与法官合作领域和合作深度的首要决定因素。

(2)司法审判工作的性质和分类。司法改革中的员额制改革把法院工作人员划分为员额法官、司法辅助人员和司法行政人员就是基于对司法工作的不同性质进行的人员划分。就法官工作而言，也存在不同性质的工作，有可计算、可

---

〔1〕 高家伟：《人工智能的国家赔偿责任（三）》，载微信公众号“天行健公法学”2021年4月7日。

〔2〕 弱人工智能，又称为专门人工智能，是指不能真正实现推理和解决问题的智能机器，它们并没有真正的智能，只能实现单一任务，比如语音识别、自动驾驶、图像识别等；强人工智能具人类所有认知能力，它有知觉和意识，可以由同一个智能系统执行不同的认知任务；超人工智能在所有领域超过人类，所有认知功能超过人类。汪庆华：《人工智能的法律规制路径：一个框架性讨论》，载《现代法学》2019年第2期。

〔3〕 高家伟：《人工智能的国家赔偿责任（三）》，载微信公众号“天行健公法学”2021年4月7日。

置换、重复性强的技术性工作,也有经验、判断力、情感依赖性较强的自由心证、价值判断、发展法律等创造性工作。也许对法官工作简单地划分为技术性工作和创造性工作有失偏颇,很多时候两者混杂在一起不易区分。但是以司法工作的性质将审判工作划分为不同的类别,将不同类别对应于司法人工智能和职业法官的优势和劣势,就可以得出在不同性质的审判工作中,司法人工智能和职业法官合作的深度,或者说司法人工智能介入司法审判工作的程度。

(3)案件的繁简程度。"繁案精审、简案快审"是目前司法改革的重要内容之一,目的在于审判资源的优化配置。对于不同的法官而言,尽管对案件的难易判断和感知有别,但对案件繁简的判断还是有几个比较相同的考量因素。比如,案件本身的难易可以结合案由、当事人各方对于案涉问题的争议程度、社会的关注程度及影响力、是否属于新类型案件(以往是否形成既定的裁判标准)、认定事实中是否涉及举证责任及证明标准的应用、适用法律中应用法律解释方法的程度等。结合上述因素,将案件繁简分流,简案快审意味着可以将更多的审判工作交给司法人工智能,司法人工智能的替代性工作成分更多。而繁案精审则意味着职业法官需要审慎地应用司法人工智能,或者说在繁案中司法人工智能的辅助性作用更强。

(4)司法改革的切合程度。司法人工智能在司法审判中的应用涉及重塑诉讼理念、重构诉讼模式、再造司法流程,实质上仍属于司法改革的范畴。因此,司法人工智能与职业法官的合作程度应当与司法改革的方向、原则、思维、内容相契合,符合司法改革追求公平正义的核心价值,均衡实现公正、权威、效率、便民等价值,遵循司法审判的规律,区分不同诉讼程序的特点,体现改革关于法官分类管理、司法责任制、以审判为中心、庭审实质化、司法透明化、司法资源优化配置、案件繁简分流、多元化纠纷解决机制建设等内容,采取司法改革法治思维,坚持以人文本的改革定位(包括考虑当事人的感受正义,突出法官的主体地位)。总之,司法人工智能与法官合作的深度应当符合司法改革的要求,保障司法裁判的有效性、正当性与可接受性。

(5)匹配司法需求。人工智能应用系统和终端设备的研发与应用应当以司法需求为导向,审判业务需要什么样的人工智能辅助就研究什么样的应用系统。毕竟最终应用系统的使用者或者称用户主要是法官,"谁用谁知道",使用者往往以用或不用来对应用系统进行投票，不好用的系统即便宣传的功能再强大，也会“弃之如敝履”。按照知识图谱理论的观点，应当以问题求解为中心，通过类型化、结构化、要素化、指标化、数据化、公式化的一系列转换工作，将法官审判案件的各种司法需求，从各个角度和层次进行具体的分解，进而设计出匹配司法需要、符合司法规律的人工智能司法辅助系统。[1]

## 四、审判方式智能化之“术”

鉴于人工智能技术与职业法官关系的基本定位，考虑到目前人工智能技术在司法领域的应用仍然处于初级状态，立足于审判实践中对于人工智能的需求，下文笔者将从两个方面具体探讨行政审判智能化的问题。

（一）网络庭审在行政审判中的应用

随着网络科技的迅猛发展，网络媒介终端开启了大众化应用的时代。与此同时，转型时期社会矛盾激增并伴随公民权利救济意识的觉醒及立案登记制的影响，大量纠纷涌入法院。在上述双重因素的影响下，网络庭审[2]作为应用现代科技纾解司法资源与司法需求之间张力的新型庭审方式应运而生。近年来，网络庭审技术和应用日臻成熟，特别是在新冠肺炎疫情期间得到了高速推进。疫情期间，智慧法院建设成果充分显现，无接触式诉讼服务广泛应用，当事人足不出户就能参加诉讼，实现“审判执行不停摆、公平正义不止步”[3]。

1. 网络庭审方式的应用现状

（1）网络庭审应用逐步扩展。最高人民法院2020年工作报告显示，2019年

---

〔1〕 高家伟：《人工智能的国家赔偿责任（二）》，载微信公众号“天行健公法学”2021年4月6日。

〔2〕 “网络庭审，又称在线庭审、远程审理等，指诉讼参与人通过运用网络信息技术，借助计算机、投影仪器等网络终端设备，通过声音、图像等的传递和呈现，实现不同地点诉讼参与人之间的信息沟通，从而完成举证、质证、辩论和裁判等庭审活动的诉讼方式。”郑世保：《电子民事诉讼行为研究》，法律出版社2016年版，第349～350页。

〔3〕 周强：《最高人民法院工作报告——2021年3月8日在第十三届全国人民代表大会第四次会议上》，载最高人民法院官方网站2021年3月15日，http://www.court.gov.cn/zixun-xiangqing-290831.html。

全国法院网上开庭25万次。[1] 自2020年1月1日至2021年5月31日,在线开庭128.8万次,在线庭审平均用时42.34分钟。[2] 以北京市为例,2020年北京市法院网上庭审数量达35.9万次,占全国法院庭审总量的40%,居全国第一。2021年第一季度,在线下庭审已恢复常态的情况下,在线庭审的数量仍达8.6万余次,占庭审总数的70.1%。[3] 从上述数据可知,网络庭审方式得到了逐步扩展,尤其是新冠肺炎疫情期间,由于其非接触性的特点得到了广泛的应用。

(2)网络庭审的模式多元。从利用网络平台或系统预约审判到远程庭审、微信庭审,再到互联网法院、移动微法院,网络庭审的模式逐渐丰富。网络庭审"发端于地方法院创新庭审方式的改革试点过程中,当前国内典型的网络庭审模式主要包括互联网法院模式、吉林电子法院模式、浙江移动微法院模式以及其他网络庭审模式四类。"[4] 多元模式的实践中,网络庭审在诉讼平台、案件类型、适用程序、庭审规则等诸多方面均表现出不同程度的差异性。

(3)统一诉讼规则从无到有。网络庭审的探索开始于地方法院的改革实践,起初缺乏统一的诉讼规则,主要表现为不同法院单独制定相应的规制,具有分散性特征。[5] 2021年6月17日,最高人民法院印发《人民法院在线诉讼规则》,以司法解释的形式完备了全国统一的网络庭审规则,明确网络庭审的适用条件、范围和方式、庭审转换机制,并对网络庭审环境、庭审纪律、庭审公开、证人出庭作证等方面作出明确的要求,保障网络庭审的合法性、规范性和权威性。[6] 由此,中国的网络庭审进入了统一诉讼规则时代。

---

〔1〕 新华社:《最高人民法院工作报告(摘要)》,载《人民日报》2020年5月26日,第4版。

〔2〕 郭冬成:《在线诉讼,人民法院信息化建设的重大创举》,载《人民法院报》2021年8月9日,第2版。

〔3〕 徐伟伦:《北京建强智慧法院满足群众新需求》,载《法治日报》2021年5月8日,第4版。

〔4〕 陈锦波:《在线庭审的实践检视与规则重塑》,载《安徽大学学报(哲学社会科学版)》2021年第1期。

〔5〕 较有影响力的相关诉讼规则有互联网法院发布的规则如《杭州互联网法院诉讼规则》《北京互联网法院在线庭审规则》等,也有非互联网法院制定的规则如《浙江法院网上诉讼规则》《宁波移动微法院诉讼规则》等,还有一些专门规范在线庭审的规范如《北京互联网法院电子诉讼庭审规范》。左卫民:《中国在线诉讼:实证研究与发展展望》,载《比较法研究》2020年第4期。

〔6〕 《〈人民法院在线诉讼规则〉到底有哪些创新亮点和规则深意?》,载微信公众号"法影斑斓"2020年8月14日。

2. 网络庭审与行政审判的适应性

（1）减少行政诉讼管辖制度改革对诉讼参与人带来的不便。管辖作为一项基本的行政诉讼制度，一方面是审理行政案件的端口，具有程序价值；另一方面行政案件由哪个法院管辖还涉及与行政机关主管范围的关系，在一定程度上影响案件的实体结果，也具有实体价值。行政诉讼与其他诉讼制度相较的一个突出特点表现为，司法权与行政权互动过程中，强大的行政权容易将自己在行政管理领域中的主导权力属性带到行政诉讼之中，难以以平等的诉讼地位与诉讼相对人交往，也容易造成对司法权的潜在影响或干预。为优化行政审判的司法环境，“指定管辖”“相对集中管辖”“跨行政区域管辖”等成为行政诉讼管辖制度改革的方向。[1] 然而，与行政管理空间适度分离的管辖制度改革也必然增加了管辖法院与当事人生活区域的距离，导致诉讼参与人参加诉讼的不便。网络庭审恰好能够弥合空间的距离，将各方当事人参加异地线下庭审的不便性降到最低，既降低了原告方的诉累，又节约了作为公共资源的行政应诉资源。

（2）优化行政审判资源配置，提升解决不同类型行政争议的适应性。传统行政审判方式对于满足人民群众日益高涨的诉讼需求而言明显力不从心，改革势在必行。同时，符合法律规定的采取不开庭方式审理的案件又会对当事人的感受正义产生消极影响，当事人对非开庭方式结案极易不满。网络庭审在提高庭审效率、节约审判资源的同时，也能够兼顾当事人对行政案件开庭审理的需求，达到两者的平衡。但是，网络庭审的优势并不意味着不区分案件类型均采取该方式。而是针对不同类型的行政争议区分适用网络庭审和线下庭审，比如，适用简易程序的案件，当事人双方争议不大，采取费时费力的线下庭审实无必要。在尊重当事人选择权的基础上，充分发挥法院对庭审方式的指挥权和建议权，将网络庭审与线下庭审分配到适合的行政争议案件类型，对提升行政审判解决行政争议的适应性和实效性有积极作用。

（3）消解行政诉讼中的特殊现象带来的负面影响。一是降低群体性诉讼对社会稳定的消极影响。群体性行政争议辐射范围广泛，涉及人数众多，容易引

---

〔1〕《行政诉讼法》第18条第2款规定：“经最高人民法院批准，高级人民法院可以根据审判工作的实际情况，确定若干人民法院跨行政区域管辖行政案件”。

发群体事件,如果解决不当,极易对社会秩序的稳定产生负面影响。对于群体性诉讼而言,庭前准备程序、风险防控压力、庭审流程把控等方面均与一般诉讼不同,当事人、法院以及争议产生地的行政机关等往往为保障线下开庭顺利进行投入大量的人财物。而网络庭审既能实现庭审程序的查明事实、充分辩论、厘清法律适用等功能,充分保障诉权,又能有效降低线下庭审的资源消耗,还能防范重大风险,有效控制不稳定因素,一举多得。二是着力化解基础性行政争议,防止续发型行政争议诉讼信访化趋势。司法实践中,有相当数量的行政案件,是由于基础性行政争议未能得到有效解决,当事人退而求其次,以信息公开、投诉举报、行政复议等手段为获取证据、发泄情感、施加压力而产生的行政争议,这种现象尤其体现在以较高级别行政机关为被告的案件中。续发型行政争议信访化趋势对于当事人而言不利于实现实质解决行政争议的效果,也不利于合理分配行政审判资源及实质化解行政争议。网络庭审既能够承担消解戾气的功能,亦有利于将有限的线下庭审资源聚焦于解决基础性行政争议,优化高级别行政机关应诉力量的分配。

3. 网络庭审应用于行政审判的弊端

“有一利必有一弊”,将作为新生事物的网络庭审应用于行政诉讼也会产生匹配困难,一方面是由于网络庭审固有的弊病和现有条件的局限性,另一方面是由于行政诉讼的特殊性。网络庭审的固有劣势就是其适用范围的界限,现有劣势就是改革完备的增长点,解决行政诉讼特殊性所造成的两者匹配难点则是增强其在行政诉讼中适用性的着力点。

(1)与行政诉讼当事人特点及不同需求之间出现匹配困境。就作为原告的公民而言,一是网络庭审与其“告官见官”的诉求之间有差距。很多原告希望通过庭审程序与行政机关负责人或代理人见面,通过与之辩论的方式充分陈述诉求。因此,部分原告对网络庭审存在抵触和戒备心理,不愿意选择此种方式。二是原告缺乏律师代理的普遍性基础,本人参诉是普遍样态。不了解网络庭审以及不会使用在线诉讼平台、个人网络设备质量差等因素也成为原告不愿选择网络庭审的原因。就作为被告的行政机关而言,其选择网络庭审方式的积极性明显高于对方。一是随着数字政府的建设,行政机关具备网络庭审的设备和适用环境。二是行政机关应诉力量有限,节约行政应诉资源、不用异地奔波的网络庭审有较大的吸引力。三是行政机关多有律师代理。律师群体对于网络庭审的诉求比较明显,毕竟能够大量节约其参诉成本。对比发现,行政诉讼的双方当事人之间对于网络庭审方式的需求和动力明显不同,而对于诉讼方式的选择又属于当事人程序性选择权的范畴,涉及当事人诉权的保障。因此,在行政诉讼中推广网络庭审,首先需要解决的问题是如何平衡当事人的不同需求。

(2)与司法仪式感及庭审流畅性之间的张力。"法律就像宗教一样起源于公开仪式,这种仪式一旦终止,法律便丧失其生命力。"[1]司法仪式与法律文化息息相关,司法仪式感有助于法律信仰主义文化的形成。无论是在法律人的意识期待中,还是在国家的制度设计里,保守而不张扬、集中而不散漫,一直都是司法审判的重要特性,因而追求正式、规矩、秩序化的庭审仪式,就成为衡量国家司法文明与进步的一个指标。[2] 司法仪式感在行政诉讼中尤为重要。富有司法仪式感的庭审过程是展示行政审判权威的重要方式,有利于减少当事人对行政审判的质疑和干预,打消原告方当事人长期以来形成的"官官相护"的刻板印象,消解其误解与疑虑。同时,庄重的庭审仪式也能够使当事人更加尊重法官,有利于保障庭审秩序,顺利展开庭审流程,减少闹庭、滥诉等情形。与此相左,网络庭审脱离了传统的审判场所(法庭),削弱法庭审判的"场景效应","远程庭审中,法庭审判的威严感和神圣感明显下降"[3]。由于设备的限制,法官在线下法庭上正襟危坐的庄重形象在网络法庭中大打折扣,甚至合议庭法官都不能同时出现在屏幕之上。国徽、法庭、法台、法槌、法袍等司法器物的作用发挥也严重受限。另外,法官对于当事人庭审中的随意行为和扰序行为难以直接、有效的制止。网络信号差、突然中断、在线庭审平台卡顿、当事人电子设备故障等原因使得网络庭审被迫中断、延长、终止,加之法官对于设备因素或者人为因素导致的庭审突发情况难以判断和施加影响,都会影响庭审的效率和效果。

(3)与传统线下庭审的诉讼机理相悖而引发质疑。一是与传统意义上的法官亲历性相悖的质疑。有的学者将亲历性诠释为,"对当事人言辞的判断,对证

---

〔1〕[美]伯尔曼:《法律与宗教》,梁冶平译,中国政法大学出版社2003年版,第23页。

〔2〕傅达林:《网络庭审:时尚外表下司法威严的缺失》,载《中国青年报》2007年1月11日,第2版。

〔3〕熊秋红:《远程庭审有哪些优势与不足》,载《人民论坛》2016年9月20日。

人所作证词可信性的判断,都离不开判断者对被判断者的‘近距离观察’,而只有这种‘近距离观察’基础上的判断,才更接近真实,也更让人信服”。网络庭审予以“面对面接触、近距离观察”为内容的亲历性不同,是法官与当事人在网络空间上对话交流,是一种虚拟出庭。因为丧失了物理空间的亲历性,可能导致对庭审实质真实性产生冲击。二是与直接言词原则相悖的质疑。网络庭审可能会消解直接言词原则的诉讼价值。有学者认为,“直接言词原则要求诉讼当事人、证人、律师等以言词方式向法官作直接陈述。然而,在线庭审则在物理空间上隔绝了这些人员的接触,法官察言观色的客观环境不再存在,因此直接言词原则已经不能完全得以实现,甚至可能被直接架空。”[1]三是与最佳证据规则不相适应,对证据质证等环节造成障碍。根据最佳证据规则,书证、物证的最佳证据应是原件、原物。但网络庭审中呈现在法官和各方当事人面前的并非原件、原物,而是各种电子化形态的证据,如何保证电子化证据的真实性以及法官如何判断证据的真实性成了棘手的问题。另外,一旦当事人在电子诉讼平台上传的电子证据页数较多,不便于对方当事人进行庭审质证,也在一定程度上对法官庭审查阅证据造成障碍。

4. 兴利除弊:行政审判中采用网络庭审方式的规范化建构

(1)行政诉讼中采取网络庭审方式的诉讼机理再认识。在行政诉讼中采取何种审理方式或庭审方式的判断标准应当是是否有利于实现庭审实质化。换言之,损及行政诉讼庭审实质化效果的庭审方式不适合于行政案件。在上文中,笔者提出了行政审判庭审实质化四个方面的内涵。整体来看,网络庭审并未偏离庭审实质化的目标,而且为当事人维护合法权利提供了更为便捷、成本更为低廉的多元化选择。就具体个案而言,对网络庭审的质疑集中于其可能影响法官的亲历性、与直接言词原则相悖、证据的真实性判断存在障碍等,进而影响案件事实的准确认定。

笔者认为,上述担忧大可不必。理由如下:第一,网络庭审并未突破亲历性的界限。亲历性并不等同于“面对面接触、近距离观察”,亲历性实质上的意义

[1] 陈锦波:《在线庭审的实践检视与规则重塑》,载《安徽大学学报(哲学社会科学版)》2021年第1期。

在于法官直接与案件的诉讼参与人接触,充分听取诉讼参与人的意见。直接言词原则形式上可能表现为在法庭的实体场景中法官与诉讼参与人沟通交流,也可能表现为其他的有效方式,其实质上是诉讼参与人本人以言词的方式向法官陈述意见,关键是保障表达者不受外界干扰、自主表达意见的交流情境。第二,没有"面对面接触、近距离观察"不必然导致案件认定事实不清。对于行政案件而言,法院的角色是二次审查,行政机关已经对案涉事实及法律问题进行过初次判断,且搜集了相关证据,很多案件中法院通过书面审理即可做到准确地认定事实。第三,行政案件的难点主要集中于法律适用。多数行政案件的争议并非如民事诉讼一样集中于案件的事实,而主要是适用法律问题,网络庭审与线下庭审在处理法律问题上并无二致。第四,随着科技的发展,庭审场面将会日渐逼真,网络庭审与线下庭审在"察言观色"方面的区别越来越小。

需要说明的是,采取网络庭审会影响庭审实质化目标的案件,就是网络庭审方式的适用禁区,不能以此否定网络庭审在绝大多数案件中的应用。笔者认为,行政诉讼中适用网络庭审的主要障碍还是心理认同的问题,即行政诉讼当事人对网络庭审认知度低、心理认同度低。对此,可以通过构建规范、高效、便捷的网络庭审方式来消解当事人的抵触心理。

(2)明确适用网络庭审的行政案件范围。根据《人民法院在线诉讼规则》的规定,行政案件一般均可以采取网络庭审,法院判断是否采取网络庭审方式的主要考量因素包括当事人意愿、技术条件和能力、庭审方式与案件的适应性等因素。为进一步发挥网络庭审提高诉讼效率的优势,促进网络庭审在行政诉讼中推广使用、规范适用。笔者认为,应结合不同类型行政案件的特点,确定建议适用的案件类型和排除适用的案件类型。建议适用的案件类型包括:适用简易程序的案件;庭审方式对庭审效果影响不明显的普通程序案件;群体性诉讼案件;以国家部委为被告的行政案件;庭审方式对当事人诉讼成本影响较大的案件。排除适用的案件类型除《人民法院在线诉讼规则》第 21 条规定的六种情形外,可根据该条第 7 项"人民法院认为存在其他不宜适用在线庭审情形的"的规定解释出以下类型:重大疑难复杂案件;涉及国家秘密、商业秘密、个人隐私等不适宜适用网络庭审的案件;涉及未成年人,盲、聋、哑人,精神病人的案件;采取网络庭审可能引发重大舆情或社会不稳定因素的案件;行政机关负责人出庭应诉的案件。

(3)细化行政案件网络庭审规则。在《人民法院在线诉讼规则》的基础上,各高级人民法院应当对行政案件的网络庭审规则进行细化并强化配套落实的制度措施。

第一,强化审前程序。审前程序是庭审程序的"侦察兵",充分的庭前准备工作是庭审顺利进行的保障。一是关于网络庭审的启动。是否采取网络庭审方式是诉讼参与人与法院协商合意的过程,应在尊重当事人的程序性选择权与保障法院对诉讼方式的裁量权之间寻求平衡点。二是增加法院的释明告知义务。充分及时地告知当事人网络庭审的审理规则、诉讼权利、法律后果及技术操作方法,以便当事人充分了解规则,计划诉讼行为,顺畅使用设备。三是当事人上传证据的协力义务。当事人应当在开庭3日前将证据上传至庭审平台,保障法官和对方当事人有充足的时间了解在案证据,保障庭审举质证环节顺利展开。四是相关设备的预调试。开庭前3日内由法官助理或书记员协调当事人完成设备预调试,保障各诉讼参与人的设备能够正常运转。五是庭审前应准确核对当事人身份信息,避免冒名顶替现象。

第二,规范审理程序及诉讼行为。一是庭审流程严格依法进行。法官应严格执行行政诉讼法及司法解释规定的庭审流程,尤其要充分保障当事人的举证质证权、陈述申辩权,不得随意省略或简化流程,限制当事人诉讼权利。二是当事人应规范自身的诉讼行为,严格遵守法庭纪律要求,尊重与服从法官对庭审流程的指挥。对于不按时参与庭审、扰乱庭审秩序、无故中断庭审等行为,赋予法院相应的惩戒权。对于是否存在技术因素导致上述情形,可设置庭审技术官制度,辅助法官作出判断。三是重视司法礼仪。在网络庭审过程中,法官应该充分认识到司法礼仪的重要性,使之内化于心、外化于行。当事人也应当意识到其遵守司法礼仪是对法官职业和对方当事人的尊重。各方当事人均尊重其他诉讼主体是庭审程序顺畅和有效交流的重要条件之一。

(4)完善网络庭审的配套设备及机制。网络庭审方式是在减轻当事人负担与智慧司法赋能提升审判效率的双重目标驱动下产生的新型庭审方式。网络庭审方式的可持续发展必须同时关注法官和当事人,任何一方的感受都会影响其推广。因此,一方面应注重用户体验,提升网络庭审的便捷性,促使当事人自愿选择;另一方面也要配备实用高效的庭审设施,真正减轻法官负担,增加法官选择网络庭审的积极性。

笔者认为,可以重点从网络庭审场所的固定化与设备智能化方面投入资源。第一,设置相对固定的数字法庭。网络庭审的基础设施会影响审理质量、庭审效率、司法权威。目前司法实践中主要是在传统法庭的基础上增加部分网络庭审设备,仅能最低限度地满足网络庭审的要求。对此,设置专门的数字法庭是治本之道。数字法庭对空间的需求不大,并不需要设置旁听席,但是合议庭成员及基本的司法器物应该展示到庭审画面中。可以采取对传统法庭进行数字化改造或是设置视频会议室的方式得以实现。第二,全国一盘棋,各地法院可以采取司法协助的方式为当事人就近选择庭审场所提供便利。第三,在网络庭审系统中嵌入人脸识别系统、语音识别系统、同步录音录像系统、庭审直播系统、证据展示系统等网络庭审辅助系统,增加网络庭审系统的集成性与智能化,摆脱目前不同系统"各自为战"的状态。第四,配备专业技术人员负责系统调试、维护、升级。建立法官、当事人与专业技术人员的便捷沟通渠道,随时反馈使用过程中的问题,并有针对性地进行系统维护和升级。

(二)类案检索在行政审判中的应用

由于法律规范的语言具有概括性和抽象性、裁判者的个体差异,法律适用标准不统一、类案不同判的现象时有发生。对于当事人而言,类案同判体现为其对于诉讼平等最朴素的理解,类案不同判将严重影响当事人对司法裁判的可接受性,影响当事人的感受正义,进而对司法的专业性权威产生疑虑,削弱司法裁判的公信力。对于社会公众而言,类案同判体现为对裁判结果的合理预期,个案中确立的司法裁判标准是社会公众规划相关未来行为的重要考量因素,类案不同判会导致社会行为准则变动不居,社会公众面对相关问题时举棋不定,进而使社会公众丧失尊重司法裁判的动力。对于裁判者而言,类案同判体现为一种司法义务或者至少是裁判者的职业伦理的要求,类案不同判则意味着法官将可能受到追责、惩戒或者成为司法责任制背景下错案追责的线索来源、评价标准。随着司法公开的逐步扩展,裁判标准不统一产生的不良影响将进一步扩大。既然促进类案同判事关司法裁判的公正性、可接受性、可追责性、未来规划性,那么促进类案同判的方法也就成为司法实践紧迫的现实需求。类案检索正是促进类案同判的有效方法,加上大数据和人工智能技术的加持,类案检索的现代化属性更加突出,其对于类案同判的积极作用进一步凸显。所谓类案检索,是指裁判者依托检索工具获取司法大数据中与待决案件在基本事实、争议焦点、法律适用问题等方面具有相似性且已经裁判生效[1]的案件信息或运用人工智能技术向裁判者主动推送类案信息,以期通过类案比对获得指引或启发,促进司法裁判标准统一的方法。

1.类案检索的应用现状

(1)类案检索的司法政策依据

2017年4月,最高人民法院发布《关于落实司法责任制完善审判监督管理体制的意见(试行)》(法发〔2017〕11号)提出,“在完善类案参考、裁判指引等工作机制基础上,建立类案及关联案件强制检索机制,确保类案裁判标准统一、法律适用统一”。2019年2月,五五改革纲要提出,“完善类案和新类型案件强制检索报告工作机制”,“加强智能辅助办案系统建设,完善类案推送、结果比对、数据分析、瑕疵提示等功能”。2020年7月,最高人民法院发布《关于统一法律适用加强类案检索的指导意见(试行)》(法发〔2020〕24号),该意见“对类案检索的适用范围、检索主体及平台、检索范围和方法、类案识别和比对、检索报告或说明、结果运用、法官回应、法律分歧解决、审判案例数据库建设等予以明确。意见充分考虑我国现行法律制度的现状,将类案检索定位为具有中国特色的、成文法体系下的具体制度,强调法官对指导性案例的参照和对其他类案的参考,旨在实现法律的统一适用。”[2]同年9月,最高人民法院发布《关于完善统一法律适用标准工作机制的意见》(法发〔2020〕35号)强调,“规范和完善类案检索工作”“规范类案检索结果运用”。可见,司法改革决策者将类案检索视为促进类案裁判标准统一的方法之一,类案检索也成为司法体制综合配套改革的重点工作之一。

---

〔1〕 最高人民法院《关于统一法律适用加强类案检索的指导意见(试行)》第1条规定:“本意见所称类案,是指与待决案件在基本事实、争议焦点、法律适用问题等方面具有相似性,且已经人民法院裁判生效的案件。”

〔2〕 刘婧:《统一法律适用　促进司法公正　最高法发布加强类案检索的指导意见》,载中国法官培训网2020年7月27日,http://peixun.court.gov.cn/index.php?m=content&c=index&a=show&catid=6&id=1700。

(2)类案检索的应用模式及检索平台建设

类案检索的操作模式包括“主动检索类案模式”和“智能推送类案模式”。〔1〕围绕上述两种应用模式,最高人民法院及地方人民法院主导研发了各类类案检索平台,比较有代表性的官方平台有中国裁判文书网、“法信”平台、中国司法案例网、“智审”系统等(见表1)〔2〕。

**表1　法院系统内部现有检索平台介绍**

| 名称及法院 | 算法原理 | 功能简介 | 适用范围 | 上线时间 |
|---|---|---|---|---|
| 中国裁判文书网(最高人民法院) | 关键词主动检索 | 全国四级法院裁判文书统一发布平台,全球最大的裁判文书资源库,可提供案由、案例名称、文书类型、审判程序、审判人员、律所、法律依据等17个信息项关键词的检索,可实现多信息项组合检索功能 | 全国,内外网均可 | 2013年7月 |
| 法信(最高人民法院) | 关键词主动检索 | 全国首家深度融合法律知识服务与案例大数据服务的数字化网络平台,有“法律文件、案例要旨、裁判文书、法律观点、法律图书、法律期刊、法律文书范本”7大资源库和55个子库,是目前我国规模最大、体系最全、覆盖最广的法律知识导航体系 | 全国,内外网均可 | 2016年3月 |
| 中国司法案例网(最高人民法院) | 关键词主动检索 | 信息化、智能化司法案例收集、生成、推荐、评价、交流、研究、共享的网络平台。案例中既有社会热点案例,也包括域外案例翻译,另外还有专家学者文章、中华法系类成果等 | 全国,内外网均可 | 2016年9月 |

〔1〕主动检索类案模式中,需要人工在一定的数据库中开展关键词、法条等检索,该种检索模式依赖于数据库中的案例资源和检索者对于检索关键词、法条的确定;智能推送类案模式中,需要检索者提供待决案件的基础材料,系统会依据上述材料向检索者自动推送类案,该检索模式依赖于系统中的案例资源,更依赖于系统自动进行的案件材料的职能比对。齐晓丹等:《类案检索方法指引》,法律出版社2020年版,第255~266页。

〔2〕郑通斌:《类案检索运行现状及完善路径》,载《人民司法》(应用)2018年第31期;周莉、成文武:《人工智能辅助下类案推送质量的路径优化——以信息维度提高用户需求为视角》,载《山东法官培训学院学报》2021年第1期。

续表

| 名称及法院 | 算法原理 | 功能简介 | 适用范围 | 上线时间 |
|---|---|---|---|---|
| 类案智能推送系统(最高人民法院) | 类案智能检索+主动推送 | 提供类案推送服务。目前已覆盖全部1330个案由,通过机器自动学习构建出内容丰富的特征体系,从案情特征、争议焦点、法律适用、案件性质四个方面进行多维类案匹配 | 全国,内外网均可 | 2018年1月 |
| 睿法官系统(北京市高级人民法院) | 类案智能检索+主动推送 | 基于电子卷宗等司法审判数据资源、行为分析的智能学习和法律逻辑的知识图谱技术,为法官审理复杂案件精准推送办案规范、法律法规、相似案例等信息,梳理法律关系,聚焦争议焦点,提出裁判建议,生成裁判文书等智能服务 | 北京部分法院,内网 | 2016年12月 |
| “206”系统(上海市高级人民法院) | 类案智能检索+主动推送 | 通过运用深度神经网络模型和图文识别(OCR)技术,基于对1.5万余份卷宗材料的学习,初步实现了对各种证据的印刷体文字、部分手写体文字、签名、手印、签章、表格、图片等智能识别、定位和信息提取,对单一证据实现了自动校验 | 北京部分法院,内网 | 2017年2月 |
| 类案指引项目(安徽省高级人民法院) | 类案智能检索 | 通过构建同类案件的裁判量化分析模型,能够让法官集体理性应用于审判管理和司法实践,并实现二者的趋同,以完成相似性案件的智能判断 | 安徽部分法院,内网 | 2016年5月 |
| 智审(河北省高级人民法院) | 类案智能检索+主动推送 | 将案件卷宗内容文档化。在案件审理阶段实现电子卷宗识别、利用,实现司法文书辅助生成、关联及类似案件查找、推送 | 河北、浙江、广东、吉林等地,内网 | 2017年4月 |
| 类案智能专审平台(重庆市高级人民法院) | 类案智能检索+主动推送 | 自动向法官推送相似度较高的案例,并对法官拟作出的裁判进行智能评析。包括行政工伤认定专审平台、民事知识产权专审平台、酒驾案件专审平台、金融案件专审平台等 | 重庆部分法院,内网 | 2017年4月 |

(3)类案检索的“瓶颈”及问题

学界与实务界通过对类案检索系统的调研和切身体验,发现了目前类案检索在多方面存在的“瓶颈”和问题。[1] 学者和实务专家发现的问题或多或少地在类案推送实践中存在,很多问题与笔者的类案检索体验相符。总结起来,问题主要体现为制度规则层面的问题与类案检索、推送技术层面的问题两个方面,包含案例来源、案例质量、案例积累等数据层面的问题,算法的合理性、检索能力、情节提取能力、比对能力、推送匹配性等大数据与人工智能技术层面的问题,类案比对方法、类案判断标准、类案遵循标准等类案适用层面的问题三个维度。由于这些问题和“瓶颈”的存在,致使类案检索人机匹配失灵,当下类案检索的供给难以满足司法实践需求。

2. 类案检索与行政审判的适应性

(1)探讨行政审判中应用类案检索系统的首要问题是案例在行政审判中的效力问题

有学者在探讨指导性案例的法律效力时采取了效力与实效两个层面的分

[1] 左卫民认为,“法院现有的类案类判系统存在检索推送案例不精确、推送案例的范围过窄、来源不明、层级不清、类案类判实践差异显著等诸多问题。这背后有技术无突破、数据不全面、制度不健全的现实原因,同时就司法逻辑层面而言,类案类判能否以及在何种程度上取代司法解释与指导性案例的地位值得怀疑与考量。”左卫民:《如何通过人工智能实现类案类判》,载《中国法律评论》2018 年第 2 期。李鑫认为,目前的判例检索系统存在判例文本质量问题、判例中信息的识别、提取和关联中的问题、判例的可视化呈现方式中的问题、判例检索结果的公平性问题。李鑫:《从信息化呈现到体系性构建:判例运用视角下判例检索系统的建设与发展》,载《四川大学学报(哲学社会科学版)》2020 年第 2 期。郑通斌认为,类案检索系统的实践操作中存在来源“瓶颈”:检索范围缺乏系统性保障,操作“瓶颈”:类案甄别缺乏细节性构建,效力“瓶颈”:结果适用缺乏制度性指引。郑通斌:《类案检索运行现状及完善路径》,载《人民司法》(应用)2018 年第 31 期。陈琨认为,制约类案推送运用的主要障碍有传统办案理念中的法条依赖、司法需求场景的定位不清、人工智能技术“瓶颈”三个方面。陈琨:《类案推送嵌入“智慧法院”办案场景的原理和路径》,载《中国应用法学》2018 年第 4 期。魏新璋等认为,目前的类案检索机制存在适用理念错位、检索规则缺位、推送技术失位三方面的制约因素。魏新璋、方帅:《类案检索机制的检视与完善》,载《中国应用法学》2018 年第 5 期。周莉等从集合质量、内容质量、表达质量、效用质量四个维度对类案推送审判实践进行了质量评估,认为存在数据冗余导致类案推送遗漏,类案甄别失真徒增时间成本,推送呈现无序引发用户质疑,推送结果偏离用户需求四方面质量隐患。周莉、成文武:《人工智能辅助下类案推送质量的路径优化——以信息维度提高用户需求为视角》,载《山东法官培训学院学报》2021 年第 1 期。齐晓丹等认为,目前的类案智能推送存在知识图谱构建、情节提取障碍、算法决策复杂性等技术障碍。齐晓丹等:《类案检索方法指引》,法律出版社 2020 年版,第 257 ~ 259 页。

析框架在分析上述问题上很有借鉴意义。[1] 从效力角度看,案例的效力表现为案例在我国是否被授权而成为法官审判案件中必须考虑的因素。对此可将案例区分为指导性案例和其他案例进行分析。对于前者而言,《人民法院组织法》赋予了最高人民法院发布指导性案例的法定权力。[2] 最高人民法院确定的指导性案例的规则依据是最高人民法院《关于案例指导工作的规定》及其实施细则,上述规定赋予了指导性案例在人民法院审判案件时的应当参照地位和法官的检索、引述、回应义务,实质上确立了指导性案例,尤其是其裁判要旨在人民法院范围内的参照适用效力。[3] 对于后者而言,并不具有效力层面的意义。

从实效角度看,案例的实效表现为案例在我国的审判实践中是否成为法官审判案件的重要考量因素。虽然我国是成文法国家,《行政诉讼法》规定法官的裁判依据是法律、法规,参照规章。但是案例或者说生效裁判对于法官审判案件而言仍发挥着重要的"事实上的效力"[4]对此,可以将案例区分为有审级监督关系的法院之间的案例和无审级监督关系的法院之间的案例进行分析。对于前者而言,一方面,审级监督关系是案例实效的重要影响因素。根据《人民法院组织法》的规定,上下级法院是审判监督关系。[5] 监督审判工作的重要内容之一就是上级法院通过上诉和审判监督程序对下级法院已生效或未生效裁判

---

〔1〕 王天华:《案例指导制度的行政法意义》,载《清华法学》2016 年第 4 期。

〔2〕《人民法院组织法》第 18 条规定:"最高人民法院可以对属于审判工作中具体应用法律的问题进行解释。最高人民法院可以发布指导性案例。"

〔3〕 最高人民法院《关于案例指导工作的规定》第 7 条规定:"最高人民法院发布的指导性案例,各级人民法院审判类似案例时应当参照。"《〈最高人民法院关于案例指导工作的规定〉实施细则》第 9 条规定:"各级人民法院正在审理的案件,在基本案情和法律适用方面,与最高人民法院发布的指导性案例相类似的,应当参照相关指导性案例的裁判要点做出裁判。"第 10 条规定:"各级人民法院审理类似案件参照指导性案例的,应当将指导性案例作为裁判理由引述,但不作为裁判依据引用。"第 11 条规定:"在办理案件过程中,案件承办人员应当查询相关指导性案例。在裁判文书中引述相关指导性案例的,应在裁判理由部分引述指导性案例的编号和裁判要点。公诉机关、案件当事人及其辩护人、诉讼代理人引述指导性案例作为控(诉)辩理由的,案件承办人员应当在裁判理由中回应是否参照了该指导性案例并说明理由。"

〔4〕 冯文生:《审判案例指导中的"参照"问题研究》,载《清华法学》2011 年第 3 期。

〔5〕《人民法院组织法》第 10 条第 2 款规定:"最高人民法院监督地方各级人民法院和专门人民法院的审判工作,上级人民法院监督下级人民法院的审判工作。"

的认定事实、适用法律、审理程序方面的监督。上级法院作出改判或发回重审的结论对于下级法院及法官均意味着利益的增减。下级法院的法官自然而然地产生一种功利化的考量,尽量使自己的裁判与上级法院生效裁判确立的裁判标准和尺度保持统一。而上级法院也必然基于审判监督的需要,尽可能地在自己管辖的区域范围内通过典型案例、参阅案例等形式做大量的统一区域内裁判标准和尺度的工作。因此,案例的实效往往与审级关系、区域范围等因素呈现出一种强相关关系。另一方面,司法的实践理性是案例实效的另一个重要影响因素,案例说理是实践理性的载体。司法实践理性的基础是"无偏私以及法律的专业化"[1]。同判同判是社会公众对无偏私最朴素的认识,法官对于已经生效的类案案例不可能置之不理。"实践理性是人们在共同的交往活动中达成的以共同经验、理论为基础的指导行动的相同的或类似的理解与共识"[2],司法的实践理性就是法官在审判案件过程中达成的一种共识,这种共识并非一种强制的法律拘束力,而是靠说理得以贯彻。因此,影响案例的实效的另一个关键因素就是案例的说理是否符合基本共识,"理"则体现在生效裁判呈现出的裁判思路、规则(标准)、逻辑和裁量尺度之中,说理的水平也反映出司法裁判的专业化水平。对于不具有审级关系的法院之间的案例,案例的说理水平、裁判理由的共识度等因素是影响案例实效的主要因素。

(2)类案检索应用于行政审判的优势

一是增强行政法官内心确信的方式之一。就行政审判而言,司法的实践理性具有更突出的作用。主要是由于行政法律规范体系本身的复杂性、广泛性、易变化性、政策影响性,行政裁判的形成过程中法官解释法律规范的空间和需求更大,需要结合法律规范及政策等多种因素做价值判断。案例在制定法规定的强调性重申、明确解释立场、定位解释基准、填补法律漏洞等[3]方面发挥着重要的作用,是司法实践理性的重要载体。因此,案例能够弥补行政法的不足,促进行政法官认知水平的提升,凝聚行政审判领域内的共识,为法官裁判具体案件提供一种内心确信。

---

[1] 湛中乐:《论行政诉讼案例指导制度》,载《国家检察官学院学报》2012 年第 1 期。

[2] 葛洪义:《法与实践理性》,中国政法大学出版社 2002 年版,第 27 页。

[3] 王天华:《案例指导制度的行政法意义》,载《清华法学》2016 年第 4 期。

二是提升行政审判公信力的方式之一。类案检索是类案同判的要求,能够促进裁判标准统一,有学者称之为“作为形式条件的正义理念”[1]。对于法官而言,是规范裁量权的有效方式,“已有类案作为一种规则,它既可以约束法官自身肆意妄为,也可以有效抵御外界不当干预,从而为法官提供职业的避风港”。[2] 使公众对于司法产生合理的预期,以便根据相对稳定的司法裁判标准合理安排未来生活,毕竟司法裁判除了解决争议外,还具有未来属性。行政审判的特殊性之一在于其被告是行政机关。正如法官不希望自己的案件被改判发回而面临追责一样,行政机关也不希望自己被诉,尤其是承担败诉的风险。从这个意义上看,案例的效力对行政机关而言表现为一种实效,在这个过程中案例成为了司法机关与行政机关之间的信息交换渠道,将司法机关确立的裁判标准输出于行政机关,成为行政机关在裁判生效后作出类似行政行为时的考量因素。相反,行政裁判对于类似问题的不同裁判越多,行政机关面对司法裁判时越不置可否,司法机关与行政机关的共识越少,行政审判对法治政府的助力作用越小。

三是基于审判效率的考量。前文已经叙述过行政审判的人案矛盾问题,类案检索技术作为司法领域内大数据和人工智能技术的应用形式之一,其重要的目标之一就是提升审判效率。首先,行政审判领域中存在大量的同类型案件,尤其是某个时期、某个管辖区域内的类案呈现出相对集中的特点。另外,行政诉讼被告的行政管理领域和管理事项也是相对稳定的,行政行为往往也呈现出趋同的特点。类案检索能够为在审案件提供已生效类案裁判的支持,无论是在裁判思路确定、庭审活动展开还是在裁判文书说理等方面均可以节省法官的时间和精力,提升同类型案件或同类型问题的审判效率。其次,就疑难复杂和新类型案件而言,“通过类案检索,可以减少由待决案件复杂性、新颖性所带来的审理困惑,缩短法官认知、理解和判断的过程”[3]。从法官的审判能力角度看,疑难复杂与新类型有时是相对的,对于经验丰富的法官而言的难与新和对于经

---

〔1〕 [德]阿列克西:《法律论证理论——作为法律证立理论的理性论辩理论》,舒国滢译,中国法制出版社2002年版,第347页。

〔2〕 于同志:《我们为什么要重视司法案例》,载《人民法院报》2017年8月2日,第2版。

〔3〕 郑通斌:《类案检索运行现状及完善路径》,载《人民司法》(应用)2018年第31期。

验欠缺的法官而言的难与新在数量和程度上明显有别。因此,类案检索对于经验欠缺的法官尤其重要,不仅在于快速有效的审结在审案件,还在于通过参考学习类案裁判思路、裁判标准、裁判尺度提升办案能力后对于未来审判案件质效的积极作用。

3. 类案检索应用于行政审判的弊端

前文已经阐述了目前类案检索制度存在的弊端和问题,包括数据层面、大数据与人工智能技术层面、类案适用层面等,这些普遍性的问题也同样表现在具体的行政审判领域中,2020 年最高人民法院《关于统一法律适用加强类案检索的指导意见(试行)》出台后,部分类案检索规则方面的问题得以消解。然而具体到行政审判,类案检索的实践应用仍有需要深入分析的问题,这些问题的解决,将有助于类案检索制度与行政审判领域的深度结合。

(1)行政诉讼案例资源不足

类案检索最前端的问题是要建立统一的、丰满的、高质量的案例资源数据库。迄今为止,最高人民法院共发布 28 批指导性案例共 162 件,其中涉及行政审判领域的指导性案例 23 个。[1] 指导性案例经过严格的遴选程序,案例质量高,指导意义强。正因如此,案例的数量非常有限。参考性案例、参阅案例、典型案例等发布主体多元、地域特点突出,没有形成有效的整合。中国裁判文书网公开的生效裁判文书覆盖面广,但存在数据时间断层、地域失衡、文书质量参差不齐、数据遗漏等问题。综上,行政诉讼案例资源的不足并非数量上的不足,而是集合质量上的不足,是案例标准化、案例完整性、案例统一性、案例可靠性等诸多方面的不足。

(2)检索人员的个体需求差异明显

就审判实践而言,从法官个人角度看,审判经验不足的年轻法官,对于类案检索的需求旺盛,同时对检索工具的接受和使用能力较强,但是对类案比对标准的确定能力欠佳。由于类案检索推送的不精准,检索时间和比对时间消耗巨大,还不如请教资深法官效果好,因此,类案检索推送与其需求之间差距较大。

---

〔1〕 最高人民法院官方网站,http://www.court.gov.cn/fabu-gengduo-77.html,最后访问时间:2021 年 9 月 20 日。

审判经验丰富的资深法官，审判中更倾向于利用自身积累的审判经验和社会阅历，对类案检索的需求并不迫切，同时对新技术的使用动力和能力也显不足。另外，影响法官个体需求的因素还包括法官所处的法院的层级及职能定位、待决案件所处的审理阶段、承办法官所处庭室（案件性质）、待决问题的性质（审判思路、法律问题或是证据认证）等。类案检索推送系统的设计如果缺少对上述基本问题的考量，难免会影响用户体验，导致类案检索被束之高阁。

（3）类案检索推送技术方面的问题

目前的类案检索平台的主要检索方式是依托关键词检索。一方面需要检索者根据检索需求确定关键词，另一方面只有输入的关键词与案例数据库中案例标签对应时，才能检索出需要的类案。否则会出现类案检索结果遗漏或赘余，推送结果缺乏精准性，或影响效果，或消耗大量的比对时间。目前对判例中信息的识别、提取和比对技术尚不成熟，影响检索结果的质量。就类案推送而言，主要是基于算法和模型产生类案推送结果。目前类案推送的智能化程度较低，基本停留在对案例库中部分案例的初步筛选，仍需要法官对于智能推送的结果进行比对，效率大打折扣。主要原因是算法层面没有建立完整有效的类案推送知识图谱，算法与司法场景缺乏有效的融合，缺乏有效的用户反馈和算法升级的互动机制，致使推送结果与推送需求大相径庭。

（4）裁判同质化与公平性问题

类案检索的目标是类案同判，利用检索结果辅助待决案件的处理。然而，司法实践的特点在于每个案件均有各自的特点，法官利用类案检索辅助办案，有可能造成只重视普遍性而忽视特殊性的不良后果，导致裁判出现同质化倾向。“循环往复，所谓的类案裁判尺度会进一步增加想要改变的难度，形成裁判尺度的‘马太效应’”〔1〕，如果过分地遵从先例而不考虑个案特点及个案背后反映出来的社会变迁，那么司法对社会观念的引导塑造功能和推动社会转型进步的功能均难以发挥。同时，裁判说理的同质化意味着说理的个性和创造性的部分丧失。类案检索中尚有法官针对待决案件的判断，类案智能推送中主要依赖于算法，如对算法的法律和伦理规制不足，“算法歧视”问题将躲藏在“算法黑

〔1〕 魏新璋、方帅：《类案检索机制的检视与完善》，载《中国应用法学》2018 年第 5 期。

箱”之中,将处理案件时需要剔除但未被发现的歧视和偏好系统性地传递给裁判者,影响司法裁判的公平性。

4. 行政审判中采用类案检索的规范化建构

(1)明确类案检索的制度定位

第一,类案检索是辅助决策工具。基于司法人工智能与职业法官的关系定位,类案检索首先是辅助法官决策的工具。这就意味着,类案检索的应用是以法官的裁判需求为导向,多数情况下具备非强制使用的特征。同时意味着明确类案检索和职业法官的分工。“所谓辅助,就是尽量提供有效率、结果准确的参照,但其中最核心的环节——对关键事实的寻找和相似性的判断——都只能由法官自己来完成。”[1]还意味着类案检索过程及检索结果的应用过程中法官应该尽到注意义务,并对应用类案检索产生的错误承担责任。第二,类案检索是司法决策规制工具。基于类案检索统一裁判标准的目标定位,类案检索是裁判偏离度控制的纠偏机制。这就意味着,类案检索表现为对司法裁量权的规制,这种规制并非否定司法裁量权的存在意义,而恰恰是防止司法裁量权越界转化为裁量滥用。进一步讲,规制司法裁量权与尊重司法裁量权并不矛盾,规制正是对裁判人员合理使用司法裁量权的保护机制。同时,类案检索对于法官的裁判文书说理充分性提出了更高的要求。如果适用检索到的同类案件,则检索案例的说理成为强化本案说理的素材;如果不适用检索得到的类案,尤其是当事人举出的类案,则本案与检索案例的不同点成为重点说理的内容。第三,类案检索是法官的学习工具。基于类案检索追求效率的目标定位,类案检索是法官学习类案审理思路、获知类案或类似问题的既有裁判标准的学习工具。这就意味着,类案检索不仅能够提高在审案件的审判效率,也能够提升法官的司法能力,进而得到一种面向未来的效率提升。这就要求类案检索系统提供清洁案例,技术不断的迭代升级,以更智能化的方式满足法官的个性需求,同时法官也要对检索系统和检索案例存在的问题进行反馈,法官既是类案检索的受益者,也是类案检索不断完善的推动者。

---

〔1〕 高尚:《司法类案的判断标准及其运用》,载《法律科学(西北政法大学学报)》2020 年第 1 期。

(2)明确行政诉讼类案的适用规则

在对最高人民法院类案检索指导意见中确立的类案检索规则准确理解和适用的基础上,还需要进一步明确以下两点内容:

第一,行政审判中类案的判断标准和检索要点。对于何为类案,学界产生了多种判断标准,包括"四方面标准说"[1]"重要性特征说"[2]"实质理由论证说"[3]"定性定量分析说"[4]"主辅标准说"[5]"争议与关键事实说"[6]等。上述观点对于定位行政诉讼类案有很大的帮助,但仍需结合行政案件特点具体分析。

笔者认为,从类案检索和行政法官裁判需求的角度看,行政审判中的类案分为以下几个维度:第一个维度是类型化案件,是基于行政诉讼类型化而产生的同种类型的案件。这种类案可以满足行政法官对类型化案件审判思路的需求。第二个维度是一般类案,是基于被诉行政行为而产生的同种类型案件。这种类案可以满足行政法官对同类型行政行为的审判思路、审判重点的需求,对于行政行为的分类可以参考最高人民法院《关于行政案件案由的暂行规定》。进一步可将行政行为分为主体要件、职权要件、认定事实要件、适用法律要件和程序要件等判断行为合法性的构成要件,可以帮助法官进一步比对行政行为的异同。第三个维度是争议焦点相同的类案。检索案例与待决案件在争议焦点问题上相同或类似则构成此种类案,这种类案部分是在上述两个维度的基础上的进一步细化,部分并不考虑上述两个维度的类案而只关注审查要点的相同。

---

[1] 类似性应包括案件的关键事实、法律关系、案例的争议点、案件所争议的法律问题四个方面。王利明:《成文法传统中的创新——怎么看案例指导制度》,载《人民法院报》2012年2月20日,第2版。

[2] "当两个具体案件在重要性特征上完全相同时,应得出相同的判决结论。"雷磊:《为涵摄模式辩护》,载《中外法学》2016年第5期。

[3] 判断类案应了解事实特征、法律特征、判决结果和制约因素等要素,其中"最终标准是实质理由论证"。黄泽敏、张继成:《案例指导制度下的法律推理及其规则》,载《法学研究》2013年第2期。

[4] 案例比对中对(与法律适用直接或间接相关的)案件事实进行定性分析,对案件情节进行定量分析。张志铭:《司法判例制度构建的法理基础》,载《清华法学》2013年第6期。

[5] 判断类案的首要标准是争议焦点相似和关键事实相似,辅助标准是案由和行为后果相似。高尚:《司法类案的判断标准及其运用》,载《法律科学(西北政法大学学报)》2020年第1期。

[6] 类案的基本比较点是争议问题和关键事实。张骐:《再论类似案件的判断与指导性案例的使用——以当代中国法官对指导性案例的使用经验为破口》,载《法制与社会发展》2015年第5期。

比如,原告主体资格、被告是否适格、证明标准、法律概念的理解、适用的具体法条的理解、正当程序原则、滥用职权或显失公平的判断、同样的价值权衡,等等。这种类案或者称同类问题能够满足行政法官了解待决的争议问题的既有裁判标准和裁判尺度的需求。

第二,类案适用中的参考要素。最高人民法院《关于统一法律适用加强类案检索的指导意见(试行)》中规定了指导性案例在类案中的应当参照地位和其他类案的参考地位[1]。那么确定了检索案例与待决案件是类案后,法官具体如何参照或参考呢?笔者认为,主要的应用应该集中于裁判文书说理部分。一是参照(考)说理依据,二是参照(考)法律解释方法,三是参照(考)论证方式,四是参照(考)裁判标准。对于说理部分的参照、参考要素在本书行政裁判文书说理充分化一章中已经充分展开论述,此处不再赘述。需要注意的是,为了区分类案质量的高低,提高案例检索效果,可以考虑将参照(考)的案例在待决案件的判决附录中予以标注,进而确定"引用率",作为类案推送优先级的一个考量因素。

(3)完备行政审判类案检索、推送平台

第一,构建强大的行政审判案例数据库。按照"判例信息化→判例整理→判例体系化→判例应用→应用反馈→判例再优化"的整体思路推进案例数据库建设。具体而言,整合现有的案例资源,包括指导性案例、公报案例、典型案例,各级法院发布的参阅案例、参考性案例等均可纳入统一的数据库。对于上述案例进行类型化处理,可以与最高人民法院《关于行政案件案由的暂行规定》对接,以案由为基本的类型化依据。进一步统一上述案例的编写规范和要点,并设置精细化的标签。标签分为法律标签和案件标签,前者依照上文所述的类案维度设置,后者包括案件的来源、层级、效力状况、裁判日期等。另外,强化选送力度,增加案例的供给,同时注重案例清理,对于参考价值不高的案例及时清除,做到案例库及时更新、有进有出。

第二,立足司法需求,增强检索能力和智能推送质量、效果。"有多少人工,

[1] 最高人民法院《关于统一法律适用加强类案检索的指导意见(试行)》第9条规定:"检索到的类案为指导性案例的,人民法院应当参照做出裁判,但与新的法律、行政法规、司法解释相冲突或者为新的指导性案例所取代的除外。检索到其他类案的,人民法院可以作为做出裁判的参考。"

就有多少智能”,满足司法需求的前提是对法官具体应用场景的了解,而这需要开发者和适用者之间不断深入的沟通,一方提出需求,另一方提供解决方案,一方反馈使用效果和问题,另一方不断优化升级。正是在不断的“要求→解决→反馈→升级”中检索能力和智能推送质量、效果才能得到持续提升。

## 五、小　结

“纠纷解决,无论是发生在法庭内外,其实大部分都是一个信息的取得、解释、交流、提供和评价的过程。法律是一种有机体,它的生命之血就是信息,而交流媒介是输送该信息行遍集体的动脉和静脉。新的媒介带来变革,因为它们提供了新的传输、编程、组织、存储和公布信息的机会。”[1] 人工智能技术正是新的媒介,它在平衡司法供给与需求、保障权益、实现司法公正等诸多方面大有益处。人工智能在司法审判领域的广泛应用因应时代的需要而生,也塑造着特定时代的审判环境和审理规则,成为行政审判方式现代化的必然要求。近年来,人民法院审判方式智能化取得了长足的进步,在进一步智能化改造时,应厘清智能化改造的“道”与“术”。

审判方式智能化改造的核心问题是司法人工智能与职业法官的关系。两者的关系定位应当是司法人工智能辅助职业法官。换言之,以职业法官为中心的合作关系。而合作的深度应当考虑到司法人工智能的发展阶段、审判工作的性质和分类、案件繁简程度、司法改革的切合程度、司法需求等关键要素。

审判方式智能化改造的具体问题很多,本书重点分析网络庭审与类案检索,以期促进“审”和“判”两个重要环节的智能化。一方面,网络庭审为纠纷解决提供了新的方案,它在与线下庭审的互补互动中,成为庭审方式现代化的主要着力点之一。准确理解网络庭审的诉讼机理,在统一的在线诉讼规则的基础上精细化行政诉讼网络庭审规则,有针对性地增加资源投入,完成网络庭审配套设备的智能化改造,使得网络庭审方式在当事人诉权有效保障、节约诉讼成本、司法资源优化配置、审判质效提升等多重诉讼目标项下大放异彩。另一方

〔1〕［美］彼得·德恩里科:《法的门前》,邓子滨译,北京大学出版社2012年版,第394页。

面,以统一裁判标准、提高审判效率为己任的类案检索成为目前旺盛的司法需求背景下法官办案模式优化的新方式。虽然目前的类案检索存在数据层面、大数据与人工智能技术层面、类案适用层面等诸多问题,将现有条件下的类案检索与行政审判实践结合产生了或多或少的弊端,但是其对司法判决质效提升作用显著。我们应该秉持着立足现在、面向未来的思维,找准类案检索的制度定位,完善类案检索的适用规则,持续推进类案检索、推送平台建设,进一步激发类案检索的应有功能。

# 结　语

国家治理现代化是一个国家适应时代发展的宏大课题,既要顶层设计的高瞻远瞩,也要细微之处的精细设计。司法制度是中国特色社会主义制度的重要内容,一个国家的司法制度深植于其民族文化和社会实践中,司法审判是国家治理的重要手段和方式,对于推进国家治理现代化具有重要意义。行政审判是中国特色司法制度的组成部分,行政审判方式现代化是国家审判体系和审判能力现代化的必然要求。行政审判与刑事审判、民事审判相较,突出特点表现为连接着政府与百姓,是政府治理现代化的重要推动力量,也是塑造新时代“官民关系”的制度平台。

行政审判方式改革是行政诉讼制度现代化的必然要求,是将我国行政诉讼制度优势转化为治理效能的重要途径。对此,应该在坚持党的领导、坚持司法为民、坚持实质法治、坚持核心价值、坚持符合国情等国家治理现代化国策的基础上,在行政审判实践中的审判职能定位、庭审程序建构、裁判文书说理、参与主体关系、司法人工智能应用等关键环节上勇于探索创新,适应时代发展需要。

行政审判职能的准确定位、结构优化是行政审判充分发挥功能作用的方向性问题,是行政审判方式现代化首先要厘清的基本问题,它解决的是审判实践中行政法官应该做哪些工作、能够做哪些工作以及如何做相应工作的问题。传统的行政审判职能是面向过去的,体现在“民告官”对簿公堂的程序中,矫正失衡的行政法律关系,法院对行政行为进行消极静态的事后规范合法性监督。而现代化的行政审判职能结构应该是在承继传统行政审判职能的基础上面向未来的双向度结构,体现在“民见官”的民主诉求程序中,建构新型官民关系,在法院的主持下,以诉讼程序为平台,以平等对话为方式,各方参与主体积极参与的持续性公共政策协商。现代化的行政审判中，司法机关的作用是积极能动的，在合法性审查职能、政策立法咨询职能、行政争议化解职能、社会转型进步引领职能、合法权益保护职能、民主政治促进职能等多重职能中，优化配置审判资源，在"法治国家、法治政府、法治社会一体建设中"贡献司法智慧。

庭审程序是行政审判的关键环节之一，庭审过程的实质化应周到考虑普遍性与特殊性。一方面应当符合以审判为中心的诉讼制度改革的要求，另一方面也应当突出行政审判在实质解决行政争议、构建公私合作伙伴关系方面的特殊作用。实质化的庭审过程能够为公正裁判提供事实、法律、心证等方面的条件；为当事人合意解决行政争议提供有正当程序保障的沟通协商平台；通过庭审公开，庭审程序又成为了公共政策协商的途径、塑造理性诉权观的媒介、树立司法权威的手段。为此，均衡实现诉讼目的、协同主义的审理模式、刚柔并济的庭审运行、公平效率的价值平衡成为了庭审程序设计的应循之道；诉讼类型化思维、争议类型化思维成为了庭审程序设计的应循之术；庭前程序、争议焦点制度、法官释明权制度、调解和解程序、负责人出庭制度、司法礼仪规则、庭审方式智能化等成为了庭审程序设计的着力细节。

行政裁判文书是行政审判的终端产品，说理是行政裁判文书的"灵魂"。行政裁判文书说理充分化是行政审判方式改革的又一个关键环节。它强调的是，为行政裁判文书结论的正当性提供充分的依据，将裁判文书单向度的输出转变为多向度的互动回应，将高度抽象的法律原则、法律精神、法律条文充分与多元化的案件事实对接，将社会主义核心价值观与社会生活对接，将法律语言与生活语言对接；强调说理对立法机关完备立法有回馈，对当事人和社会公众的可接受性有考量，对各方参与主体的未来行为规则有塑造。同时，它并非在"鸿篇大论"与"短小精悍"之间做出取舍，而是强调针对不同的案件情况采取适当的说理方式，在案件繁简分流的基础上有繁简、有侧重地说理。对此，裁判文书制作主体的说理思路应从闭门造车向开放协商转变，从形式法治思维向实质法治思维转变，从个案判断向司法规则输出转变；审查判断证据说理、认定事实说理、适用法律说理、回应性说理、引导塑造性说理等说理内容应当规范完备；采取多元化的论证方式和多样化的法律解释方法应对审判实践中纷繁复杂的案件需要；以上内容通过恰当的语言（文理）得以展现。

人既是改革的设计者、推进者,也是改革成果的受益者。人的因素是制度变革的主要力量。行政审判方式改革是所有参与主体共同协力的过程。均衡化的行政审判主体结构本质上是参与主体的角色定位问题。就审判实践而言,表面上当事人处于两造对抗状态,法官高坐法台居中裁断。但是从行政审判的本质出发,对抗只是手段,合作却是目的。正是各个参与主体的协商合作才是现实图景中实质性解决行政争议效果达成的最佳方式,也是未来图景中构建良好官民关系效果的最佳途径。从“法治国家、法治政府、法治社会一体建设”的整体主义国家治理观的宏观视角看,行政审判呈现出一幅行政审判权、公民权与行政权良性互动,法官、原告、被告通力合作的图景。在行政审判这个特殊的司法场景中,行政法官具有裁断者、心理师、教育者、协调者等多重角色。行政机关工作人员不再是行政领域中管理者和诉讼中的对抗者,而是平等的诉讼者和接受民意的对话者。原告则摒弃了“官官相护”的固有成见,信任行政审判平台的积极力量,以诉讼诚信原则的遵守者、理性的商谈者、维护法庭秩序的协力者的身份参与其中。

以信息技术手段与司法工作融合为内容的审判方式智能化是行政审判方式现代化的一个重要抓手。受技术发展、司法需求、工作性质、司法改革等因变量的影响,职业法官与司法人工智能合作的深度和范围也呈现出与时俱进的变化,但是以职业法官为中心、以司法人工智能为辅助的基本关系定位仍然是目前司法智能化改造的基础。以“审”和“判”两个重要环节的智能化改造为重点,提升庭审方式智能化水平的突破口体现为网络庭审的规范化应用,提升智能辅助办案系统的突破口体现为类案检索系统的完善优化。做好上述两个环节及重点问题的智能化,司法服务的高效性必然带来诉讼参与人满意度的提升,再辅之以智能化的诉讼服务平台,能够有效缓解行政审判的可及性与行政审判的周至性之间的张力,提升司法带给参与人的“感受正义”。

热爱生活、憧憬未来的人总是对未来满怀期望,并试图立足现实展望、规划未来生活,而未来的魅力恰恰在于其无限的可能性和变动不居的不确定性。正因如此,改革表现为一个在历史、现实、未来三维空间中发现问题、总结经验、设计制度、实施规划、反馈问题、制度再设计的持续性过程。在这个过程中,人的能动性得以发挥,制度的完备性得以提升。

# 参考文献

## 一、著　作　类


1. 中共中央宣传部:《习近平新时代中国特色社会主义思想三十讲》,学习出版社 2018 年版。

2. 中共中央宣传部:《习近平新时代中国特色社会主义思想学习纲要》,学习出版社、人民出版社 2019 年版。

3. 陈顺伟:《国家治理视阈中的社会主义核心价值观建设研究》,人民出版社 2019 年版。

4. 俞可平:《论国家治理现代化》(修订版),社会科学文献出版社 2015 年版。

5. 俞可平:《治理与善治》,社会科学文献出版社 2000 年版。

6. 江必新、鞠成伟:《国家治理现代化比较研究》,中国法制出版社 2016 年版。

7. 胡鞍钢:《中国国家治理现代化》,中国人民大学出版社 2014 年版。

8. 燕继荣:《国家治理及其改革》,北京大学出版社 2015 年版。

9. 景汉朝:《审判方式改革实论》,人民法院出版社 1997 年版。

10. 汪海燕:《刑事诉讼模式的演进》,中国人民公安大学出版社 2004 年版。

11. 最高人民法院研究室编:《司法文件选》(1993 年卷),人民法院出版社 1995 年版。

12. 江国华:《中国特色社会主义司法制度研究》(理论篇),科学出版社 2019 年版。

13. 蒋惠岭:《司法改革的知与行》,法律出版社 2018 年版。

14. 王名扬:《外国行政诉讼制度》,人民法院出版社 1991 年版。

15. 高家伟:《公正高效权威视野下的行政司法制度研究》,中国人民公安大学出版社 2013 年版。

16. 林莉红:《行政诉讼法问题专论》,武汉大学出版社 2010 年版。

17. 胡建淼:《中外行政法规分析与比较》,法律出版社 2004 年版。

18. 姜明安:《行政诉讼法》,北京大学出版社 2016 年版。

19. 任东来:《美国宪政历程:影响美国的 25 个司法大案》,中国法制出版社 2013 年版。

20. 谭宗泽:《行政诉讼结构研究——以相对人权益保障为中心》,法律出版社 2009 年版。

21. 杨伟东:《权力结构中的行政诉讼》,北京大学出版社 2008 年版。

22. 应松年:《行政诉讼法学》,中国政法大学出版社 2002 年版。

23. 江必新:《行政审判的理念、政策与机制》,人民法院出版社 2019 年版。

24. 刘善春:《行政诉讼价值论》,法律出版社 1998 年版。

25. 柴发邦:《当代行政诉讼基本问题》,中国人民公安大学出版社 1990 年版。

26. 刘莘:《中国行政法学新理念》,中国方正出版社 1997 年版。

27. 孙笑侠:《法律对行政的控制——现代行政法的法理解释》,山东人民出版社 1999 年版。

28. 方世荣:《行政法与行政诉讼法学》,人民法院出版社、中国人民公安大学出版社 2003 年版。

29. 王学辉:《行政诉讼制度比较研究》,中国检察出版社 2004 年版。

30. 何海波:《行政诉讼法》,法律出版社 2016 年版。

31. 最高人民法院:《中国法院的行政审判》,人民法院出版社 2018 年版。

32. 汪庆华:《政治中的司法:中国行政诉讼的法社会学考察》,清华大学出版社 2011 年版。

33. 江必新:《法治政府的制度逻辑与理性构建》,中国法制出版社 2014 年版。

34. 叶必丰:《行政法的人文精神》,北京大学出版社 2005 年版。

35. 江必新:《新行政诉讼法专题讲座》,中国法制出版社 2015 年版。

36. 胡建淼:《行政诉讼法》,法律出版社 2019 年版。

37. 马怀德:《行政诉讼法学》,北京大学出版社 2019 年版。

38. 高家伟:《行政行为合法性审查类型化研究》,中国政法大学出版社 2019 年版。

39. 姜明安:《行政法与行政诉讼法》,北京大学出版社、高等教育出版社 2019 年版。

40. 胡建淼:《行政法学》,法律出版社 2015 年版。

41. 章志远:《行政法学总论》,北京大学出版社 2014 年版。

42. 杨海坤:《中国行政法基本理论》,南京大学出版社 1992 年版。

43. 章剑生:《现代行政法基本理论》,法律出版社 2008 年版。

44. 蔡小雪、甘文:《行政实务指引》,人民法院出版社 2014 年版。

45. 信春鹰:《中华人民共和国行政诉讼法释义》,法律出版社 2014 年版。

46. 袁杰:《中华人民共和国行政诉讼法解读》,中国法制出版社 2014 年版。

47. 刘东亮:《行政诉讼程序的改革与完善——行政行为司法审查标准问题研究》,中国法制出版社 2010 年版。

48. 李广宇:《新行政诉讼法逐条注释》,法律出版社 2015 年版。

49. 江必新:《国家治理现代化与行政法治》,中国法制出版社 2016 年版。

50. 何兵:《现代社会的纠纷解决》,法律出版社 2003 年版。

51. 章志远:《社会转型与行政诉讼制度的新发展》,北京大学出版社 2019 年版。

52. 薛刚凌:《法治国家与行政诉讼——中国行政诉讼制度基本问题研究》,人民出版社 2015 年版。

53. 蔡志方:《行政救济与行政法学》(一),台北,三民书局 1993 年版。

54. 刘飞:《德国公法权利救济制度》,北京大学出版社 2009 年版。

55. 陈瑞华:《司法体制改革导论》,法律出版社 2018 年版。

56. 王利明:《司法改革研究》,法律出版社 2001 年版。

57. 徐昕:《纠纷解决与社会冲突》,法律出版社 2006 年版。

58. 刘峰:《行政诉讼裁判过程研究》,知识产权出版社 2013 年版。

59. 季卫东:《法治秩序的建构》,中国政法大学出版社 1999 年版。

60. 江必新、程琥:《国家治理现代化与公正司法》,中国法制出版社 2016 年版。

61. 湛中乐:《行政调解、和解制度研究——和谐化解法律争议》,法律出版社 2009 年版。

62. 樊崇义:《诉讼原理》,法律出版社 2001 年版。

63. 皮纯协、胡锦光:《行政诉讼法教程》,中国人民大学出版社 1993 年版。

64. 薛刚凌:《行政诉权研究》,华文出版社 1999 年版。

65. 江必新:《行政诉讼法——疑难问题探讨》,北京师范学院出版社 1991 年版。

66. 翁岳生:《行政诉讼法逐条释义》,台北,五南图书出版有限公司 2002 年版。

67. 王天华:《行政诉讼的构造:日本行政诉讼法研究》,法律出版社 2010 年版。

68. 何海波:《中外行政诉讼汇编》,商务印书馆 2018 年版。

69. 翁岳生:《行政法》,中国法制出版社 2009 年版。

70. 陈瑞华:《程序正义理论》,中国法制出版社 2010 年版。

71. 王合静:《民事判决理由研究》,法律出版社 2016 年版。

72. 孙华璞、王利明、马来客:《裁判文书如何说理——以判决说理促司法公开、公正和公信》,北京大学出版社 2016 年版。

73. 田平安、陈彬:《民事诉讼法学》,法律出版社 2010 年版。

74. 董皞:《论法律冲突》,商务印书馆 2013 年版。

75. 陈林林:《裁判的进路与方法——司法论证理论导论》,中国政法大学出版社 2007 年版。

76. 罗灿:《司法改革背景下裁判文书说理繁简分流研究》,法律出版社 2018 年版。

77. 江必新、邵长茂:《新行政诉讼法修改条文理解与适用》,中国法制出版社 2015 年版。

78. 王泽鉴:《法理思维与民法实例:请求权基础理论体系》,中国政法大学出版社 2001 年版。

79. 张旭勇:《行政判决原论》,法律出版社 2017 年版。

80. 沈岿:《公法变迁与合法性》,法律出版社 2010 年版。

81. 陈新民:《德国公法学基础理论》(上),法律出版社 2001 年版。

82. 何海波:《实质法治:寻求行政判决的合法性》,法律出版社 2009 年版。

83. 舒国滢:《法理学》,北京大学出版社 2006 年版。

84. 范春莹:《法律思维研究》,法律出版社 2012 年版。

85. 蔡琳:《裁判合理性理论研究》,法律出版社 2009 年版。

86. 陈绍松:《司法裁判的合理可接受性》,中国政法大学出版社 2017 年版。

87. 杨仁寿:《法学方法论》,中国政法大学出版社 2013 年版。

88. 王振宇:《行政诉讼制度研究》,中国人民大学出版社 2012 年版。

89. 梁慧星:《民法解释学》,法律出版社 2015 年版。

90. 吕世伦:《法的真善美——法美学初探》,法律出版社 2004 年版。

91. 赵世举:《语言与国家》,商务印书馆 2015 年版。

92. 陈望道:《修辞学发凡》,复旦大学出版社 2008 年版。

93. 黄启辉:《行政救济构造研究——以司法权与行政权之关系为路径》,武汉大学出版社 2012 年版。

94. 刘东亮:《行政诉讼目的研究》,中国法制出版社 2011 年版。

95. 付子堂:《法律功能论》,中国政法大学出版社 1999 年版。

96. 孙笑侠:《法律人之治》,中国政法大学出版社 2005 年版。

97. 陆而启:《法官角色论——从社会、组织和诉讼场域的审视》,法律出版社 2009 年版。

98. 吴英姿:《法官角色与司法行为》,中国大百科全书出版社 2008 年版。

99. 陈瑞华:《刑事审判原理论》,北京大学出版社 1997 年版。

100. 陈瑞华:《法律人的思维方式》,法律出版社 2011 年版。

101. 唐力:《民事诉讼构造研究——以当事人与法院作用分担为中心》,法律出版社 2006 年版。

102. 陈甦、田禾:《中国法院信息化发展报告(2020)》,社会科学文献出版社

2020 年版。

103. 蒋佳妮、徐阳、萨楚拉:《智慧法院》,科学技术文献出版社 2020 年版。

104. 蔡自兴、刘丽钰、蔡竞峰、陈白帆:《人工智能及其应用》,清华大学出版社 2017 年版。

105. 郑世保:《电子民事诉讼行为研究》,法律出版社 2016 年版。

106. 齐晓丹等:《类案检索方法指引》,法律出版社 2020 年版。

107. 葛洪义:《法与实践理性》,中国政法大学出版社 2002 年版。

108. 黎翔凤:《管子校注》(上),中华书局 2004 年版。

109. 陈戍国:《四书五经》(上),岳麓书社 2002 年版。

110. 彭万荣:《荀子:进取人生》,长江文艺出版社 2000 年版。

111. (清)阮元:《十三经注疏》,中华书局 1980 年版。

112. 张震泽:《孙膑兵法校理》,中华书局 1984 年版。

113. 钱穆:《中国历代政治得失》,九州出版社 2012 年版。

114. [美]布莱克:《比较现代化》,杨豫、陈祖洲译,上海译文出版社 1996 年版。

115. [俄]弗拉季斯拉夫·伊诺泽姆采夫:《民主与现代化:有关 21 世纪挑战的争论》,徐向梅等译,中央编译出版社 2011 年版。

116. [美]汉密尔顿、杰伊、麦迪逊:《联邦党人文集》,程逢如、在汉、舒逊译,商务印书馆 2009 年版。

117. [美]丹尼斯·朗:《权力论》,陆震纶、郑明哲译,中国社会科学出版社 2001 年版。

118. [以]巴拉克:《民主国家的法官》,毕洪海译,法律出版社 2011 年版。

119. [德]奥托·迈耶:《德国行政法》,刘飞译,[德]何意志校,商务印书馆 2016 年版。

120. [日]棚濑孝雄:《纠纷的解决与审判制度》,王亚新译,中国政法大学出版社 2004 年版。

121. [德]哈贝马斯:《在事实与规范之间——关于法律和民主法治国的商谈理论》,童世骏译,上海三联书店 2003 年版。

122. [德]汉斯·J. 沃尔夫、奥托·巴霍夫、罗尔夫·施托贝尔:《行政法》

(第 2 卷),高家伟译,商务印书馆 2002 年版。

123. [德]哈特穆特 · 毛雷尔:《行政法学总论》,高家伟译,法律出版社 2000 年版。

124. [英]A. W. 布拉德利、K. D. 尤因:《宪法与行政法》(下册),刘刚、江菁等译,商务印书馆 2008 年版。

125. [英]理查德 · B. 斯图尔特:《美国行政法的重构》,沈岿译,商务印书馆 2011 年版。

126. [美]本杰明 · 卡多佐:《司法过程的性质》,苏力译,商务印书馆 1997 年版。

127. [德]黑格尔:《法哲学原理》,范扬、张企泰译,商务印书馆 1979 年版。

128. [日]谷口安平:《程序的正义与诉讼》,王亚新、刘荣军译,中国政法大学出版社 2002 年版。

129. [德]弗里德赫尔穆 · 胡芬:《行政诉讼法》,莫光华译,法律出版社 2003 年版。

130. [英]布朗 · 贝尔、[法]加朗伯特:《法国行政法》,高秦伟、王锴译,中国人民大学出版社 2006 年版。

131. [英]丹宁勋爵:《法律的训诫》,刘庸安、杨百揆、丁健译,法律出版社 1999 年版。

132. [美]塞缪尔 · 亨廷顿:《变化社会中的政治秩序》,王冠华等译,华夏出版社 1988 年版。

133. [法]孟德斯鸠:《论法的精神》,张雁深译,商务印书馆 1993 年版。

134. [美]迈克尔 · 贝勒斯:《法律的原则一个规范的分析》,张文显等译,中国大百科全书出版社 1996 年版。

135. [荷]伊芙特 · T. 菲特丽斯:《法律论证原理》,张其山等译,商务印书馆 2005 年版。

136. [美]本杰明 · N. 卡多佐:《法律的成长——法律科学的悖论》,董炯、彭冰译,中国法制出版社 2002 年版。

137. [奥]凯尔森:《法与国家的一般理论》,沈宗灵译,中国大百科全书出版社 1996 年版。

138. [美]阿历克斯·英格尔斯:《人的现代化》,殷陆群编译,四川人民出版社 1985 年版。

139. [英]哈特:《法律的概念》,许家馨、李冠宜译,商周出版社 2000 年版。

140. [德]魏德士:《法理学》,丁晓春、吴越译,法律出版社 2005 年版。

141. [英]斯蒂芬·图尔敏:《论证的使用》,谢小庆、王丽译,北京语言大学出版社 2016 年版。

142. [德]阿列克西:《法律论证理论——作为法律证立理论的理性论辩理论》,舒国滢译,中国法制出版社 2002 年版。

143. [德]考夫曼:《当代法律哲学与法律理论导论》,郑永流译,法律出版社 2002 年版。

144. [德]卡尔·拉伦茨:《法学方法论》,陈爱娥译,商务印书馆 2003 年版。

145. [美]博登海默:《法理学:法律哲学与法律方法》,邓正来译,中国政法大学出版社 1999 年版。

146. [美]理查德·A. 波斯纳:《法律的经济分析》,蒋兆康译,中国大百科全书出版社 1997 年版。

147. [美]昂格尔:《现代社会中的法律》,吴玉章、周汉华译,中国政法大学出版社 1994 年版。

148. [德]哈贝马斯:《交往行为理论　第一卷:行为合理性与社会合理性》,曹卫东译,上海人民出版社 2018 年版。

149. [英]理查德·萨斯坎德:《法律人的明天会怎样?——法律职业的未来》,何广越译,北京大学出版社 2015 年版。

150. [美]伯尔曼:《法律与宗教》,梁治平译,中国政法大学出版社 2003 年版。

151. [美]彼得·德恩里科:《法的门前》,邓子滨译,北京大学出版社 2012 年版。

## 二、论文期刊类

1. 张文显:《法治与国家治理现代化》,载《中国法学》2014 年第 4 期。

2. 刘九万:《社会主义核心价值观在国家治理现代化中的功能》,载《延边大学学报(社会科学版)》2018 年第 5 期。

3. 任剑涛:《论国家治理现代化的“两个大局”》,载《西华师范大学学报(哲学社会科学版)》2021 年第 2 期。

4. 王东生:《国家治理体系现代化:文献回顾与研究进路》,载《社会主义研究》2018 年第 4 期。

5. 李尧远、张嘉雯、任宗哲:《国家治理现代化:共识、分歧与误区》,载《宁夏社会科学》2018 年第 3 期。

6. 何增科:《理解国家治理及其现代化》,载《马克思主义与现实》2014 年第 1 期。

7. 施雪华、张琴:《国外治理理论对中国国家治理体系和治理能力现代化的启示》,载《学术研究》2014 年第 6 期。

8. 李澄:《元治理理论综述》,载《前沿》2013 年第 21 期。

9. 郁建兴:《治理与国家建构的张力》,载《马克思主义与现实》2008 年第 1 期。

10. 谢立中:《“现代性”及其相关概念词义辨析》,载《北京大学学报(哲学社会科学版)》2001 年第 5 期。

11. 俞可平:《推进国家治理体系和治理能力现代化》,载《前线》2014 年第 1 期。

12. 公丕祥:《中国特色社会主义司法改革道路概览》,载《法律科学(西北政法大学学报)》2008 年第 5 期。

13. 梁闽海、陈长灿:《论破产衍生诉讼的审判方式——以适度强化的职权主义审判方式为视角》,载《法学》2011 年第 2 期。

14. 陈光中、熊秋红:《刑事诉讼法修改刍议》(下),载《中国法学》1995 年第 5 期。

15. 熊秋红:《刑事庭审实质化与审判方式改革》,载《比较法研究》2016 年第 5 期。

16. 陶元凯:《三审合一:对知识产权审判方式的探索》,载《人民司法》2006 年第 12 期。

17. 魏胜强:《司法公正何以看得见——关于我国审判方式的思考》,载《法律科学(西北政法大学学报)》2013 年第 6 期。

18. 陈旭:《审判方式改革的目标和内容》,载《政治与法律》1998 年第 1 期。

19. 胡肖华、江国华:《行政审判方式的特点研究》,载《法律科学》2000 年第 5 期。

20. 陈阜东、上官丕亮:《关于行政审判方式改革的几点思考》,载《法学》1996 年第 11 期。

21. 王卫:《全国法院审判方式改革工作会议》,载《中国法律年鉴》1997 年第 1 期。

22. 蒋惠岭:《论审判权运行机制改革》,载《北京行政学院学报》2015 年第 2 期。

23. 黄永维、郭修江、仝蕾:《〈关于行政案件案由的暂行规定〉及印发通知的理解与适用》,载《人民司法》2021 年第 4 期。

24. 李大勇:《最高法院行政诉讼司法政策之演变》,载《国家检察官学院学报》2015 年第 5 期。

25. 元晓晓:《十八届三中全会以来国家治理现代化研究的知识图谱——基于 Citespace 软件的可视化分析》,载《实事求是》2019 年第 5 期。

26. 王振宇:《行政审判体制改革应以建立专门行政审判机构为目标》,载《法律适用》2015 年第 2 期。

27. 解志勇:《行政法院:行政诉讼困境的破局之策》,载《政法论坛》2014 年第 1 期。

28. 陈端洪:《对峙——从行政诉讼看中国的宪政出路》,载《中外法学》1995 年第 4 期。

29. 胡肖华:《行政诉讼目的论》,载《中国法学》2001 年第 6 期。

30. 沈岿:《行政法变迁与政府重塑、治理转型——以四十年改革开放为背景》,载《中国法律评论》2018 年第 5 期。

31. 邓刚宏:《论我国行政诉讼功能模式及其理论价值》,载《中国法学》2009 年第 5 期。

32. 杨小君:《内外行政法律关系的理论与实践》,载《法学研究》1993 年第

1 期。

33. 杨解君、温晋锋:《行政法律关系新论》,载《南京大学法律评论》1998 年春季号。

34. 杨海坤、章志远:《行政法律关系基本理论问题探析》,载《河南省政法管理干部学院学报》2004 年第 1 期。

35. 郑春燕:《现代行政过程中的行政法律关系》,载《法学研究》2008 年第 1 期。

36. 鲁鹏宇:《论行政法学的阿基米德支点——以德国行政法律关系论为核心的考察》,载《当代法学》2009 年第 5 期。

37. 赵宏:《法律关系取代行政行为的可能与困局》,载《法学家》2015 年第 3 期。

38. 毕洪海:《行政法律关系性质的反思——基于公私法关系区分的考察》,载《北京社会科学》2017 年第 6 期。

39. 李福林:《论行政法律关系的秉性与特质》,载《深圳社会科学》2019 年第 1 期。

40. 江必新:《中国行政审判体制改革研究——兼论我国行政法院体系构建的基础、依据及构想》,载《行政法学研究》2013 年第 4 期。

41. 章志远:《亮点与遗憾:行政诉讼法修改评述——基于国家治理能力现代化视角的观察》,载《法治研究》2015 年第 1 期。

42. 石珍:《从"行政管理"到"国家治理":执法理念的法治化回应》,载《行政与法》2014 年第 9 期。

43. 沈岿:《监控者与管理者可否合一:行政法学体系转型的基础问题》,载《中国法学》2016 年第 1 期。

44. 于安:《我国行政法体系改革的基本问题》,载《国家检察官学院学报》2012 年第 4 期。

45. 杨伟东:《行政诉讼架构分析——行政行为中心主义安排的反思》,载《华东政法大学学报》2012 年第 2 期。

46. 杨建顺:《关于行政行为理论与问题的研究》,载《行政法学研究》1995 年第 3 期。

47. 杨海坤、蔡翔:《行政行为概念的考证分析和重新建构》,载《山东大学学报(哲学社会科学版)》2013 年第 1 期。

48. 何海波:《论行政行为"明显不当"》,载《法学研究》2016 年第 3 期。

49. 鲁篱、凌潇:《论法院的非司法化社会治理》,载《现代法学》2014 年第 1 期。

50. 李强:《中国城镇化"推进模式"研究》,载《中国社会科学》2012 年第 7 期。

51. 李广宇、王振宇:《行政诉讼类型化:完善行政诉讼制度的新思路》,载《法律适用》2012 年第 2 期。

52. 江必新:《论实质法治主义背景下的司法审查》,载《法律科学》2011 年第 6 期。

53. 高家伟:《论社会冲突型行政争议的实质性审判程序》,载《行政法学研究》2013 年第 4 期。

54. 章志远:《行政争议实质性解决的法理解读》,载《中国法学》2020 年第 6 期。

55. 王万华:《行政复议法修改于完善——以"实质性解决行政争议"为视角》,载《法学研究》2019 年第 5 期。

56. 章剑生:《行政诉讼"解决行政争议"的限定及其规则——基于〈行政诉讼法〉第 1 条展开的分析》,载《华东政法大学学报》2020 年第 4 期。

57. 吴英姿:《司法的限度:在司法能动与司法克制之间》,载《法学研究》2009 年第 5 期。

58. 解志勇、闫映全:《反向行政诉讼:全域性控权与实质性解决争议的新思路》,载《比较法研究》2018 年第 3 期。

59. 刘莘、刘红星:《行政纠纷解决机制研究》,载《行政法学研究》2016 年第 4 期。

60. 应松年:《构建行政纠纷解决制度体系》,载《国家行政学院学报》2007 年第 3 期。

61. 唐亚林:《社会资本与治理》,载《探索与争鸣》2003 年第 8 期。

62. 江国华:《司法改革方法论》,载《湖北社会科学》2019 年第 7 期。

63. 戴雪梅:《和谐社会与公众参与问题研究》,载《求索》2006 年第 8 期。

64. 顾永忠:《试论庭审中心主义》,载《法律适用》2014 年第 12 期。

65. 樊崇义、张中:《论以审判为中心的诉讼制度改革》,载《中州学刊》2015 年第 1 期。

66. 李少平:《以审判为中心的诉讼制度改革:功能定位与路径规划》,载《中国审判》2015 年第 11 期。

67. 胡铭:《审判中心、庭审实质化与刑事司法改革——基于庭审实录和裁判文书的实证研究》,载《法学家》2016 年第 4 期。

68. 顾永忠:《试论庭审中心主义》,载《法律适用》2014 年第 12 期。

69. 龙宗智:《庭审实质化的路径和方法》,载《法学研究》2015 年第 5 期。

70. 汪海燕:《论刑事庭审实质化》,载《中国社会科学》2015 年第 2 期。

71. 李季红:《庭审中心主义视角下的行政审判流程再造》,载《政法论坛》2018 年第 1 期。

72. 江国华:《司法规律层次论》,载《中国法学》2016 年第 1 期。

73. 苏新建:《程序正义对司法信任的影响——基于主观程序正义的实证研究》,载《环球法律评论》2014 年第 5 期。

74. 肖建国:《程序公正的理念及其实现》,载《法学研究》1999 年第 3 期。

75. 葛先园:《论我国新行政诉讼法的审判中心主义》,载《法学研究》2016 年第 5 期。

76. 葛天博:《庭审实质化改革的机制冲突》,载《浙江工业大学学报(社会科学版)》2017 年第 1 期。

77. 薛刚凌:《行政诉讼法修订基本问题之思考》,载《中国法学》2014 年第 3 期。

78. 章志远:《行政诉讼类型化模式比较与选择》,载《比较法研究》2006 年第 5 期。

79. 刘飞:《行政诉讼类型制度探析——德国法的视角》,载《法学》2004 年第 3 期。

80. 杨建顺:《行政诉讼的类型与我国行政诉讼制度改革的视角》,载《河南省政法管理干部学院学报》2005 年第 4 期。

81. 刘飞:《行政诉讼类型制度的功能》,载《法学研究》2013 年第 5 期。

82. 王丹红:《诉讼类型在日本行政诉讼法中的地位和作用——以我国〈行政诉讼法〉修改为观察视角》,载《法律科学》2006 年第 3 期。

83. 龙非:《行政诉讼类型法定化之反思——基于比较法分析的视角》,载《行政法学研究》2016 年第 6 期。

84. 郭修江:《行政诉讼判决方式的类型化》,载《中国审判》2018 年第 7 期。

85. 于安:《发展导向的〈行政诉讼法〉修订问题》,载《华东政法大学学报》2012 年第 2 期。

86. 杨建顺:《〈行政诉讼法〉的修改与行政公益诉讼》,载《法律适用》2012 年第 11 期。

87. 梁凤云:《不断迈向类型化的行政诉讼判决》,载《中国法律评论》2014 年第 4 期。

88. 成协中:《论我国行政诉讼的客观诉讼定位》,载《当代法学》2020 年第 2 期。

89. 薛刚凌、杨欣:《论我国行政诉讼构造:"主观诉讼"抑或"客观诉讼"?》,载《行政法学研究》2013 年第 4 期。

90. 刘一玮:《行政诉讼简易程序的理性反思与完善路径》,载《行政法学研究》2019 年第 4 期。

91. 张坤世、刘志伟:《论我国行政诉讼简易裁判程序的构建》,载《时代法学》2004 年第 4 期。

92. 张燕、罗云:《我国行政诉讼简易程序的构建》,载《江西社会科学》2008 年第 10 期。

93. 葛先园:《我国行政诉讼简易程序检视——以新〈行政诉讼法〉第 82 条为中心》,载《法律科学》2016 年第 2 期。

94. 祝飞宇:《行政诉讼简易程序的运行困境与改革进路》,载《行政与法》2020 年第 9 期。

95. 肖新平、陈家傲:《行政诉讼紧急审理程序:制度漏洞、比较反思及立法构想》,载《求索》2015 年第 3 期。

96. 江必新:《完善行政诉讼制度的若干思考》,载《中国法学》2013 年第

1 期。

97. 陈燕:《试析建立行政诉讼的紧急程序》,载《社会科学家》2008 年第 3 期。

98. 王振宇、阎巍:《德国与法国行政审判制度观察及借鉴》,载《法律适用》2013 年第 10 期。

99. 陈天昊:《公正、效率与传统理念——21 世纪法国行政诉讼的改革之路》,载《清华法学》2013 年第 4 期。

100. 郑延谱、陈咏熙:《填补权利保护的漏洞——法国行政诉讼临时处分制度的晚近发展》,载《行政法学研究》2009 年第 3 期。

101. 金邦贵、施鹏鹏:《法国行政诉讼纲要:历史、构造、特色及挑战》,载《行政法学研究》2008 年第 3 期。

102. 尹婷:《预防性行政诉讼容许性问题初探》,载《西南政法大学学报》2017 年第 1 期。

103. 解志勇:《预防性行政诉讼》,载《法学研究》2010 年第 4 期。

104. 章志远、朱秋蓉:《预防性不作为诉讼研究》,载《学习论坛》2009 年第 8 期。

105. 胡肖华:《论预防性行政诉讼》,载《法学评论》1999 年第 6 期。

106. 罗志敏:《我国行政诉讼中的预防性保护》,载《法学研究》2020 年第 5 期。

107. 庄汉:《我国行政诉讼中暂时权利保护制度的缺失与构建》,载《法学评论》2010 年第 5 期。

108. 何忠凯:《论行政诉讼中的暂时法律保护制度》,载《行政法学研究》2009 年第 3 期。

109. 黄学贤:《行政诉讼中的暂时性法律保护制度探讨》,载《东方法学》2008 年第 4 期。

110. 章志远:《从原则与例外之争到司法裁量基准之建构——行政诉讼暂时性权利保护机制的新构想》,载《浙江学刊》2008 年第 6 期。

111. 马怀德、解志勇:《行政案件执行难的成因及对策——兼论我国建立行政法院的必要性和可行性》,载《法商研究》1999 年第 3 期。

112. 黄学贤:《行政公益诉讼回顾与展望——基于“一决定三解释”及试点期间相关案例和〈行政诉讼法〉修正案的分析》,载《苏州大学学报(哲学社会科学版)》2018 年第 2 期。

113. 唐璨:《公益行政诉讼模式的理论分析与制度化建议》,载《法律科学(西北政法大学学报)》2021 年第 1 期。

114. 徐全兵:《检察机关提起行政公益诉讼的职能定位与制度构建》,载《行政法学研究》2017 年第 5 期。

115. 王万华:《完善检察机关提起行政公益诉讼制度的若干问题》,载《法学杂志》2018 年第 1 期。

116. 马明生:《检察机关提起行政公益诉讼制度研究》,载《中国政法大学学报》2010 年第 6 期。

117. 朱全宝:《论检察机关提起行政公益诉讼:特征、模式与程序》,载《法学杂志》2015 年第 4 期。

118. 王春业:《论行政公益诉讼诉前程序的改革——以适度司法化为导向》,载《当代法学》2020 年第 1 期。

119. 马怀德:《新时代行政公益诉讼制度的发展与实践》,载《学术前沿》2019 年第 5 期。

120. 傅国云:《行政公益诉讼制度的构建》,载《中国检察官》2016 年第 3 期。

121. 王玎:《检察机关提起行政公益诉讼的举证责任》,载《上海政法学院学报》2017 年第 4 期。

122. 杨解君、李俊宏:《公益诉讼试点的若干重大实践问题探讨》,载《行政法学研究》2016 年第 4 期。

123. 苏新建:《程序正义对司法信任的影响——基于主观程序正义的实证研究》,载《环球法律评论》2014 年第 5 期。

124. 王杏飞:《论释明的具体化:兼评〈买卖合同解释〉第 27 条》,载《中国法学》2014 年第 3 期。

125. 章志远:《行政诉讼中的行政首长出庭应诉制度研究》,载《法学杂志》2013 年第 3 期。

126. 邓志伟:《符号学视角下的司法礼仪——透视法院文化的表达与实践》,载《河北法学》2014 年第 4 期。

127. 胡云腾:《论裁判文书说理》,载《法律适用》2009 年第 3 期。

128. 傅郁林:《民事裁判书的风格与功能》,载《中国社会科学》2000 年第 4 期。

129. 潘自强、邵新:《裁判文书说理:内涵界定与原则遵循》,载《法治研究》2018 年第 4 期。

130. 江伟、肖建国:《论既判力的客观范围》,载《法学研究》1996 年第 4 期。

131. 秦前红、黄明涛:《法院如何通过判决说理塑造法院的权威——以美国最高法院为例》,载《中国刑事法杂志》2012 年第 3 期。

132. 龙宗智:《刑事判决应加强判决理由》,载《现代法学》1999 年第 2 期。

133. 万毅、林喜芬:《从"无理"的判决到判决书"说理"——判决书说理制度的正当性分析》,载《法学论坛》2004 年第 5 期。

134. 何海波:《司法判决中的正当程序原则》,载《法学研究》2009 年第 1 期。

135. 凌斌:《司法公正的公信基础》,载《华东政法大学学报》2013 年第 6 期。

136. 凌斌:《法官如何说理:中国经验与普遍原理》,载《中国法学》2015 年第 5 期。

137. 胡桥:《判决理由的概念和功能》,载《浙江省政法管理干部学院学报》2001 年第 6 期。

138. 李广宇:《行政裁判文书的功能》,载《人民司法》2006 年第 8 期。

139. 孙海龙:《"充分说理"如何得以实现——以行政裁判文书说理为考察对象》,载《法律适用》2018 年第 21 期。

140. 杨贝:《论判决理由与判决原因的分离——对司法虚饰论的批判》,载《清华法学》2016 年第 2 期。

141. 苏力:《变法,法治建设及其本土资源》,载《中外法学》1995 年第 5 期。

142. 王彬:《逻辑涵摄与后果考量:法律论证的二阶构造》,载《南开学报(哲学社会科学版)》2020 年第 2 期。

143. 任强:《司法方法在裁判中的运用——法条至上、原则裁判与后果权衡》,载《中国社会科学》2017 年第 6 期。

144. 雷磊:《从"看得见的正义"到"说得出的正义"——基于最高人民法院〈关于加强和规范裁判文书释法说理的指导意见〉的解读与反思》,载《法学》2019 年第 1 期。

145. 陈瑞华:《程序正义论》,载《中外法学》1997 年第 2 期。

146. 舒国滢:《法学实践知识之困与图尔敏论证模型》,载《国家检察官学院学报》2018 年第 5 期。

147. 沈宗灵:《佩雷尔曼的"新修辞学"法律思想》,载《法学研究》1983 年第 5 期。

148. 陈金钊:《目的解释方法及其意义》,载《法律科学》2004 年第 5 期。

149. 舒国滢:《战后德国法哲学的发展路向》,载《比较法研究》1995 年第 4 期。

150. 潘庆云:《略论法律语言与司法公正》,载《法治论丛》2002 年第 5 期。

151. 蔡杰、程捷:《封闭与开放:裁判文书论理风格之类型化检讨》,载《法学论坛》2006 年第 2 期。

152. 王聪:《我国司法判决说理修辞风格的塑造及其限度——基于相关裁判文书的经验分析》,载《法制与社会发展》2019 年第 3 期。

153. 宋炉安:《评我国行政诉讼结构》,载《中央政法干部管理学院学报》1997 年第 2 期。

154. 邓刚宏、马立群:《对行政诉讼之特质的梳理与反思——以与民事诉讼比较为视角》,载《政治与法律》2011 年第 6 期。

155. 季卫东:《法律职业的定位》,载《中国社会科学》1994 年第 2 期。

156. 苏力:《司法制度的合成理论》,载《清华法学》2007 年第 1 期。

157. 李广宇、耿宝建:《行政审判如何实现公正》,载《人民司法》(应用)2011 年第 19 期。

158. 蒋惠岭:《"法院独立"与"法官独立"之辩——一个中式命题的终结》,载《法律科学》2015 年第 1 期。

159. 林莉红、宋国涛:《中国行政审判法官的知与行》,载《行政法学研究》

2013 年第 2 期。

160. 刘斌:《从法官“离职”现象看法官员额制改革的制度逻辑》,载《法学》2015 年第 10 期。

161. 杨红:《行政法官的专业化建设及其保障》,载《西部法学评论》2020 年第 1 期。

162. 姜峰:《法院“案多人少”与国家治道变革——转型时期中国的政治与司法忧思》,载《政法论坛》2015 年第 2 期。

163. 顾培东:《法官个体本位抑或法院整体本位——我国法院建构与运行的基本模式选择》,载《法学研究》2019 年第 1 期。

164. 陈永生、白冰:《法官、检察官员额制改革的限度》,载《比较法研究》2016 年第 2 期。

165. 周长军:《司法责任制改革中的法官问责——兼评〈关于完善人民法院司法责任制的若干意见〉》,载《法学家》2016 年第 3 期。

166. 詹建红:《我国法官惩戒制度的困境与出路》,载《法学评论》2016 年第 2 期。

167. 陈瑞华:《法官责任制度的三种模式》,载《法学研究》2015 年第 4 期。

168. 李建明:《错案追究中的形而上学错误》,载《法学研究》2000 年第 3 期。

169. 谭世贵、孙玲:《法官责任豁免制度研究》,载《政法论丛》2009 年第 5 期。

170. 李拥军、傅爱竹:《“规训”的司法与“被缚”的法官——对法官绩效考核制度困境与误区的深层解读》,载《法律科学》2014 年第 6 期。

171. 陈景辉:《同案同判:法律义务还是道德要求》,载《中国法学》2013 年第 3 期。

172. 王继福:《我国民事诉讼法应确立诚实信用基本原则》,载《燕山大学学报(哲学社会科学版)》2003 年第 4 期。

173. 郑曦:《人工智能技术在司法裁判中的运用及规制》,载《中外法学》2020 年第 3 期。

174. 胡昌明:《移动电子诉讼的司法实践及其限度——以中国“移动微法

院"为例》,载《中国应用法学》2021 年第 2 期。

175. 张兴美:《电子诉讼制度建设的观念基础与适用路径》,载《政法论坛》2019 年第 5 期。

176. 林军:《"数字化""自动化""信息化"与"智能化"的异同及联系》,载《电气时代》2008 年第 1 期。

177. 吴习彧:《司法裁判人工智能化的可能性及问题》,载《浙江社会科学》2017 年第 4 期。

178. 何帆:《我们离"阿尔法法官"还有多远?》,载《浙江人大》2017 年第 5 期。

179. 左卫民:《关于法律人工智能在中国运用前景的若干思考》,载《清华法学》2018 年第 2 期。

180. 魏斌:《司法人工智能融入司法改革的难题与路径》,载《现代法学》2021 年第 3 期。

181. 陈敏光:《善假于物与审判异化:司法人工智能的辩证思考》,载《重庆大学学报(社会科学版)》2021 年第 3 期。

182. 徐凤:《人工智能算法黑箱的法律规制——以智能投顾为例展开》,载《东方法学》2019 年第 6 期。

183. 谭九生、范晓韵:《算法"黑箱"的成因、风险及其治理》,载《湖南科技大学学报(社会科学版)》2020 年第 6 期。

184. 张莉莉、朱子升:《算法歧视的法律规制:动因、路径和制度完善》,载《科技与法律》(中英文)2021 年第 2 期。

185. 郑智航、徐昭曦:《大数据时代算法歧视的法律规制与司法审查——以美国法律实践为例》,载《比较法研究》2019 年第 4 期。

186. 陈景辉:《人工智能的法律挑战:应该从哪里开始?》,载《比较法学研究》2018 年第 5 期。

187. 栗峥:《人工智能与事实认定》,载《法学研究》2020 年第 1 期。

188. 汪庆华:《人工智能的法律规制路径:一个框架性讨论》,载《现代法学》2019 年第 2 期。

189. 高翔:《人工智能民事司法应用的法律知识图谱建构》,载《法制与社会发展》2018 年第 6 期。

190. 陈锦波:《在线庭审的实践检视与规则重塑》,载《安徽大学学报(哲学社会科学版)》2021 年第 1 期。

191. 熊秋红:《远程庭审有哪些优势与不足》,载《人民论坛》2016 年 9 月 20 日。

192. 左卫民:《中国在线诉讼:实证研究与发展展望》,载《比较法研究》2020 年第 4 期。

193. 左卫民:《如何通过人工智能实现类案类判》,载《中国法律评论》2018 年第 2 期。

194. 李鑫:《从信息化呈现到体系性构建:判例运用视角下判例检索系统的建设与发展》,载《四川大学学报(哲学社会科学版)》2020 年第 2 期。

195. 郑通斌:《类案检索运行现状及完善路径》,载《人民司法》(应用)2018 年第 31 期。

196. 陈琨:《类案推送嵌入"智慧法院"办案场景的原理和路径》,载《中国应用法学》2018 年第 4 期。

197. 魏新璋、方帅:《类案检索机制的检视与完善》,载《中国应用法学》2018 年第 5 期。

198. 周莉、成文武:《人工智能辅助下类案推送质量的路径优化——以信息维度提高用户需求为视角》,载《山东法官培训学院学报》2021 年第 1 期。

199. 王天华:《案例指导制度的行政法意义》,载《清华法学》2016 年第 4 期。

200. 冯文生:《审判案例指导中的"参照"问题研究》,载《清华法学》2011 年第 3 期。

201. 湛中乐:《论行政诉讼案例指导制度》,载《国家检察官学院学报》2012 年第 1 期。

202. 高尚:《司法类案的判断标准及其运用》,载《法律科学(西北政法大学学报)》2020 年第 1 期。

203. 雷磊:《为涵摄模式辩护》,载《中外法学》2016 年第 5 期。

204. 张骐:《再论类似案件的判断与指导性案例的使用——以当代中国法

官对指导性案例的使用经验为破口》,载《法制与社会发展》2015 年第 5 期。

205. 黄泽敏、张继成:《案例指导制度下的法律推理及其规则》,载《法学研究》2013 年第 2 期。

206. 张志铭:《司法判例制度构建的法理基础》,载《清华法学》2013 年第 6 期。

207. 肖克:《试论行政争议的实质性解决与行政裁判文书的改革》,载卞建林主编:《诉讼法学研究》(第 22 卷),中国检察出版社 2018 年版。

208. 刘善春:《行政诉讼价值论》,载陈光中、江伟主编:《诉讼法论丛》(第 2 卷),法律出版社 1998 年版。

209. 胡玉鸿:《论行政审判权的性质——“行政诉讼权力关系”法理分析之一》,载陈光中、江伟主编:《诉讼法论丛》(第 7 卷),法律出版社 2002 年版。

210. 应星、汪庆华:《信访、行政诉讼与公民权利救济中的二重理性》,载江平、吴敬琏主编:《洪范评论》(第 3 卷第 1 辑),中国政法大学出版社 2006 年版。

211. 石磊、胡春贤、梁成文:《行政庭审争议焦点制度的探究与规制——以庭审中心主义为研究视角》,载贺荣主编:《深化司法改革与行政审判实践研究(下)——全国法院第 28 届学术讨论会获奖论文集》,人民法院出版社 2017 年版。

212. 刘善春、肖艳菲:《论行政诉讼结构》,载应松年、马怀德主编:《当代中国行政法的源流——王名扬教授就是华诞贺寿文集》,中国法制出版社 2006 年版。

# 附录　国家治理现代化视野下行政审判方式改革建议稿

## 第一章　总　　则

**第一条　【行政审判方式改革的目的】**为深化行政审判方式改革，推动行政审判方式现代化，明确行政审判制度的政府治理“免疫系统”、合法权益“保障系统”、社会治理“规范系统”、官民关系“调节系统”的基本功能定位，促进实质性解决行政争议，拟定本改革建议稿。

**第二条　【行政审判方式改革与国家治理现代化的关系】**行政审判方式是司法治理体系的重要组成部分，反映着司法治理能力的现代化水平，内嵌于国家治理体系之中。

国家治理现代化的方向和范围为行政审判方式改革廓定了宏观的活动场域，行政审判方式改革是国家治理现代化从宏观构想走向微观设计的具体场景。

**第三条　【行政审判方式改革的基本原则】**行政审判方式改革应当坚持党的领导、遵循以人民为中心的根本立场、坚持依法改革、弘扬社会主义核心价值观、符合我国国情。

**第四条　【行政审判方式改革的理论基础】**行政审判方式改革应当尊重司法规律，均衡实现权力监督、权利保障与实质解决行政争议等行政诉讼法立法目的，促进行政审判方式从形式法治向实质法治、从司法保守主义向司法能动主义、从单一化与粗犷型向类型化与精细化、从封闭型的司法中心主义争议解决方式向开放协同的多元化争议解决方式等方面的转型升级。

**第五条 【行政审判方式改革的主要问题】**行政审判方式改革涉及审判职能配置科学化、庭审实质化、文书说理充分化、主体结构均衡化、审判方式智能化五个方面的主要问题。

**第六条 【行政审判的本质】**对行政审判的本质的理解是行政审判方式改革要明确的首要问题。行政审判既是诉讼程序,亦是司法过程。

从诉讼程序、效果、空间上看,行政审判是"民告官"的对簿公堂程序,意在面向过去矫正失衡的行政法律关系,具体表现为对行政行为进行的消极静态规范合法性监督。

从司法过程、效果、空间上看,行政审判是"民见官"的民主诉求程序,意在面向未来塑造新型官民关系,具体表现为官民之间积极动态的(持续进行的)公共政策协商。

## 第二章 行政审判职能配置科学化

**第七条 【行政审判职能定位】**行政审判职能意指,为了实现司法制度的总体目标,落实行政审判的制度目的,法院在行政法的制定、解释和适用方面应当发挥的作用。

行政审判职能表现出多元性、层次性、地域性、时代性的特点。

**第八条 【行政审判职能的应然内容】**行政审判职能应当包括合法性审查职能、政策立法咨询职能、行政争议化解职能、社会转型进步引领职能、合法权益保护职能、民主政治促进职能等内容。

**第九条 【立足合法性审查的措施】**拓展行政行为的概念外延,拓宽合法性审查范围。

准确理解合法性审查的形式和实质内涵,正确运用合法性审查标准、合目的性审查标准、合理性审查标准、合约性审查标准。

通过司法解释、类案裁判指导意见、指导性案例等形式,促进合法性审查类型化和精细化。

**第十条 【助力政府立法与政策制定的措施】**通过立法研讨会、征求意见回复、报送专题调研报告等形式,积极参与政府立法与公共政策制定过程,提供事前立法咨询。

通过规范性文件附带性审查、司法建议等方式，提供后端纠正及完善建议，助力规范性文件体系的系统性、科学性、有效性。

通过交流授课、类案研讨、行政审判白皮书、典型案例发布等方式，传导行政审判理念和类案裁判标准，促进法院与政府达成法治共识。

**第十一条 【高效实质解决行政争议的措施】**解决行政争议的过程中应贯穿适度能动的司法哲学。法官在查清案件事实、明晰法律关系的前提下，积极搭建当事人协商解决争议的平台，实质性解决行政争议。

庭审中奉行程序合作主义理念，完备调解和解程序，强化法官释明权的行使。

整合以行政审判为中心的多元化纠纷解决机制，与其他纠纷解决机制分工合作，发挥其他争议解决机制的分流过滤功能，保证行政审判解决行政争议的终局性和权威性。

进行行政争议类型化的工作，构建针对不同类型行政争议的审理规则、程序和裁判方式，提升行政审判程序对行政争议的包容性和针对性。

**第十二条 【引领社会现代化转型进程的措施】**法官通过法律解释方式的合理运用，在个案法律适用中对接法律规范与社会生活。通过法庭普法，提升司法公信力和影响力。通过著书立说传导司法实践理性。通过价值判断和利益衡量弘扬社会主义核心价值观。

**第十三条 【保障合法权益的措施】**通过依法审理，保障当事人的诉讼权益。通过依法裁判，保障当事人的实体权益。通过实质解决行政争议，平衡公共利益与个人利益、公共利益与公共利益，进而保障当事人未来权益。

**第十四条 【保障并规范人民当家作主的实践】**在行政审判中，保障人民群众对行政权的监督权、对公共政策形成过程的参与权，为公民权益诉求提供有效且无漏洞的司法救济。同时规范当事人的诉权行使行为，规制滥诉行为，向社会传导理性诉权观。

## 第三章 行政审判庭审实质化

**第十五条 【庭审实质化的内涵】**行政审判庭审实质化意指,充分发挥庭审程序在实质高效解决行政争议方面的积极作用,达到实体公正、程序公正与感受公正的综合实现。

实质化的庭审首先表现出规范化程序的外观,它是裁判结果正当性的基础,是法院主持下当事人合意解决行政争议的平台,是塑造理性司法救济价值观的渠道。

**第十六条 【庭审实质化的理论基础】**实质性解决行政争议是行政审判庭审实质化的特殊功能取向,构建新型官民关系是行政审判庭审实质化的特殊价值取向。

**第十七条 【庭审实质化改革的原则】**行政审判庭审实质化应当力求规范权力、保障权利与化解争议等立法目的的均衡实现,应当采取职权主义与当事人主义融合的协同主义模式,庭审运行过程应当刚柔并济,应当平衡公正与效率实现分配正义。

**第十八条 【庭审实质化改革中的类型化思维】**改革过程中应当坚持以行政诉讼类型化思维的方式厘清类案审理规则,并以此指导法官的庭审思路。具言之,坚持以行政行为合法性审查类型化(行为之诉)的思路推进撤销之诉类型化,引入关系之诉的审理思路推进给付之诉和确认之诉的精细化,完善与探索规范审查之诉、行政公益诉讼的审理规则和庭审思路。

坚持以行政争议类型化思维的方式完善和选取合适的庭审程序类型及争议解决方式。具言之,根据争议的繁简区分适用普通程序和简易程序,根据争议的急缓区分设置普通程序和紧急程序,根据行政争议的特点区分适用特殊争议解决程序(制度)。

特殊争议解决程序意味着待决争议与争议解决程序(制度)的对应性,如公益诉讼制度解决公益维护型行政争议、民事争议一并解决制度对应行民交叉型行政争议、集团诉讼和解程序对应社会冲突型行政争议等。充分发挥行政机关负责人出庭制度、调解制度、府院联动机制、司法建议方式等在解决特定争议方面的积极作用。

法官既是类型化思路的形成主体，也是应用主体。

**第十九条　【相关配套措施】**构建出以法官助理为主持人的庭前程序，充分发挥庭前程序承载的总结争点、交流谅解、定位争议、繁简分流等功能。

在坚持全面审查原则的基础上，构建争议焦点制度统摄法庭调查和法庭辩论环节，突出审理重点。

完善法官释明制度，提升行政法官（助理）行使释明权的主体意愿，增加释明权行使能力培训，设置释明权行使豁免机制和监督机制。

整合调解和解程序，坚持自愿、合法原则，确立不得损害国家利益、社会公共利益和他人合法权益的适用条件，具体程序设置于庭审辩论终结后，调解不公开进行，但是调解书应予公开。

进一步细化行政机关负责人出庭应诉规则，包括负责人范围、委托代理人、应当出庭的情形、建议出庭规则、不出庭的情况说明制度、出庭程序等。各级法院应当针对负责人出庭案件制定应对预案，定期向属地政府发送负责人出庭情况报告。

提升庭审规范化水平，强化司法礼仪。

## 第四章　行政裁判文书说理充分化

**第二十条　【行政裁判文书说理充分化的内涵】**行政裁判文书说理意指，行政审判法官以行政裁判文书为载体，围绕审查判断证据、认定事实、适用法律等事项，回应当事人对行政行为、公共政策、具体制度设计等不同层次的诉求，以证明作为司法判断的裁判结果正当性的司法治理行为。充分化，意指说理内容完整、结构清晰、逻辑融贯、表达恰当。

**第二十一条　【说理思路】**行政裁判文书说理充分化要求转变说理思路，即从闭门造车到开放协商，从形式法治思维到实质法治思维，从增强个案裁断结果的正当性到输出司法规则。

**第二十二条　【说理内容】**行政裁判文书说理充分化要求转变说理内容，在扎实审查判断证据说理、认定事实说理与适用法律说理的基础上，在回应性说理、引导塑造性说理等说理内容方面拓展创新。

**第二十三条 【说理方法】**行政裁判文书说理充分化要求适当运用司法三段论、类比推理、评价性推论模式,借鉴理性辩论理论、新修辞学论证理论、法律商谈理论等法律论证理论中的有益成果。

灵活运用文义解释、体系解释、法意解释、目的解释、社会学解释等法律解释学方法,适当运用类推适用、目的性限缩、目的性扩张、创造性补充等法律漏洞补充方法。

合理运用价值补充方法实现不确定法律概念及一般条款在个案中的具体化。

**第二十四条 【说理语言】**行政裁判文书说理用语应当精确易懂(规范、准确、严谨、正式),叙事说理简明切要(清楚、简洁、符合逻辑)。根据说理内容、说理对象等要素,可以依据学理注重学术论证(学理性)、道德规劝说明情理(伦理性)、注重修辞文采飞扬(人文性)。

**第二十五条 【说理激励机制】**在增强说理专业认同、拓宽说理奖励方式、设置说理责任豁免、健全说理评价机制等方面健全行政裁判说理的激励机制。

## 第五章 行政审判主体结构均衡化

**第二十六条 【均衡化的主体结构】**着力打造均衡化的行政审判主体结构,该结构是同心圆结构,内圈中是法官、原告、被告之间的权利(力)义务关系,外圈中是行政审判权、公民权与行政权三者的良性互动关系。

**第二十七条 【行政法官主体角色】**行政法官的角色安排是立体丰满的,以裁断者为核心角色,同时兼有心理师、教育者、协调者等多重角色。

**第二十八条 【行政法官主体角色保障制度】**健全法官职务独立保障制度,以法院对外的审判权独立与法院内部的审判组织独立同步推进,进而实现法官职务独立。

完善法官培训制度,强化行政法官专业素质教育和法律卫士教育,保证行政法官的专业性与忠诚性。

完备法官履职条件及待遇保障制度,从工作机制、工作条件、职级晋升、生活保障等方面重点着手。

健全员额法官退出及增补机制，促进行政法官职业化、专业化和精英化，保障优质审判力量供给。

**第二十九条　【行政法官主体角色惩戒制度】**制定《法官惩戒法》系统规定法官惩戒制度，以违法审判责任和违反职业伦理行为责任为基础，整合现有的惩戒事由，并设置法官责任豁免机制。

违法审判责任以主观过错与客观行为相结合的行为中心主义标准，在区分主观过错的程度及造成后果的程度的基础上采取不同的惩戒措施。对于法官违法职业伦理但未造成裁判错误及损害结果的行为，不区分是否存在主观过错，并采取与前者相比较轻的惩戒措施。

法官惩戒委员会是法官惩戒的主体，明确其职权职能、人员构成、工作程序等，理顺其与法院内纪检监察部分的关系。

构建符合正当程序原则的法官惩戒程序，具体包括调查、审查决定、救济等步骤，充分保障法官的举质证权、陈述申辩权、复议复核权等权利。

**第三十条　【行政法官主体角色约束制度】**通过完善绩效考核制度、法官职业伦理机制、审判程序约束机制、统一法律适用机制等规范法官行为，规制法官司法裁量行为。

**第三十一条　【行政机关工作人员的身份转换】**基于法治政府建设的要求，行政机关（工作人员）应当实现身份角色从管理者到诉讼者、从对抗者到对话者的转换。

**第三十二条　【原告身份的转换】**基于法治社会的需求，原告应当成为诉讼诚信原则的遵守者、理性的商谈者、维护法庭秩序的协力者。

## 第六章　行政审判方式智能化

**第三十三条　【审判方式智能化的内涵】**审判方式智能化意指，通过大数据和人工智能技术，在审判方式中融入更多的网络化、数字化和信息化的成分，促进司法人工智能与法官智慧深度融合、分工合作，司法人工智能替代职业法官负担重复低效的审判工作，辅助职业法官更好完成核心的司法决策任务，进而朝着以公正、高效、权威、透明、为民为内容的现代化审判方式目标演进的过程。

**第三十四条 【审判方式智能化的核心】**司法人工智能与职业法官之间的关系定位应当是司法人工智能辅助职业法官,即以职业法官为中心的两者之间的深度合作。

**第三十五条 【审判方式智能化的影响因素】**审判方式智能化改造应当准确发现司法人工智能与职业法官的优势和劣势,扬长避短、优势互补。智能化改造过程中应当充分考虑司法人工智能的不同发展阶段、司法审判工作的性质和分类、案件的繁简程度、司法改革要求、司法需求等要素。

**第三十六条 【网络庭审】**推动网络庭审方式在行政审判中的应用,促进行政审判在“审”环节上的智能化。准确理解网络庭审的诉讼机理,在统一的在线诉讼规则的基础上精细化行政诉讼庭审规则,有针对性地增加资源投入,完成网络庭审配套设备的智能化改造。

**第三十七条 【类案检索】**推动类案检索方式在行政审判中的应用,促进行政审判在“判”环节上的智能化。找准类案检索的制度定位、完善类案检索的适用规则、持续推进类案检索推送平台建设。

## 第七章 附 则

**第三十八条 【行政审判方式】**本建议所称行政审判方式系指,包括行政审判职能定位、行政审判理念、行政审判模式与结构、审理程序类型、庭审程序、裁判方式、审判组织内部职责分工、具体工作方法等在内的一系列问题的总称。

**第三十九条 【行政审判方式现代化】**本建议所称行政审判方式现代化系指,行政审判方式实现体系化、类型化、精细化与智能化的过程。

**第四十条 【实质性解决行政争议】**本建议所称实质性解决行政争议系指,在行政审判过程中综合实现法律共识效果、纠纷解决效果和社会教化效果。

# 后　记

本书是在我博士论文的基础上修改完成的。在喜悦与辛苦交织的读博生活中，对十年行政审判工作中细碎的经历和点滴的思考做了一次系统的梳理。书中涉及的很多问题都源于行政审判实践中实际遇到的问题，代表着我现阶段有限的观察和不成熟的思考。本书也是新的起点，激发我在日后的工作学习中更加细致地观察实践、更加深入系统地思考问题。

感谢我的导师高家伟教授在学业、工作、生活上的鼓励、教导和启发，老师严谨的治学态度、宽广的学术视野、厚重的家国情怀、精益求精的“工匠精神”令我佩服万分，成熟的培养方式、舒适的交流方法让师徒之间的每一次沟通都能达到良好的效果，老师关于理论与实践、精神与体魄、世界先进性与本土专业知识体系建构三对关系的教导使得我的博士生活目标明确、丰富充实。

感谢领导和同事们在工作中的包容和启发，让我获得了很多关于行政审判的感性体验和理性思考。

感谢法律出版社和蒋橙编辑在论文出版过程中给予我的帮助和指导，感恩你们为本书出版所付出的辛劳。

最后，感谢我的家人们，开始读博的时候妻子刚刚怀孕，完成学位论文时可爱的女儿已经三岁半了，在生活上你们没有和我斤斤计较，而是选择了付出、给予，你们的理解和宽容，让我拥有了足够的时间、舒适的环境、平和的心态去应对紧张的学业和繁忙的工作，有你们真好。